卞尺丹几乙し丹卞と
Translated Language Learning

Siddhartha

Dán Indiach
An Indian Poem

Hermann Hesse

Gaeilge / English

Copyright © 2024 Tranzlaty
All rights reserved
Published by Tranzlaty
Siddhartha – Eine Indische Dichtung
ISBN: 978-1-83566-687-6
Original text by Hermann Hesse
First published in German in 1922
www.tranzlaty.com

Mac an Brahman
The Son of the Brahman

Ar scáth an tí
In the shade of the house
i solas na gréine ar bhruach na habhann
in the sunshine of the riverbank
in aice leis na báid
near the boats
ar scáth na foraoise Sal-wood
in the shade of the Sal-wood forest
faoi scáth an chrainn fige
in the shade of the fig tree
is é seo an áit ar fhás Siddhartha aníos
this is where Siddhartha grew up
ba mhac dathúil é le Brahman, an fabhcún óg
he was the handsome son of a Brahman, the young falcon
d'fhás sé suas lena chara Govinda
he grew up with his friend Govinda
Ba mhac le Brahman é Govinda freisin
Govinda was also the son of a Brahman
ar bhruach na habhann chonnaic an ghrian a guaillí solais
by the banks of the river the sun tanned his light shoulders
ag snámh, ag déanamh na n-ablutions naofa, ag déanamh tairiscintí naofa
bathing, performing the sacred ablutions, making sacred offerings
Sa ghairdín mango, dhoirteadh scáth isteach ina shúile dubha
In the mango garden, shade poured into his black eyes
agus é ag imirt mar ghasúr, nuair a bhí a mháthair ag canadh
when playing as a boy, when his mother sang
nuair a rinneadh na ofrálacha naofa
when the sacred offerings were made
nuair a mhúin a athair, an scoláire é
when his father, the scholar, taught him
nuair a labhair na fir ciallmhar

when the wise men talked
Ar feadh i bhfad, bhí Siddhartha ag glacadh páirte i ndíospóireachtaí na bhfear ciallmhar
For a long time, Siddhartha had been partaking in the discussions of the wise men
chleacht sé díospóireacht le Govinda
he practiced debating with Govinda
chleacht sé ealaín an mhachnaimh le Govinda
he practiced the art of reflection with Govinda
agus chleacht sé machnaimh
and he practiced meditation
Bhí a fhios aige cheana féin conas an Om a labhairt go ciúin
He already knew how to speak the Om silently
bhí focal na bhfocal ar eolas aige
he knew the word of words
labhair sé isteach go ciúin é agus é ag ionanálú
he spoke it silently into himself while inhaling
labhair sé go ciúin as féin é agus é ag easanálú
he spoke it silently out of himself while exhaling
rinne sé é seo le gach tiúchan a anam
he did this with all the concentration of his soul
a forehead bhí timpeallaithe ag an Glow an spiorad soiléir-smaoineamh
his forehead was surrounded by the glow of the clear-thinking spirit
Bhí a fhios aige cheana féin conas a mhothaigh sé Atman i doimhneacht a bheith
He already knew how to feel Atman in the depths of his being
d'fhéadfadh sé a bhraitheann ar an indestructible
he could feel the indestructible
bhí a fhios aige cad a bhí le bheith ag aon leis na cruinne
he knew what it was to be at one with the universe
Léim Joy i gcroí a athar
Joy leapt in his father's heart
toisc go raibh a mhac tapa ag foghlaim
because his son was quick to learn

bhí tart air chun eolais
he was thirsty for knowledge
d'fheicfeadh a athair é ag fás aníos le bheith ina fhear mór ciallmhar
his father could see him growing up to become a great wise man
d'fheiceadh sé ag éirí ina shagart é
he could see him becoming a priest
d'fheicfeadh sé é ina phrionsa i measc na Brahmans
he could see him becoming a prince among the Brahmans
Léim Bliss i gcíche a mháthar nuair a chonaic sí é ag siúl
Bliss leapt in his mother's breast when she saw him walking
Léim aoibhneas ina croí nuair a chonaic sí é ina shuí agus ag éirí
Bliss leapt in her heart when she saw him sit down and get up
Bhí Siddhartha láidir agus dathúil
Siddhartha was strong and handsome
sé, a bhí ag siúl ar cosa caol
he, who was walking on slender legs
bheannaigh sé di le meas foirfe
he greeted her with perfect respect
Bhain an grá croíthe iníonacha óga na Brahmans
Love touched the hearts of the Brahmans' young daughters
bhí siad charmed nuair a shiúil Siddhartha trí na lánaí an bhaile
they were charmed when Siddhartha walked through the lanes of the town
a mhullach lonrúil, a shúile rí, a chromáin caola
his luminous forehead, his eyes of a king, his slim hips
Ach is mó ar fad a bhí grá ag Govinda dó
But most of all he was loved by Govinda
Govinda, a chara, mac Brahman
Govinda, his friend, the son of a Brahman
Bhí grá aige do shúil agus glór binn Siddhartha
He loved Siddhartha's eye and sweet voice
thaitin an bealach a shiúil sé

he loved the way he walked
agus bhí grá aige ar cuibheas foirfe a chuid gluaiseachtaí
and he loved the perfect decency of his movements
grá aige gach rud a rinne Siddhartha agus dúirt sé
he loved everything Siddhartha did and said
ach ba é an rud ba mhó a raibh grá aige ná a spiorad
but what he loved most was his spirit
bhí grá aige dá chuid tarchéimnitheacha, smaointe fiery
he loved his transcendent, fiery thoughts
bhí grá aige dá thoil agus dá ghlaoch ard
he loved his ardent will and high calling
Bhí a fhios ag Govinda nach mbeadh sé ina Brahman coitianta
Govinda knew he would not become a common Brahman
ní bheadh, ní bheadh sé ina oifigeach leisciúil
no, he would not become a lazy official
ní hea, ní dhéanfadh sé ceannaí sanntach
no, he would not become a greedy merchant
ní cainteoir vain, folamh
not a vain, vacuous speaker
ná sagart meánach, meallta
nor a mean, deceitful priest
agus ní dhéanfadh sé ach caoirigh stuama, dúr
and he also would not become a decent, stupid sheep
caoirigh i dtréad na n-iomad
a sheep in the herd of the many
agus níor theastaigh uaidh a bheith ina cheann de na rudaí sin
and he did not want to become one of those things
níor theastaigh uaidh a bheith ar cheann de na mílte Brahmans sin
he did not want to be one of those tens of thousands of Brahmans
Theastaigh uaidh Siddhartha a leanúint; an beloved, an splendid
He wanted to follow Siddhartha; the beloved, the splendid

sna laethanta atá le teacht, nuair a bheadh Siddhartha ina dhia, bheadh sé ann
in days to come, when Siddhartha would become a god, he would be there
nuair a cheangail sé leis an glórmhar, bheadh sé ann
when he would join the glorious, he would be there
Bhí Govinda ag iarraidh é a leanúint mar chara leis
Govinda wanted to follow him as his friend
ba é a chompánach agus a sheirbhíseach é
he was his companion and his servant
ba é a sleá-iompróir agus a scáth
he was his spear-carrier and his shadow
Bhí grá ag gach duine ar Siddhartha
Siddhartha was loved by everyone
Ba chúis áthais do chách é
He was a source of joy for everybody
ba mhór an sásamh dóibh go léir
he was a delight for them all
Ach ní raibh sé, Siddhartha, ina fhoinse áthais dó féin
But he, Siddhartha, was not a source of joy for himself
ní bhfuair sé aon taitneamh as féin
he found no delight in himself
shiúil sé cosáin rosacha ghairdín na gcrann fige
he walked the rosy paths of the fig tree garden
shuigh sé sa scáth gormach i ghairdín na machnaimh
he sat in the bluish shade in the garden of contemplation
nigh sé a ghéaga gach lá i ndabhach an aithrí
he washed his limbs daily in the bath of repentance
rinne sé íobairtí i scáth dorcha na foraoise mango
he made sacrifices in the dim shade of the mango forest
bhí cuibheas foirfe ar a chuid gothaí
his gestures were of perfect decency
bhí sé grá agus áthas do gach duine
he was everyone's love and joy
ach fós ní raibh gach áthas ina chroí
but he still lacked all joy in his heart

Tháinig brionglóidí agus smaointe gan staonadh isteach ina intinn
Dreams and restless thoughts came into his mind
tháinig a aisling ó uisce na habhann
his dreams flowed from the water of the river
d'éirigh a aisling ó réaltaí na hoíche
his dreams sparked from the stars of the night
a bhrionglóidí leáite ó léasacha na gréine
his dreams melted from the beams of the sun
tháinig aisling chuige, agus tháinig suaimhneas anama air
dreams came to him, and a restlessness of the soul came to him
bhí a anam ag crith ó na híobairtí
his soul was fuming from the sacrifices
anáil sé amach as na véarsaí an Rig-Veda
he breathed forth from the verses of the Rig-Veda
Insileadh na véarsaí isteach dó, titim ar anuas
the verses were infused into him, drop by drop
na véarsaí ó theagasc na sean Brahmans
the verses from the teachings of the old Brahmans
Bhí tús curtha ag Siddhartha chun míshástacht ann féin a altranas
Siddhartha had started to nurse discontent in himself
bhí amhras air faoi ghrá a athar
he had started to feel doubt about the love of his father
bhí amhras air faoi ghrá a mháthar
he doubted the love of his mother
agus bhí amhras air faoi ghrá a chara, Govinda
and he doubted the love of his friend, Govinda
bhí sé in amhras an bhféadfadh a ngrá áthas a thabhairt dó go deo na ndeor
he doubted if their love could bring him joy forever and ever
ní fhéadfadh a ngrá altra a thabhairt dó
their love could not nurse him
ní fhéadfadh a ngrá beatha dó
their love could not feed him

ní fhéadfadh a ngrá é a shásamh
their love could not satisfy him
bhí tús curtha aige le bheith in amhras faoi theagasc a athar
he had started to suspect his father's teachings
b'fhéidir gur thaispeáin sé dó gach rud a bhí ar eolas aige
perhaps he had shown him everything he knew
bhí a mhúinteoirí eile, na Brahmans críonna
there were his other teachers, the wise Brahmans
b'fhéidir go raibh an chuid is fearr dá n-eagna curtha in iúl acu dó cheana féin
perhaps they had already revealed to him the best of their wisdom
bhí faitíos air go raibh an soitheach a rabhthas ag súil leis líonta acu cheana féin
he feared that they had already filled his expecting vessel
ainneoin saibhreas a dteagasc, ní raibh an soitheach lán
despite the richness of their teachings, the vessel was not full
ní raibh an spiorad sásta
the spirit was not content
ní raibh an t-anam socair
the soul was not calm
ní raibh an croí sásta
the heart was not satisfied
bhí na ablutions go maith, ach bhí siad uisce
the ablutions were good, but they were water
níor nigh an ablutions an peaca
the ablutions did not wash off the sin
níor leighis siad tart an spioraid
they did not heal the spirit's thirst
níor mhaolaigh siad an eagla ina chroí
they did not relieve the fear in his heart
Bhí na híobairtí agus agairt na déithe ar fheabhas
The sacrifices and the invocation of the gods were excellent
ach an raibh go léir ann?
but was that all there was?
ar thug na híobairtí fortún sona?

did the sacrifices give a happy fortune?
agus cad faoi na déithe?
and what about the gods?
An é Prajapati i ndáiríre a chruthaigh an domhan?
Was it really Prajapati who had created the world?
Nárbh é an Atman a chruthaigh an domhan?
Was it not the Atman who had created the world?
Atman, an t-aon, an ceann uatha
Atman, the only one, the singular one
Nach créachtaí iad na déithe?
Were the gods not creations?
nár cruthaíodh iad cosúil liomsa agus tusa?
were they not created like me and you?
nach raibh na Déithe faoi réir ama?
were the Gods not subject to time?
an raibh na Déithe marfach? An raibh sé go maith?
were the Gods mortal? Was it good?
an raibh sé ceart? an raibh ciall leis?
was it right? was it meaningful?
arbh í an tslí bheatha ab airde í chun ofrálacha a dhéanamh do na déithe?
was it the highest occupation to make offerings to the gods?
Cé dó eile a raibh ofrálacha le déanamh?
For whom else were offerings to be made?
cé eile a bhí le hadhradh?
who else was to be worshipped?
cé eile a bhí ann, ach Eisean?
who else was there, but Him?
An t-aon duine, an Atman
The only one, the Atman
Agus cá raibh Atman le fáil?
And where was Atman to be found?
cá raibh sé ina chónaí?
where did He reside?
cár bhuail a chroí síoraí?
where did His eternal heart beat?

cá háit eile ach i do dhuine féin?
where else but in one's own self?
ina chuid innermost doscriosta
in its innermost indestructible part
an bhféadfadh sé gurb é sin a bhí ag gach duine ann féin?
could he be that which everyone had in himself?
Ach cá raibh sé seo féin?
But where was this self?
cá raibh an chuid is faide istigh seo?
where was this innermost part?
cá raibh an chuid deiridh seo?
where was this ultimate part?
Ní raibh sé feoil agus cnámh
It was not flesh and bone
ní raibh sé smaoinimh ná Chonaic
it was neither thought nor consciousness
seo a mhúin na daoine is críonna
this is what the wisest ones taught
Mar sin, cá raibh sé?
So where was it?
an féin, mé féin, an Atman
the self, myself, the Atman
Chun an áit seo a bhaint amach, bhí bealach eile ann
To reach this place, there was another way
arbh fhiú an bealach eile seo a lorg?
was this other way worth looking for?
Faraoir, níor thaispeáin aon duine é ar an mbealach seo
Alas, nobody showed him this way
ní raibh a fhios ag éinne an bealach eile seo
nobody knew this other way
ní raibh a fhios ag a athair é
his father did not know it
agus ní raibh a fhios ag na múinteoirí agus na fir ciallmhar é
and the teachers and wise men did not know it
Bhí a fhios acu gach rud, na Brahmans
They knew everything, the Brahmans

agus bhí a fhios ag a leabhair naofa gach rud
and their holy books knew everything
bhí aire tugtha acu do gach rud
they had taken care of everything
thug siad aire do chruthú an domhain
they took care of the creation of the world
chuir siad síos ar bhunús na cainte, bia, ionanálú, easanálú
they described origin of speech, food, inhaling, exhaling
chuir siad síos ar leagan amach na gcéadfaí
they described the arrangement of the senses
chuir siad síos ar ghníomhartha na déithe
they described the acts of the gods
Bhí a fhios ag a gcuid leabhar gan teorainn
their books knew infinitely much
ach an raibh sé luachmhar fios a bheith agat air seo go léir?
but was it valuable to know all of this?
nach raibh ach rud amháin le fios?
was there not only one thing to be known?
nach raibh fós an rud is tábhachtaí ar eolas?
was there still not the most important thing to know?
labhair go leor véarsaí de na leabhair naofa ar an rud is ionúin, deiridh
many verses of the holy books spoke of this innermost, ultimate thing
labhraíodh faoi go háirithe in Upanishades Samaveda
it was spoken of particularly in the Upanishades of Samaveda
véarsaí iontacha a bhí iontu
they were wonderful verses
"Is é d'anam an domhan ar fad", a scríobhadh é seo ann
"Your soul is the whole world", this was written there
agus do sgríobhadh go mbuailfeadh fear an domhain-chodla le n-a chuid istigh
and it was written that man in deep sleep would meet with his innermost part
ocus do chonnairc sé in Atman
and he would reside in the Atman

Bhí eagna iontach sna véarsaí seo
Marvellous wisdom was in these verses
bhí gach eolas ar na cinn is críonna bailithe anseo i bhfocail draíochta
all knowledge of the wisest ones had been collected here in magic words
bhí sé chomh glan le mil a bhailigh beacha
it was as pure as honey collected by bees
Ní hea, níor ghá breathnú síos ar na véarsaí
No, the verses were not to be looked down upon
chuimsigh siad méideanna ollmhóra an tsolais
they contained tremendous amounts of enlightenment
bhí eagna iontu a bhí bailithe agus caomhnaithe
they contained wisdom which lay collected and preserved
eagna a bhailigh na glúnta éagsúla Brahmans críonna
wisdom collected by innumerable generations of wise Brahmans
Ach cá raibh na Brahmans?
But where were the Brahmans?
cá raibh na sagairt?
where were the priests?
i gcás na fir ciallmhar nó penitents?
where the wise men or penitents?
cá raibh na cinn ar éirigh leo?
where were those that had succeeded?
cá raibh na daoine ba mhó ná an t-eolas is doimhne ar fad?
where were those who knew more than deepest of all knowledge?
cá raibh na daoine a mhair chomh maith as an eagna soléite?
where were those that also lived out the enlightened wisdom?
Cá raibh an duine eolach a thug Atman as a chodladh?
Where was the knowledgeable one who brought Atman out of his sleep?
cé a thug an t-eolas seo isteach sa lá?
who had brought this knowledge into the day?
cé a chuir an t-eolas seo isteach ina saol?

who had taken this knowledge into their life?
cé a d'iompair an t-eolas seo le gach céim a ghlac siad?
who carried this knowledge with every step they took?
cé a phós a bhfocal lena ngníomhartha?
who had married their words with their deeds?
Bhí a fhios ag Siddhartha go leor Brahmans venerable
Siddhartha knew many venerable Brahmans
a athair, an ceann íon
his father, the pure one
an scoláire, an ceann is venerable
the scholar, the most venerable one
Bhí a athair fiúntach
His father was worthy of admiration
ciúin agus uasal a bhí a bhéasa
quiet and noble were his manners
ba ghlan a bheatha, ba chríonna a bhriathra
pure was his life, wise were his words
bhí smaointe íogaire uasal ina gcónaí taobh thiar dá mhala
delicate and noble thoughts lived behind his brow
ach cé go raibh a fhios aige go leor, an raibh cónaí air i aoibhneas?
but even though he knew so much, did he live in blissfulness?
ainneoin a chuid eolais ar fad, an raibh síocháin aige?
despite all his knowledge, did he have peace?
nach raibh ann ach fear cuardaigh freisin?
was he not also just a searching man?
nach raibh sé ina fhear tart fós?
was he still not a thirsty man?
Nár ghá dó ól as foinsí naofa anois is arís?
Did he not have to drink from holy sources again and again?
nár ól sé de na ofrálacha?
did he not drink from the offerings?
nár ól sé as na leabhair?
did he not drink from the books?
nár ól sé de dhíospóidí na Brahmans?
did he not drink from the disputes of the Brahmans?

Cén fáth go raibh air peacaí a ní gach lá?
Why did he have to wash off sins every day?
an gcaithfidh sé a dhícheall glantacháin a fháil gach lá?
must he strive for a cleansing every day?
arís agus arís eile, gach lá
over and over again, every day
Nach raibh Atman ann?
Was Atman not in him?
nach raibh an fhoinse pristine ag éirí as a chroí?
did not the pristine source spring from his heart?
b'éigean an fhoinse pristine a fháil i do dhuine féin
the pristine source had to be found in one's own self
b'éigean an fhoinse pristine a shealbhú!
the pristine source had to be possessed!
ag déanamh rud ar bith eile a bhí á chuardach
doing anything else else was searching
is bealach eile é pas a ghlacadh
taking any other pass is a detour
dul amú ar bhealach ar bith eile
going any other way leads to getting lost
Ba iad seo smaointe Siddhartha
These were Siddhartha's thoughts
ba é seo a tart, agus ba é seo a fhulaingt
this was his thirst, and this was his suffering
Is minic a labhair sé leis féin ó Chandogya-Upanishad:
Often he spoke to himself from a Chandogya-Upanishad:
"Go deimhin, is é an t-ainm Brahman Satyam"
"Truly, the name of the Brahman is Satyam"
"An té a bhfuil aithne aige ar a leithéid, rachaidh sé isteach sa domhan neamhaí gach lá"
"he who knows such a thing, will enter the heavenly world every day"
Go minic bhí cuma ar an domhan neamhaí in aice
Often the heavenly world seemed near
ach níor shroich sé an domhan neamh go hiomlán
but he had never reached the heavenly world completely

níor mhúch sé an tart deiridh ariamh
he had never quenched the ultimate thirst
Agus i measc na bhfear ciallmhar agus críonna go léir, níor shroich aon duine é
And among all the wise and wisest men, none had reached it
fuair sé treoracha uathu
he received instructions from them
ach níor shroich siad an domhan neamhaí go hiomlán
but they hadn't completely reached the heavenly world
níor mhúch siad a tart go hiomlán
they hadn't completely quenched their thirst
óir is tart síoraí an tart seo
because this thirst is an eternal thirst

"Govinda" labhair Siddhartha lena chara
"Govinda" Siddhartha spoke to his friend
"Govinda, a stór, tar liom faoin gcrann Banyan"
"Govinda, my dear, come with me under the Banyan tree"
"Déanaimis machnamh a chleachtadh"
"let's practise meditation"
Chuaigh siad go dtí an crann Banyan
They went to the Banyan tree
faoin gcrann Banyan shuigh siad síos
under the Banyan tree they sat down
Siddhartha a bhí ar dheis anseo
Siddhartha was right here
Bhí Govinda fiche céim ar shiúl
Govinda was twenty paces away
Siddhartha ina suí féin agus arís agus arís eile murmuring sé an véarsa
Siddhartha seated himself and he repeated murmuring the verse
Is é Om an bogha, is é an tsaighead an t-anam
Om is the bow, the arrow is the soul
Is é an Brahman sprioc na saigheada
The Brahman is the arrow's target
an sprioc ar cheart do dhuine a bhaint amach gan staonadh

the target that one should incessantly hit
bhí gnáth-am an chleachtaidh mhachnaimh imithe thart
the usual time of the exercise in meditation had passed
D'éirigh Govinda, bhí an tráthnóna tagtha
Govinda got up, the evening had come
bhí sé in am ablution an tráthnóna a dhéanamh
it was time to perform the evening's ablution
Thug sé ainm Siddhartha, ach níor fhreagair Siddhartha
He called Siddhartha's name, but Siddhartha did not answer
Siddhartha shuigh ann, caillte i smaoinimh
Siddhartha sat there, lost in thought
bhí a shúile dírithe go docht i dtreo sprice an-i bhfad i gcéin
his eyes were rigidly focused towards a very distant target
an barr a theanga a bhí protruding beagán idir na fiacla
the tip of his tongue was protruding a little between the teeth
ba chosúil nach raibh sé ag breathe
he seemed not to breathe
Mar sin shuigh sé, fillte suas le machnamh
Thus sat he, wrapped up in contemplation
bhí sé ag smaoineamh go domhain ar an Om
he was deep in thought of the Om
a anam sheoladh i ndiaidh an Brahman cosúil le saighead
his soul sent after the Brahman like an arrow
Uair amháin, thaistil Samanas trí bhaile Siddhartha
Once, Samanas had travelled through Siddhartha's town
bhí siad ascetics ar oilithreacht
they were ascetics on a pilgrimage
triúr fear caol, seargtha, ná sean ná óg
three skinny, withered men, neither old nor young
dusty agus fuilteach a bhí ina n-guaillí
dusty and bloody were their shoulders
beagnach nocht, scorched ag an ghrian, timpeallaithe ag uaigneas
almost naked, scorched by the sun, surrounded by loneliness
strainséirí agus naimhde don domhan
strangers and enemies to the world

strainséirí agus seaicigh i réimse na ndaoine
strangers and jackals in the realm of humans
Taobh thiar dóibh shéid boladh te de paisean ciúin
Behind them blew a hot scent of quiet passion
boladh seirbhíse millteach
a scent of destructive service
boladh de féin-shéanadh merciless
a scent of merciless self-denial
bhí an tráthnóna tagtha
the evening had come
tar éis uair an chloig machnaimh, labhair Siddhartha le Govinda
after the hour of contemplation, Siddhartha spoke to Govinda
"Go luath maidin amárach, beidh mo chara, Siddhartha dul go dtí an Samanas"
"Early tomorrow morning, my friend, Siddhartha will go to the Samanas"
"Beidh sé ina Samana"
"He will become a Samana"
D'iompaigh Govinda pale nuair a chuala sé na focail seo
Govinda turned pale when he heard these words
agus léigh sé an cinneadh i motionless aghaidh a chara
and he read the decision in the motionless face of his friend
níorbh fhéidir an cinneadh a stopadh, cosúil leis an tsaighead lámhaigh as an bogha
the determination was unstoppable, like the arrow shot from the bow
Thuig Govinda ar an gcéad amharc; anois tá sé ag tosú
Govinda realized at first glance; now it is beginning
anois tá Siddhartha ag cur a bhealach féin
now Siddhartha is taking his own way
anois tá a chinniúint ag fás
now his fate is beginning to sprout
agus mar gheall ar Siddhartha, tá cinniúint Govinda ag fás freisin
and because of Siddhartha, Govinda's fate is sprouting too

d'iompaigh sé pale cosúil le craiceann tirim banana
he turned pale like a dry banana-skin
"Ó Siddhartha," exclaimed sé
"Oh Siddhartha," he exclaimed
"An gceadóidh d'athair duit é sin a dhéanamh?"
"will your father permit you to do that?"
Siddhartha fhéach sé thar amhail is dá mbeadh sé dúiseacht díreach
Siddhartha looked over as if he was just waking up
cosúil le Saighead léigh sé anam Govinda
like an Arrow he read Govinda's soul
d'fhéadfadh sé an eagla agus an aighneacht a bhí ann a léamh
he could read the fear and the submission in him
"Ó Govinda," a labhair sé go ciúin, "ná cuirimis focail amú"
"Oh Govinda," he spoke quietly, "let's not waste words"
"Amárach ag breacadh an lae cuirfidh mé tús le saol na Samána"
"Tomorrow at daybreak I will begin the life of the Samanas"
"ná labhraimís níos mó de"
"let us speak no more of it"

Siddhartha isteach sa seomra ina raibh a athair ina shuí
Siddhartha entered the chamber where his father was sitting
bhí a athair ar mata basta
his father was was on a mat of bast
Siddhartha sheas taobh thiar a athair
Siddhartha stepped behind his father
agus d'fhan sé 'na sheasamh 'na dhiaidh
and he remained standing behind him
sheas sé go dtí gur bhraith a athair go raibh duine éigin ina sheasamh taobh thiar dó
he stood until his father felt that someone was standing behind him
Labhair an Brahman: "An é sin tú, Siddhartha?"
Spoke the Brahman: "Is that you, Siddhartha?"
"Abair ansin cad a tháinig tú a rá"

"Then say what you came to say"
Labhair Siddhartha: "Le do chead, a athair"
Spoke Siddhartha: "With your permission, my father"
"Tháinig me a rádh leat go bhfuil mo ghuí ag fágáil do theach amárach"
"I came to tell you that it is my longing to leave your house tomorrow"
"Ba mhaith liom dul go dtí an ascetics"
"I wish to go to the ascetics"
"Is é mo mhian a bheith i mo Samana"
"My desire is to become a Samana"
"Ní féidir le m'athair cur i gcoinne seo"
"May my father not oppose this"
Thit an Brahman ina thost, agus d'fhan sé mar sin ar feadh i bhfad
The Brahman fell silent, and he remained so for long
na réaltaí sa fhuinneog bheag wandered
the stars in the small window wandered
agus d'athraigh siad a seasaimh choibhneasta
and they changed their relative positions
Sheas an mac ciúin agus gan gluaiseacht agus a lámha fillte
Silent and motionless stood the son with his arms folded
shuigh an t-athair ar an mata ciúin agus gan gluaiseacht
silent and motionless sat the father on the mat
agus rianaigh na réaltaí a gcosáin sa spéir
and the stars traced their paths in the sky
Ansin labhair an t-athair
Then spoke the father
"níl sé ceart ag Brahman focail gharbh agus feargach a labhairt"
"it is not proper for a Brahman to speak harsh and angry words"
"Ach tá fearg i mo chroí"
"But indignation is in my heart"
"Ba mhaith liom gan an t-iarratas seo a chloisteáil an dara huair"

"I wish not to hear this request for a second time"
Go mall, d'ardaigh an Brahman
Slowly, the Brahman rose
Sheas Siddhartha go ciúin, a airm fillte
Siddhartha stood silently, his arms folded
"Cad é atá tú ag fanacht?" a d'fhiafraigh an t-athair
"What are you waiting for?" asked the father
Labhair Siddhartha, "Tá a fhios agat cad tá mé ag fanacht"
Spoke Siddhartha, "You know what I'm waiting for"
Indignant, d'fhág an t-athair an seomra
Indignant, the father left the chamber
indignant, chuaigh sé chun a leaba agus luigh síos
indignant, he went to his bed and lay down
rith uair an chloig, ach níor tháinig aon chodladh thar a shúile
an hour passed, but no sleep had come over his eyes
sheas an Brahman suas agus luas sé anonn is anall
the Brahman stood up and he paced to and fro
agus d'fhág sé an teach san oidhche
and he left the house in the night
Trí fhuinneog bheag an tseomra d'fhéach sé ar ais taobh istigh
Through the small window of the chamber he looked back inside
agus ansin chonaic sé Siddhartha ina sheasamh
and there he saw Siddhartha standing
bhí a airm fillte agus níor bhog sé as a láthair
his arms were folded and he had not moved from his spot
Phle shimmered a gúna geal
Pale shimmered his bright robe
Agus imní ina chroí, d'fhill an t-athair ar a leaba
With anxiety in his heart, the father returned to his bed
rith uair eile gan chodladh
another sleepless hour passed
ós rud é nár tháinig aon chodladh thar a shúile, sheas an Brahman suas arís

since no sleep had come over his eyes, the Brahman stood up again
luascadh sé anonn is anall, agus shiúil sé amach as an teach
he paced to and fro, and he walked out of the house
agus chonaic sé go raibh an ghealach ardaithe
and he saw that the moon had risen
Trí fhuinneog an tseomra d'fhéach sé ar ais taobh istigh
Through the window of the chamber he looked back inside
sheas Siddhartha, unmoved as a láthair
there stood Siddhartha, unmoved from his spot
bhí a airm fillte, mar a bhí siad
his arms were folded, as they had been
bhí solas na gealaí ag léiriú óna shins lom
moonlight was reflecting from his bare shins
Agus imní ina chroí, chuaigh an t-athair ar ais a chodladh
With worry in his heart, the father went back to bed
tháinig sé ar ais tar éis uair an chloig
he came back after an hour
agus tháinig sé ar ais arís tar éis dhá uair an chloig
and he came back again after two hours
d'fhéach sé tríd an bhfuinneog bhig
he looked through the small window
chonaic sé Siddhartha ina sheasamh i solas na gealaí
he saw Siddhartha standing in the moon light
sheas sé taobh le solas na réalta sa dorchadas
he stood by the light of the stars in the darkness
Agus tháinig sé ar ais uair i ndiaidh uaire
And he came back hour after hour
go ciúin, d'fhéach sé isteach sa seomra
silently, he looked into the chamber
chonaic sé é ina sheasamh san áit chéanna
he saw him standing in the same place
líon sé a chroí le fearg
it filled his heart with anger
líon sé a chroí le míshuaimhneas
it filled his heart with unrest

líon sé a chroí le himní
it filled his heart with anguish
líon sé a chroí le brón
it filled his heart with sadness
bhí uair dheireanach na hoíche tagtha
the night's last hour had come
d'fhill a athair agus chuaigh sé isteach sa seomra
his father returned and stepped into the room
chonaic sé an fear óg ina sheasamh ann
he saw the young man standing there
bhí cuma ard air agus mar choimhthíoch dó
he seemed tall and like a stranger to him
"Siddhartha," a labhair sé, "cad atá tú ag fanacht?"
"Siddhartha," he spoke, "what are you waiting for?"
"Tá a fhios agat cad tá mé ag fanacht"
"You know what I'm waiting for"
"An seasfaidh tú mar sin i gcónaí agus fanacht?
"Will you always stand that way and wait?
"Seasfaidh mé i gcónaí agus fanfaidh mé"
"I will always stand and wait"
"An bhfanfaidh tú go dtí go mbeidh sé maidin, meán lae, agus tráthnóna?"
"will you wait until it becomes morning, noon, and evening?"
"Fanfaidh mé go mbeidh sé maidin, meán lae, agus tráthnóna"
"I will wait until it become morning, noon, and evening"
"Beidh tú a bheith tuirseach, Siddhartha"
"You will become tired, Siddhartha"
"Beidh mé tuirseach"
"I will become tired"
"Beidh tú ag titim i do chodladh, Siddhartha"
"You will fall asleep, Siddhartha"
"Ní thitfidh mé i mo chodladh"
"I will not fall asleep"
"Beidh tú bás, Siddhartha"
"You will die, Siddhartha"

"Beidh mé bás," d'fhreagair Siddhartha
"I will die," answered Siddhartha
"Agus b'fhearr leat bás, ná géilleadh do d'athair?"
"And would you rather die, than obey your father?"
"Tá Siddhartha géilleadh i gcónaí dá athair"
"Siddhartha has always obeyed his father"
"Mar sin, an mbeidh tú thréigean do phlean?"
"So will you abandon your plan?"
"Déanfaidh Siddhartha cad a inseoidh a athair dó a dhéanamh"
"Siddhartha will do what his father will tell him to do"
Scairt an chéad solas an lae isteach sa seomra
The first light of day shone into the room
Chonaic an Brahman go raibh na glúine Siddhartha ar crith go bog
The Brahman saw that Siddhartha knees were softly trembling
In aghaidh Siddhartha ar chonaic sé aon crith
In Siddhartha's face he saw no trembling
bhí socraithe a shúile ar láthair i bhfad i gcéin
his eyes were fixed on a distant spot
Bhí sé seo nuair a thuig a athair
This was when his father realized
fiú anois ní raibh Siddhartha ina chónaí leis ina theach a thuilleadh
even now Siddhartha no longer dwelt with him in his home
chonaic sé go raibh sé fágtha aige cheana féin
he saw that he had already left him
An Athair i dteagmháil léi ghualainn Siddhartha ar
The Father touched Siddhartha's shoulder
"Beidh tú," a dúirt sé, **"dul isteach san fhoraois agus a bheith i do Samana"**
"You will," he spoke, "go into the forest and be a Samana"
"Nuair a fhaigheann tú aoibhneas san fhoraois, tar ar ais"
"When you find blissfulness in the forest, come back"
"Tar ar ais agus múin dom a bheith sona"
"come back and teach me to be blissful"

"Má fhaigheann tú díomá, ansin ar ais"
"If you find disappointment, then return"
"Tabhair ar ais agus déanaimis tairiscintí do na déithe le chéile arís"
"return and let us make offerings to the gods together, again"
"Imigh leat anois agus póg do mháthair"
"Go now and kiss your mother"
"Innis di cá bhfuil tú ag dul"
"tell her where you are going"
"Ach domsa tá sé in am dul go dtí an abhainn"
"But for me it is time to go to the river"
"Is é mo chuid ama an chéad ablution a dhéanamh"
"it is my time to perform the first ablution"
Thóg sé a lámh de ghualainn a mhic, agus chuaigh sé amach
He took his hand from the shoulder of his son, and went outside
Siddhartha wavered go dtí an taobh mar a rinne sé chun siúl
Siddhartha wavered to the side as he tried to walk
Chuir sé a ghéaga ar ais faoi smacht agus chrom sé ar a athair
He put his limbs back under control and bowed to his father
chuaigh sé chuig a mháthair chun déanamh mar a dúirt a athair
he went to his mother to do as his father had said
Agus é ag imeacht go mall ar chosa righin d'ardaigh scáth in aice leis an bothán deiridh
As he slowly left on stiff legs a shadow rose near the last hut
cé a chuas ansin, agus a chuaigh leis an oilithrigh?
who had crouched there, and joined the pilgrim?
"Govinda, tá tú ag teacht" a dúirt Siddhartha agus aoibh
"Govinda, you have come" said Siddhartha and smiled
"Tá mé tagtha," a dúirt Govinda
"I have come," said Govinda

Leis na Samanas
With the Samanas

Tráthnóna an lae seo ghabh siad suas leis na ascetics
In the evening of this day they caught up with the ascetics
na hascaiticigh; an Samanas caol
the ascetics; the skinny Samanas
thairg siad comhluadar agus géillsine dóibh
they offered them their companionship and obedience
Glacadh lena gcomhluadar agus lena n-umhlaíocht
Their companionship and obedience were accepted
Thug Siddhartha a chuid éadaigh do Brahman bocht sa tsráid
Siddhartha gave his garments to a poor Brahman in the street
Chaith sé rud ar bith níos mó ná éadach mín agus clóca crédhaite gan cur
He wore nothing more than a loincloth and earth-coloured, unsown cloak
Níor ith sé ach uair amháin sa lá, agus níor chonnaic sé aon rud riamh
He ate only once a day, and never anything cooked
He troscadh ar feadh cúig lá déag, he fasted for twenty-hocht lá
He fasted for fifteen days, he fasted for twenty-eight days
The flesh waned as a pluide agus leicne
The flesh waned from his thighs and cheeks
Aislingí fiabhrasacha flickered as a shúile méadaithe
Feverish dreams flickered from his enlarged eyes
tairní fada fhás go mall ar a mhéara parched
long nails grew slowly on his parched fingers
agus d'fhás féasóg tirim shaggy ar a smig
and a dry, shaggy beard grew on his chin
D'iompaigh a radharc ar an oighear nuair a chas sé ar mhná
His glance turned to ice when he encountered women
shiúil sé trí chathair de dhaoine gléasta go deas
he walked through a city of nicely dressed people
a bhéal corraithe le díspeagadh dóibh

his mouth twitched with contempt for them
Chonaic sé ceannaithe ag trádáil agus prionsaí ag seilg
He saw merchants trading and princes hunting
chonaic sé lucht caoineadh ag caoineadh a gcuid marbh
he saw mourners wailing for their dead
agus chonaic sé whores ag tairiscint iad féin
and he saw whores offering themselves
lianna ag iarraidh cabhrú leis na heasláin
physicians trying to help the sick
sagairt a chinneann an lá is oiriúnaí le haghaidh síolú
priests determining the most suitable day for seeding
lovers grámhara agus máithreacha altranais a gcuid leanaí
lovers loving and mothers nursing their children
agus níor bh'fhiú é seo go léir ach aon amharc amháin óna shúilibh
and all of this was not worthy of one look from his eyes
dúirt sé go léir bréag, tá sé ar fad stink, sé ar fad stink de bréaga
it all lied, it all stank, it all stank of lies
lig sé ar fad go raibh brí agus áthas agus álainn
it all pretended to be meaningful and joyful and beautiful
agus bhí sé ar fad ach putrefaction folaithe
and it all was just concealed putrefaction
blas searbh ar an domhan; bhí an saol céasadh
the world tasted bitter; life was torture

Bhí cúl amháin os comhair Siddhartha
A single goal stood before Siddhartha
a sprioc a bhí a bheith folamh
his goal was to become empty
ba é a sprioc a bheith folamh de tart
his goal was to be empty of thirst
folamh de mhianta agus folamh aisling
empty of wishing and empty of dreams
folamh de áthas agus brón
empty of joy and sorrow
ba é a sprioc a bheith marbh dó féin

his goal was to be dead to himself
ní raibh a sprioc le bheith ina dhuine féin níos mó
his goal was not to be a self any more
ba é an sprioc a bhí aige ná suaimhneas a aimsiú le croí folamh
his goal was to find tranquillity with an emptied heart
Ba é an sprioc a bhí aige ná a bheith oscailte do mhíorúiltí i smaointe neamhleithleacha
his goal was to be open to miracles in unselfish thoughts
Ba é seo a sprioc
to achieve this was his goal
nuair a sháraíodh a chuid féin go léir agus go bhfuair sé bás
when all of his self was overcome and had died
nuair a bhí gach dúil agus gach áiteamh ina chroí
when every desire and every urge was silent in the heart
ansin b'éigean an chuid deiridh de a dhúiseacht
then the ultimate part of him had to awake
ar an taobh istigh de a bheith, nach bhfuil sé féin a thuilleadh
the innermost of his being, which is no longer his self
ba é seo an rún mór
this was the great secret

Go ciúin, nocht Siddhartha é féin do ghathanna dóite na gréine
Silently, Siddhartha exposed himself to the burning rays of the sun
bhí sé ag lasadh le pian agus bhí sé ag lasadh le tart
he was glowing with pain and he was glowing with thirst
agus sheas sé ansin go dtí nach bhraith sé pian ná tart
and he stood there until he neither felt pain nor thirst
Go ciúin, sheas sé ann i aimsir na báistí
Silently, he stood there in the rainy season
as a chuid gruaige bhí an t-uisce ag sileadh thar ghuaillí reo
from his hair the water was dripping over freezing shoulders
bhí an t-uisce ag sileadh thar a chromáin agus a chosa reo
the water was dripping over his freezing hips and legs

agus sheas an penitent ann
and the penitent stood there
sheas sé ansin go dtí nach bhféadfadh sé a bhraitheann an fuar a thuilleadh
he stood there until he could not feel the cold any more
sheas sé ansin go dtí go raibh a chorp ina thost
he stood there until his body was silent
sheas sé ansin go dtí go raibh a chorp ciúin
he stood there until his body was quiet
Go ciúin, chowered sé sna toir deilgneach
Silently, he cowered in the thorny bushes
fuil dripped as an craiceann dó
blood dripped from the burning skin
fuil sileadh ó wounds festering
blood dripped from festering wounds
agus Siddhartha fhan dolúbtha agus motionless
and Siddhartha stayed rigid and motionless
sheas sé go dtí nach raibh aon fhuil ag sreabhadh níos mó
he stood until no blood flowed any more
sheas sé go dtí go raibh aon rud stung níos mó
he stood until nothing stung any more
sheas sé go dtí go dóite aon rud níos mó
he stood until nothing burned any more
Siddhartha shuigh ina seasamh agus d'fhoghlaim a breathe go coigilteach
Siddhartha sat upright and learned to breathe sparingly
d'fhoghlaim sé a fháil chomh maith le cúpla anáil
he learned to get along with few breaths
d'fhoghlaim sé stop a análú
he learned to stop breathing
D'fhoghlaim sé, ag tosú leis an anáil, buille a chroí a mhaolú
He learned, beginning with the breath, to calm the beating of his heart
d'fhoghlaim sé buillí a chroí a laghdú
he learned to reduce the beats of his heart
meditated sé go dtí go raibh a heartbeats ach cúpla

he meditated until his heartbeats were only a few
agus ansin bhí a heartbeats beagnach none
and then his heartbeats were almost none
Arna threorú ag an duine is sine de na Samanas, chleacht Siddhartha féin-shéanadh
Instructed by the oldest of the Samanas, Siddhartha practised self-denial
chleacht sé machnaimh, de réir rialacha nua Samana
he practised meditation, according to the new Samana rules
D'eitil corcair thar an bhforaois bambú
A heron flew over the bamboo forest
Ghlac Siddhartha an chorr air isteach ina anam
Siddhartha accepted the heron into his soul
d'eitil sé thar foraoise agus sléibhte
he flew over forest and mountains
bhí sé ina chorr, d'ith sé iasc
he was a heron, he ate fish
bhraith sé an pangs de chorr ar ocras
he felt the pangs of a heron's hunger
labhair sé croac an chréic
he spoke the heron's croak
fuair sé bás croich
he died a heron's death
Bhí seaca marbh ina luí ar an mbruach gainimh
A dead jackal was lying on the sandy bank
Shleamhnaigh anam Siddhartha taobh istigh de chorp an jackal marbh
Siddhartha's soul slipped inside the body of the dead jackal
bhí sé an seac marbh ag leagan ar an mbruach agus bloated
he was the dead jackal laying on the banks and bloated
d'fhás sé agus d'lobh sé agus cuireadh hyenas as a riocht
he stank and decayed and was dismembered by hyenas
bhí sé craiceann ag vultures agus iompú isteach i cnámharlach
he was skinned by vultures and turned into a skeleton

bhí sé iompú chun deannaigh agus séideadh ar fud na páirceanna
he was turned to dust and blown across the fields
Agus d'fhill anam Siddhartha
And Siddhartha's soul returned
fuair sé bás, meath, agus bhí scaipthe mar deannaigh
it had died, decayed, and was scattered as dust
fuair sé blas ar meisce ghruama an timthrialla
it had tasted the gloomy intoxication of the cycle
d'fhan sé le tart nua, cosúil le sealgair sa bhearna
it awaited with a new thirst, like a hunter in the gap
sa bhearna ina bhféadfadh sé éalú ón timthriall
in the gap where he could escape from the cycle
sa bhearna inar thosaigh síoraíocht gan fulaingt
in the gap where an eternity without suffering began
mharaigh sé a chiall agus a chuimhne
he killed his senses and his memory
shleamhnaigh sé as a chuid féin isteach i mílte foirmeacha eile
he slipped out of his self into thousands of other forms
ainmhí, carrion, cloch a bhí ann
he was an animal, a carrion, a stone
bhí sé adhmad agus uisce
he was wood and water
agus dhúisigh sé gach uair chun teacht ar a shean féin arís
and he awoke every time to find his old self again
cibé acu an ghrian nó an ghealach, bhí sé a chuid féin arís
whether sun or moon, he was his self again
chas sé bhabhta sa timthriall
he turned round in the cycle
bhraith sé tart, sháraigh sé an tart, bhraith tart nua
he felt thirst, overcame the thirst, felt new thirst

D'fhoghlaim Siddhartha go leor nuair a bhí sé leis na Samanas
Siddhartha learned a lot when he was with the Samanas

d'fhoghlaim sé go leor bealaí chun dul amach as an duine féin
he learned many ways leading away from the self
d'fhoghlaim sé conas a ligean dul
he learned how to let go
Chuaigh sé ar bhealach an féin-shéanta trí phian
He went the way of self-denial by means of pain
d'fhoghlaim sé féin-shéanadh trí fhulaingt go deonach agus trí phian a shárú
he learned self-denial through voluntarily suffering and overcoming pain
sháraigh sé ocras, tart, agus tuirse
he overcame hunger, thirst, and tiredness
Chuaigh sé ar bhealach an féin-shéanta trí mhachnamh
He went the way of self-denial by means of meditation
chuaigh sé ar bhealach an féin-shéanta tríd an intinn a shamhlú a bheith ar neamhní ó gach coincheap
he went the way of self-denial through imagining the mind to be void of all conceptions
leis na bealaí seo agus bealaí eile a d'fhoghlaim sé éirí as
with these and other ways he learned to let go
míle uair d'fhág sé a chuid féin
a thousand times he left his self
ar feadh uaireanta agus laethanta d'fhan sé sa neamh-féin
for hours and days he remained in the non-self
d'eascair na bealaí seo go léir as an duine féin
all these ways led away from the self
ach thug a gcosán ar ais go dtí an duine féin i gcónaí
but their path always led back to the self
Theith Siddhartha as an féin míle uair
Siddhartha fled from the self a thousand times
ach bhí an filleadh ar an féin dosheachanta
but the return to the self was inevitable
cé gur fhan sé i nothingness, ag teacht ar ais a bhí dosheachanta

although he stayed in nothingness, coming back was inevitable
cé gur fhan sé in ainmhithe agus clocha, ag teacht ar ais a bhí dosheachanta
although he stayed in animals and stones, coming back was inevitable
fuair sé é féin faoi sholas na gréine nó faoi sholas na gealaí arís
he found himself in the sunshine or in the moonlight again
fuair sé é féin sa scáth nó sa bháisteach arís
he found himself in the shade or in the rain again
agus bhí sé arís a chuid féin; Siddhartha
and he was once again his self; Siddhartha
agus arís bhraith sé agony an timthrialla a bhí air
and again he felt the agony of the cycle which had been forced upon him

lena thaobh bhí Govinda, a scáth
by his side lived Govinda, his shadow
Shiúil Govinda an cosán céanna agus rinne sé na hiarrachtaí céanna
Govinda walked the same path and undertook the same efforts
níor labhair siad lena chéile ach na cleachtaí a bhí ag teastáil
they spoke to one another no more than the exercises required
ó am go chéile chuaigh an bheirt acu tríd na sráidbhailte
occasionally the two of them went through the villages
chuaigh siad ag iarraidh bia dóibh féin agus dá mhúinteoirí
they went to beg for food for themselves and their teachers
"Cén dóigh a bhfuil dul chun cinn déanta againn, a Govinda", a d'fhiafraigh sé
"How do you think we have progressed, Govinda" he asked
"An bhfuil aon sprioc bainte amach againn?" D'fhreagair Govinda
"Did we reach any goals?" Govinda answered
"Tá foghlamtha againn, agus leanfaimid ar aghaidh ag foghlaim"

"We have learned, and we'll continue learning"
"Beidh Samana iontach agat, Siddhartha"
"You'll be a great Samana, Siddhartha"
"Go tapa, tá gach cleachtadh foghlamtha agat"
"Quickly, you've learned every exercise"
"Is minic a bhí meas ag na sean Samanas ort"
"often, the old Samanas have admired you"
"Lá amháin, beidh tú i do dhuine naofa, a Shiddhartha"
"One day, you'll be a holy man, oh Siddhartha"
Dúirt Siddhartha, "Ní féidir liom cabhrú ach mothaím nach bhfuil sé mar seo, a chara"
Spoke Siddhartha, "I can't help but feel that it is not like this, my friend"
"D'fhéadfaí an méid a d'fhoghlaim mé a bheith i measc na Samanáis a fhoghlaim níos tapúla"
"What I've learned being among the Samanas could have been learned more quickly"
"d'fhéadfadh sé a bheith foghlamtha ar bhealaí níos simplí"
"it could have been learned by simpler means"
"d'fhéadfadh sé a bheith foghlamtha in aon teach tábhairne"
"it could have been learned in any tavern"
"d'fhéadfadh sé a bheith foghlamtha cá bhfuil na tithe fraochán"
"it could have been learned where the whorehouses are"
"D'fhéadfadh sé a bheith foghlamtha agam i measc carters agus gamblers"
"I could have learned it among carters and gamblers"
Dúirt Govinda, "Tá Siddhartha ag magadh liom"
Spoke Govinda, "Siddhartha is joking with me"
"Conas a d'fhéadfadh tú a bheith foghlamtha meditation i measc daoine wretched?"
"How could you have learned meditation among wretched people?"
"Conas a d'fhéadfadh whores múinte duit faoi do anáil a shealbhú?"

"how could whores have taught you about holding your breath?"

"conas a d'fhéadfadh gamblers a bheith múinte duit neamhíogaireacht i gcoinne pian?"

"how could gamblers have taught you insensitivity against pain?"

Labhair Siddhartha go ciúin, amhail is dá mba ag caint leis féin

Siddhartha spoke quietly, as if he was talking to himself

"Cad é meditation?"

"What is meditation?"

"Cad atá ag fágáil an duine chorp?"

"What is leaving one's body?"

"Cad é troscadh?"

"What is fasting?"

"Cad é anáil an duine a shealbhú?"

"What is holding one's breath?"

"Tá sé ag teitheadh uait féin"

"It is fleeing from the self"

"Is gearr éalú ón agony de bheith i do féin"

"it is a short escape of the agony of being a self"

"Is gearr numbing na céadfaí i gcoinne an pian"

"it is a short numbing of the senses against the pain"

"tá sé ag seachaint an t-uafás beatha"

"it is avoiding the pointlessness of life"

"Is é an numbing céanna a fhaigheann tiománaí cairt daimh sa teach ósta"

"The same numbing is what the driver of an ox-cart finds in the inn"

"ag ól cúpla babhla fíona ríse nó bainne cnó cócó coipthe"

"drinking a few bowls of rice-wine or fermented coconut-milk"

"Ansin ní mhothóidh sé é féin níos mó"

"Then he won't feel his self anymore"

"ansin ní bhraithfidh sé pianta an tsaoil níos mó"

"then he won't feel the pains of life anymore"

"Faigheann sé ansin numbing gearr ar na céadfaí"

"then he finds a short numbing of the senses"
"Nuair a thiteann sé ina chodladh thar a bhabhla fíona ríse, gheobhaidh sé mar a fhaigheann muid"
"When he falls asleep over his bowl of rice-wine, he'll find the same what we find"
"Faigheann sé cad a fhaigheann muid nuair a éalaíonn muid ár gcomhlachtaí trí cleachtaí fada"
"he finds what we find when we escape our bodies through long exercises"
"Tá muid go léir ag fanacht sa neamh-féin"
"all of us are staying in the non-self"
"Seo mar atá sé, a Govinda"
"This is how it is, oh Govinda"
Labhair Govinda, "Deir tú amhlaidh, a chara"
Spoke Govinda, "You say so, oh friend"
"agus fós tá a fhios agat nach bhfuil Siddhartha aon tiománaí ar cairt-damh"
"and yet you know that Siddhartha is no driver of an ox-cart"
"Agus tá a fhios agat nach bhfuil Samana ar meisce"
"and you know a Samana is no drunkard"
"Is fíor go ngoilleann óltóir a chiall"
"it's true that a drinker numbs his senses"
"Is fíor go n-éalaíonn sé go hachomair agus go socraíonn sé"
"it's true that he briefly escapes and rests"
"ach fillfidh sé ón leamh agus ní fheicfidh sé aon athrú"
"but he'll return from the delusion and finds everything to be unchanged"
"níl sé éirithe níos críonna"
"he has not become wiser"
"tá aon eolas bailithe aige"
"he has gathered any enlightenment"
"níl sé ardaigh roinnt céimeanna"
"he has not risen several steps"
Agus labhair Siddhartha le gáire
And Siddhartha spoke with a smile
"Níl a fhios agam, ní raibh mé riamh i mo meisce"

"I do not know, I've never been a drunkard"
"Tá a fhios agam nach bhfaighidh mé ach numbing gearr de na céadfaí"
"I know that I find only a short numbing of the senses"
"Faighim é i mo chuid cleachtaí agus machnaimh"
"I find it in my exercises and meditations"
"agus is dóigh liom go bhfuilim chomh fada ón eagna is atá mé i m'óige i mbroinn na máthar"
"and I find I am just as far removed from wisdom as a child in the mother's womb"
"Tá a fhios agam seo, a Govinda"
"this I know, oh Govinda"

Agus arís, uair eile, thosaigh Siddhartha a labhairt
And once again, another time, Siddhartha began to speak
D'fhág Siddhartha an fhoraois, mar aon le Govinda
Siddhartha had left the forest, together with Govinda
d'fhág siad ag impí ar roinnt bia sa sráidbhaile
they left to beg for some food in the village
a dúirt sé, "Cad anois, a Govinda?"
he said, "What now, oh Govinda?"
"An bhfuil muid ar an gcosán ceart?"
"are we on the right path?"
"An bhfuil muid ag fáil níos gaire don enlightenment?"
"are we getting closer to enlightenment?"
"An bhfuil muid ag fáil níos gaire do salvation?"
"are we getting closer to salvation?"
"Nó an bhfuil cónaí orainn b'fhéidir i gciorcal?"
"Or do we perhaps live in a circle?"
"muid, a cheap go raibh muid ag éalú ón timthriall"
"we, who have thought we were escaping the cycle"
Labhair Govinda, "Tá go leor foghlamtha againn"
Spoke Govinda, "We have learned a lot"
"Siddhartha, tá go leor le foghlaim fós"
"Siddhartha, there is still much to learn"
"Níl muid ag dul timpeall i gciorcail"
"We are not going around in circles"

"tá muid ag bogadh suas; is bíseach é an ciorcal"
"we are moving up; the circle is a spiral"
"tá go leor leibhéil ardaithe againn cheana féin"
"we have already ascended many levels"
D'fhreagair Siddhartha, "Cén aois a cheapann tú go bhfuil an Samana is sine againn?"
Siddhartha answered, "How old would you think our oldest Samana is?"
"Cén aois é ár múinteoir uasal?"
"how old is our venerable teacher?"
Dúirt Govinda, "Seans go bhfuil an duine is sine againn timpeall seasca bliain d'aois"
Spoke Govinda, "Our oldest one might be about sixty years of age"
Labhair Siddhartha, "Tá sé beo le seasca bliain"
Spoke Siddhartha, "He has lived for sixty years"
"agus fós níl an nirvana sroichte aige"
"and yet he has not reached the nirvana"
"Beidh sé seachtó is ochtó"
"He'll turn seventy and eighty"
"tú féin agus mise, fásfaimid díreach chomh sean leis"
"you and me, we will grow just as old as him"
"agus déanfaimid ár cleachtaí"
"and we will do our exercises"
"agus déanfaimid troscadh, agus déanfaimid machnamh"
"and we will fast, and we will meditate"
"Ach ní shroichfimid an nirvana"
"But we will not reach the nirvana"
"Ní shroichfidh sé nirvana agus ní bheidh muid"
"he won't reach nirvana and we won't"
"tá Samanas do-áirithe amuigh ansin"
"there are uncountable Samanas out there"
"b'fhéidir nach sroichfidh duine amháin an nirvana"
"perhaps not a single one will reach the nirvana"
"Faighimid compord, faighimid numbness, foghlaimimid cleasanna"

"We find comfort, we find numbness, we learn feats"
"**foghlaimímid na rudaí seo le daoine eile a mhealladh**"
"we learn these things to deceive others"
"**Ach an rud is tábhachtaí, cosán na gcosán, ní bhfaighidh muid**"
"But the most important thing, the path of paths, we will not find"
Labhair Govinda "Mura labhródh tú ach focail uafásacha den sórt sin, Siddhartha!"
Spoke Govinda "If you only wouldn't speak such terrible words, Siddhartha!"
"**Tá an oiread sin fear foghlamtha**"
"there are so many learned men"
"**conas nárbh fhéidir le duine aca teacht ar chosán na gcosán?**"
"how could not one of them not find the path of paths?"
"**conas nach féidir an oiread sin Brahmans a fháil?**"
"how can so many Brahmans not find it?"
"**Conas is féidir leis an oiread sin Samanas géar agus uaibhreach gan é a fháil?**"
"how can so many austere and venerable Samanas not find it?"
"**conas is féidir le gach duine atá ag cuardach gan é a fháil?**"
"how can all those who are searching not find it?"
"**conas nach féidir leis na fir naofa é a fháil?**"
"how can the holy men not find it?"
Ach labhair Siddhartha le brón an oiread agus is magadh
But Siddhartha spoke with as much sadness as mockery
labhair sé le guth ciúin, beagán brónach, beagán magadh
he spoke with a quiet, a slightly sad, a slightly mocking voice
"**Go luath, Govinda, fágfaidh do chara cosán na Samanas**"
"Soon, Govinda, your friend will leave the path of the Samanas"
"**Tá sé ag siúl ar do thaobh le fada**"
"he has walked along your side for so long"
"**Tá tart orm**"
"I'm suffering of thirst"

"Ar an gcosán fada seo Samana, d'fhan mo tart chomh láidir agus a bhí riamh"
"on this long path of a Samana, my thirst has remained as strong as ever"
"Bhí tart orm i gcónaí ar eolas"
"I always thirsted for knowledge"
"Bhí mé i gcónaí lán de cheisteanna"
"I have always been full of questions"
"D'iarr mé ar na Brahmans, bliain i ndiaidh bliana"
"I have asked the Brahmans, year after year"
"Agus d'iarr mé ar an Vedas naofa, bliain i ndiaidh bliana"
"and I have asked the holy Vedas, year after year"
"agus d'iarr mé ar an Samanas tiomnaithe, bliain i ndiaidh bliana"
"and I have asked the devoted Samanas, year after year"
"b'fhéidir go bhféadfainn é a fhoghlaim ón éan hornbill"
"perhaps I could have learned it from the hornbill bird"
"b'fhéidir gur cheart dom a bheith iarrtha ar an chimpanzee"
"perhaps I should have asked the chimpanzee"
"Thóg sé tamall fada orm"
"It took me a long time"
"agus níl mé críochnaithe ag foghlaim seo fós"
"and I am not finished learning this yet"
"Ó Govinda, tá sé foghlamtha agam nach bhfuil aon rud le foghlaim!"
"oh Govinda, I have learned that there is nothing to be learned!"
"Níl a leithéid de rud ann agus foghlaim"
"There is indeed no such thing as learning"
"Níl ach eolas amháin"
"There is just one knowledge"
"Tá an t-eolas seo i ngach áit, is é seo Atman"
"this knowledge is everywhere, this is Atman"
"tá an t-eolas seo ionam agus ionat"
"this knowledge is within me and within you"
"agus tá an t-eolas seo laistigh de gach créatúr"

"and this knowledge is within every creature"
"níl aon namhaid níos measa ag an eolas seo ná an fonn fios a chur air"
"this knowledge has no worse enemy than the desire to know it"
"sin é creidim"
"that is what I believe"
Ag seo, stop Govinda ar an gcosán
At this, Govinda stopped on the path
d'ardaigh sé a lámha, agus labhair
he rose his hands, and spoke
"Mura mbainfeá ach do chara leis an gcineál cainte seo"
"If only you would not bother your friend with this kind of talk"
"Go deimhin, corraigh do chuid focal eagla i mo chroí"
"Truly, your words stir up fear in my heart"
"breithnigh, cad a thiocfadh de naomhthacht urnaí?"
"consider, what would become of the sanctity of prayer?"
"Cad a thiocfadh as venerability caste na Brahmans?"
"what would become of the venerability of the Brahmans' caste?"
"cad a tharlódh do bheannacht na Samána?
"what would happen to the holiness of the Samanas?
"Cad a thiocfadh de sin go léir is naofa"
"What would then become of all of that is holy"
"cad a bheadh fós luachmhar?"
"what would still be precious?"
Agus mumble Govinda véarsa ó Upanishad dó féin
And Govinda mumbled a verse from an Upanishad to himself
"An té a smaoiníonn go meabhrach air, de mheon íonaithe, cailleann sé é féin i machnamh Atman"
"He who ponderingly, of a purified spirit, loses himself in the meditation of Atman"
"Ní féidir a rá le focail tá áthas a chroí"
"inexpressible by words is the blissfulness of his heart"
Ach d'fhan Siddhartha ina thost

But Siddhartha remained silent
Smaoinigh sé ar na focail a dúirt Govinda leis
He thought about the words which Govinda had said to him
agus smaoinigh sé na focail go dtí an deireadh
and he thought the words through to their end
smaoinigh sé ar cad a bheadh fágtha de gach rud a raibh cuma naofa air
he thought about what would remain of all that which seemed holy
Cad atá fágtha? Cad is féidir leis an tástáil a sheasamh?
What remains? What can stand the test?
Agus chroith sé a cheann
And he shook his head

bhí cónaí ar an mbeirt fhear óg i measc na Samáná ar feadh timpeall trí bliana
the two young men had lived among the Samanas for about three years
tháinig roinnt nuachta, ráfla, miotas orthu
some news, a rumour, a myth reached them
is iomaí uair a dúradh an ráfla
the rumour had been retold many times
Bhí fear le feiceáil, Gotama dar ainm
A man had appeared, Gotama by name
an ceann exalted, an Búda
the exalted one, the Buddha
bhí fulaingt an domhain sáraithe aige ann féin
he had overcome the suffering of the world in himself
agus chuir sé deireadh le timthriall na n-athbhreith
and he had halted the cycle of rebirths
Dúradh go raibh sé ag fánaíocht tríd an talamh, ag teagasc
He was said to wander through the land, teaching
dúradh go raibh sé timpeallaithe ag deisceabail
he was said to be surrounded by disciples
dúradh go raibh sé gan teach, ná bean chéile
he was said to be without possession, home, or wife
dúradh nach raibh sé ach i gclóca buí ascetic

he was said to be in just the yellow cloak of an ascetic
ach bhí sé le brow cheerful
but he was with a cheerful brow
ocus adubairt gur fear blaith é
and he was said to be a man of bliss
Chrom Brahmans agus prionsaí síos os a chomhair
Brahmans and princes bowed down before him
agus rinne siad a mhic léinn
and they became his students
D'fhuascail an miotas seo, an ráfla seo, an finscéal seo
This myth, this rumour, this legend resounded
d'ardaigh a cumhráin suas, anseo agus ansiúd, sna bailte
its fragrance rose up, here and there, in the towns
labhair na Brahmans ar an bhfinscéal seo
the Brahmans spoke of this legend
agus san fhoraois labhair na Samána mar gheall air
and in the forest, the Samanas spoke of it
arís agus arís eile, shroich an t-ainm Gotama an Búda cluasa na bhfear óg
again and again, the name of Gotama the Buddha reached the ears of the young men
bhí caint mhaith agus olc ar Gotama
there was good and bad talk of Gotama
mhol cuid acu Gotama, rinne daoine eile a chlúmhilleadh air
some praised Gotama, others defamed him
Bhí sé mar a bheadh an phlá briste amach i dtír
It was as if the plague had broken out in a country
bhí nuacht ag scaipeadh thart go raibh fear in áit amháin nó in áit eile
news had been spreading around that in one or another place there was a man
fear ciallmhar, fear eolach
a wise man, a knowledgeable one
fear a raibh focal agus anáil go leor chun gach duine a leigheas
a man whose word and breath was enough to heal everyone

d'fhéadfadh a láithreacht aon duine a bhí ionfhabhtaithe leis an lot a leigheas
his presence could heal anyone who had been infected with the pestilence
chuaigh a leithéid de nuacht tríd an talamh, agus bheadh gach duine ag caint faoi
such news went through the land, and everyone would talk about it
chreid go leor na ráflaí, bhí go leor amhras orthu
many believed the rumours, many doubted them
ach chuaigh go leor ar a mbealach chomh luath agus ab fhéidir
but many got on their way as soon as possible
chuaigh siad a lorg an fhir chríonna, an cúntóir
they went to seek the wise man, the helper
an fear ciallmhar de theaghlach Sachá
the wise man of the family of Sakya
Shealbhaigh sé, mar sin a dúirt an believers, an enlightenment is airde
He possessed, so the believers said, the highest enlightenment
chuimhnigh sé ar a shaolta roimhe sin; bhí an nirvana bainte amach aige
he remembered his previous lives; he had reached the nirvana
agus níor fhill sé isteach sa timthriall riamh
and he never returned into the cycle
ní raibh sé riamh faoi uisce arís san abhainn murky de fhoirmeacha fisiceacha
he was never again submerged in the murky river of physical forms
Tuairiscíodh go leor rudaí iontacha dochreidte dó
Many wonderful and unbelievable things were reported of him
rinne sé míorúiltí
he had performed miracles
bhí an diabhal sáraithe aige
he had overcome the devil

do labhair sé leis na déithe
he had spoken to the gods
Ach dúirt a naimhde agus disbelievers Gotama seducer vain
But his enemies and disbelievers said Gotama was a vain seducer
dúirt siad gur chaith sé a laethanta i só
they said he spent his days in luxury
dúirt siad go ndearna sé scanradh ar na tairiscintí
they said he scorned the offerings
dúirt siad go raibh sé gan foghlaim
they said he was without learning
dúirt siad nach raibh a fhios aige cleachtaí meabhracha ná féin-theilgthe
they said he knew neither meditative exercises nor self-castigation
An miotas Buddha sounded milis
The myth of Buddha sounded sweet
Tháinig boladh na draíochta ó na tuairiscí seo
The scent of magic flowed from these reports
Tar éis an tsaoil, bhí an domhan tinn, agus bhí an saol deacair a iompróidh
After all, the world was sick, and life was hard to bear
agus féuch, bhí an chuma ar fhoinse faoisimh anseo earrach amach
and behold, here a source of relief seemed to spring forth
anseo ba chuma teachtaire a ghlaoch amach
here a messenger seemed to call out
sólásach, éadrom, lán de gheallúintí uasal
comforting, mild, full of noble promises
I ngach áit ina raibh ráfla an Búda le cloisteáil, d'éist na fir óga suas
Everywhere where the rumour of Buddha was heard, the young men listened up
i ngach áit i dtailte na hIndia bhraith siad cumha
everywhere in the lands of India they felt a longing
i ngach áit inar chuardaigh na daoine, bhraith siad dóchas

everywhere where the people searched, they felt hope
cuireadh fáilte roimh gach oilithrigh agus coigreach nuair a thug sé scéala dó
every pilgrim and stranger was welcome when he brought news of him
an ceann ardaithe, an Sakyamuni
the exalted one, the Sakyamuni
Shroich an miotas na Samanas san fhoraois freisin
The myth had also reached the Samanas in the forest
agus chuala Siddhartha agus Govinda an miotas freisin
and Siddhartha and Govinda heard the myth too
go mall, drop by drop, chuala siad an miotas
slowly, drop by drop, they heard the myth
bhí gach braon ualaithe le dóchas
every drop was laden with hope
bhí gach braon ualaithe le amhras
every drop was laden with doubt
Is annamh a labhair siad faoi
They rarely talked about it
óir níor thaitin an miotas seo leis an duine ba shine de na Samána
because the oldest one of the Samanas did not like this myth
bhí cloiste aige gur ascalach a bhí sa Búda líomhnaithe seo
he had heard that this alleged Buddha used to be an ascetic
chuala sé go raibh cónaí air san fhoraois
he heard he had lived in the forest
ach bhí sé tar éis iompú ar ais chuig sólás agus pléisiúir saolta
but he had turned back to luxury and worldly pleasures
agus ní raibh tuairim ard aige ar an Gotama seo
and he had no high opinion of this Gotama

"Ó Siddhartha," labhair Govinda lena chara lá amháin
"Oh Siddhartha," Govinda spoke one day to his friend
"Inniu, bhí mé sa sráidbhaile"
"Today, I was in the village"
"agus thug Brahman cuireadh isteach ina theach dom"

"and a Brahman invited me into his house"
"agus ina theach, bhí mac Brahman ó Magadha"
"and in his house, there was the son of a Brahman from Magadha"
"Chonaic sé an Búda lena shúile féin"
"he has seen the Buddha with his own eyes"
"agus chuala sé é ag múineadh"
"and he has heard him teach"
"Go deimhin, chuir sé seo pian ar mo chliabhrach nuair a d'anáil mé"
"Verily, this made my chest ache when I breathed"
"agus shíl mé seo go féin:"
"and I thought this to myself:"
"má chualamar an teagasc ó bhéal an fhir foirfe seo!"
"if only we heard the teachings from the mouth of this perfected man!"
"Labhair, a chara, nach mbeadh fonn orainn dul ann freisin"
"Speak, friend, wouldn't we want to go there too"
"Nach mbeadh sé go maith éisteacht leis an teagasc ó bhéal an Búda?"
"wouldn't it be good to listen to the teachings from the Buddha's mouth?"
Labhair Siddhartha, "Shíl mé go bhfanfá leis na Samánaithe"
Spoke Siddhartha, "I had thought you would stay with the Samanas"
"Chreid mé i gcónaí gurb é do sprioc maireachtáil le seachtó"
"I always had believed your goal was to live to be seventy"
"Shíl mé go leanfá ag cleachtadh na n-éacht agus na cleachtaí sin"
"I thought you would keep practising those feats and exercises"
"Agus shíl mé go mbeadh tú i do Samana"
"and I thought you would become a Samana"
"Ach féach, ní raibh aithne mhaith agam ar Govinda"
"But behold, I had not known Govinda well enough"

"Is beag a bhí a fhios agam a chroí"
"I knew little of his heart"
"Mar sin anois is mian leat cosán nua a ghlacadh"
"So now you want to take a new path"
"agus ba mhaith leat dul ann áit a scaipeann an Búda a theagasc"
"and you want to go there where the Buddha spreads his teachings"
Labhair Govinda, "Tá tú ag magadh fúm"
Spoke Govinda, "You're mocking me"
"Mock dom más mian leat, Siddhartha!"
"Mock me if you like, Siddhartha!"
"Ach nach bhfuil fonn ort na teagasc seo a chloisteáil freisin?"
"But have you not also developed a desire to hear these teachings?"
"Nach bhfuil ráite agat nach siúlfá cosán na Samána níos faide?"
"have you not said you would not walk the path of the Samanas for much longer?"
Ag seo, gáire Siddhartha ar a bhealach féin
At this, Siddhartha laughed in his very own manner
an modh inar ghlac a ghuth teagmháil bhrón
the manner in which his voice assumed a touch of sadness
ach fós bhí an lámh in uachtar aige ar an magadh
but it still had that touch of mockery
Labhair Siddhartha, "Govinda, labhair tú go maith"
Spoke Siddhartha, "Govinda, you've spoken well"
"Chuimhnigh tú i gceart cad a dúirt mé"
"you've remembered correctly what I said"
"Más cuimhin leat an rud eile a chuala tú uaim"
"If only you remembered the other thing you've heard from me"
"Tá mé tar éis éirí mímhuiníneach agus tuirseach i gcoinne teagasc agus foghlaim"

"I have grown distrustful and tired against teachings and learning"
"Is beag mo chreideamh i bhfocail, a thugann múinteoirí chugainn"
"my faith in words, which are brought to us by teachers, is small"
"Ach déanaimis é, a stór"
"But let's do it, my dear"
"Tá mé sásta éisteacht leis na teagasc seo"
"I am willing to listen to these teachings"
"cé nach bhfuil dóchas agam i mo chroí"
"though in my heart I do not have hope"
"Creidim go bhfuil torthaí is fearr na dteagasc seo blaiseadh againn cheana féin"
"I believe that we've already tasted the best fruit of these teachings"
Dúirt Govinda, "Taitníonn do thoileas mo chroí"
Spoke Govinda, "Your willingness delights my heart"
"Ach inis dom, conas ba chóir é seo a bheith indéanta?"
"But tell me, how should this be possible?"
"Conas is féidir le teagasc Gotama a gcuid torthaí is fearr a nochtadh dúinn cheana féin?"
"How can the Gotama's teachings have already revealed their best fruit to us?"
"nár chualamar a bhriathra fós"
"we have not heard his words yet"
Labhair Siddhartha, "Lig dúinn a ithe an toradh seo"
Spoke Siddhartha, "Let us eat this fruit"
"agus lig dúinn fanacht ar an gcuid eile, OH Govinda!"
"and let us wait for the rest, oh Govinda!"
"Ach is éard atá i gceist leis an toradh seo go bhfuil sé ag glaoch orainn ó na Samáná"
"But this fruit consists in him calling us away from the Samanas"
"agus tá sé faighte againn cheana féin a bhuíochas leis an Gotama!"

"and we have already received it thanks to the Gotama!"
"Bíodh níos mó aige, fanfaimid le croíthe calma"
"Whether he has more, let us await with calm hearts"

Ar an lá céanna seo labhair Siddhartha leis an Samana is sine
On this very same day Siddhartha spoke to the oldest Samana
d'inis sé dó faoin gcinneadh a rinne sé an Samáná a fhágáil
he told him of his decision to leaves the Samanas
chuir sé fios ar an té ba shine le cúirtéis agus le modhúlacht
he informed the oldest one with courtesy and modesty
ach tháinig fearg ar an Samána gur theastaigh ón mbeirt ógánach é a fhágáil
but the Samana became angry that the two young men wanted to leave him
agus labhair sé os ard agus úsáid sé focail amh
and he talked loudly and used crude words
Bhí ionadh ar Govinda agus tháinig náire air
Govinda was startled and became embarrassed
Ach chuir Siddhartha a bhéal gar do chluas Govinda
But Siddhartha put his mouth close to Govinda's ear
"Anois, ba mhaith liom a thaispeáint don seanfhear cad atá foghlamtha agam uaidh"
"Now, I want to show the old man what I've learned from him"
Siddhartha suite é féin go dlúth os comhair an Samana
Siddhartha positioned himself closely in front of the Samana
le hanam tiubhaithe, ghlac sé sracfhéachaint an tseanfhear
with a concentrated soul, he captured the old man's glance
bhain sé a chumhacht de agus rinne sé balbh
he deprived him of his power and made him mute
thóg sé uaidh a shaor-thoil
he took away his free will
do thréig sé é féna thoil féin, agus d'órduigh sé é
he subdued him under his own will, and commanded him
d'éirigh a shúile gan gluaiseacht, agus bhí pairilis ar a thoil
his eyes became motionless, and his will was paralysed

bhí a airm ar crochadh síos gan chumhacht
his arms were hanging down without power
bhí sé tar éis titim faoi gheasa Siddhartha
he had fallen victim to Siddhartha's spell
Thug smaointe Siddhartha an Samana faoina smacht
Siddhartha's thoughts brought the Samana under their control
b'éigean dó an rud a d'ordaigh siad a dhéanamh
he had to carry out what they commanded
Agus dá bhrí sin, rinne an seanfhear roinnt bows
And thus, the old man made several bows
rinne sé gothaí beannaithe
he performed gestures of blessing
labhair sé go bacach mian dhia do thurus maith
he spoke stammeringly a godly wish for a good journey
thug na fir óga na dea-mhéin ar ais le buíochas
the young men returned the good wishes with thanks
chuaigh siad ar a mbealach le beannachtaí
they went on their way with salutations
Ar an mbealach, labhair Govinda arís
On the way, Govinda spoke again
"Ó Siddhartha, tá níos mó foghlamtha agat ó na Samanas ná mar a bhí a fhios agam"
"Oh Siddhartha, you have learned more from the Samanas than I knew"
"Tá sé an-deacair geasa a chaitheamh ar shean Samana"
"It is very hard to cast a spell on an old Samana"
"Go deimhin, dá bhfanfá ann, ní fada go mbeadh sé foghlamtha agat siúl ar uisce"
"Truly, if you had stayed there, you would soon have learned to walk on water"
"Ní fhéachaim le siúl ar uisce" a dúirt Siddhartha
"I do not seek to walk on water" said Siddhartha
"Bíodh sean-Samanas sásta lena leithéid de ghníomhartha!"
"Let old Samanas be content with such feats!"

Gotama

I Savathi, bhí a fhios ag gach leanbh ainm an Búda exalted
In Savathi, every child knew the name of the exalted Buddha
ullmhaíodh gach teach dá theacht
every house was prepared for his coming
líonadh gach teach miasa dheisceabail Ghotama
each house filled the alms-dishes of Gotama's disciples
Ba iad na deisceabail a bhí ag Gotama ag impí go ciúin
Gotama's disciples were the silently begging ones
In aice leis an mbaile bhí an áit is fearr le Gotama le fanacht
Near the town was Gotama's favourite place to stay
d'fhan sé i ngáirdín Ietavána
he stayed in the garden of Jetavana
thug an ceannaí saibhir Anathapindika an gairdín do Gotama
the rich merchant Anathapindika had given the garden to Gotama
thug sé dó mar bhronntanas é
he had given it to him as a gift
bhí sé ina adhradh géilliúil don té ardaithe
he was an obedient worshipper of the exalted one
bhí scéalta agus freagraí faighte ag an mbeirt asgetics óga
the two young ascetics had received tales and answers
léirigh na scéalta agus na freagraí seo go léir áit chónaithe Gotama iad
all these tales and answers pointed them to Gotama's abode
tháinig siad go baile na Savathi
they arrived in the town of Savathi
chuaigh siad go dtí an chéad doras an bhaile
they went to the very first door of the town
agus d'Impigh siad biadh ag an doras
and they begged for food at the door
thairg bean bia dóibh
a woman offered them food
agus ghlac siad leis an mbia
and they accepted the food

Siddhartha iarr an bhean
Siddhartha asked the woman
"Ó carthanacht, cá bhfuil an Búda cónaí?"
"oh charitable one, where does the Buddha dwell?"
"Tá muid beirt Samanas as an bhforaois"
"we are two Samanas from the forest"
"Táimid tagtha chun an ceann foirfe a fheiceáil"
"we have come to see the perfected one"
"Táimid tagtha chun an teagasc a chloisteáil óna bhéal"
"we have come to hear the teachings from his mouth"
Labhair an bhean, "tú Samanas as an bhforaois"
Spoke the woman, "you Samanas from the forest"
"Tá tú tagtha go fírinneach go dtí an áit cheart"
"you have truly come to the right place"
"Ba chóir go mbeadh a fhios agat, i Jetavana, go bhfuil gairdín Anathapindika"
"you should know, in Jetavana, there is the garden of Anathapindika"
"Sin é an áit a bhfuil an t-árdú ina chónaí"
"that is where the exalted one dwells"
"Is ann a chaithfidh tú oilithrigh an oíche"
"there you pilgrims shall spend the night"
"Tá go leor spáis ann do na daoine gan áireamh, a threabhann anseo"
"there is enough space for the innumerable, who flock here"
"Tagann siadsan freisin chun an teagasc a chloisteáil óna bhéal"
"they too come to hear the teachings from his mouth"
Chuir sé seo áthas ar Govinda, agus lán-áthas air
This made Govinda happy, and full of joy
a dúirt sé, "tá ár gceann scríbe bainte amach againn"
he exclaimed, "we have reached our destination"
"Tá ár cosán tagtha chun deiridh!"
"our path has come to an end!"
"Ach inis dúinn, a mháthair an oilithrigh"
"But tell us, oh mother of the pilgrims"

"An bhfuil aithne agat air, an Búda?"
"do you know him, the Buddha?"
"An bhfaca tú é le do shúile féin?"
"have you seen him with your own eyes?"
Labhair an bhean, "Is iomaí uair a chonaic mé é, an t-ardaithe"
Spoke the woman, "Many times I have seen him, the exalted one"
"Is iomaí lá a chonaic mé é"
"On many days I have seen him"
"Chonaic mé é ag siúl tríd an alleys ina thost"
"I have seen him walking through the alleys in silence"
"Chonaic mé é ag caitheamh a chlóca buí"
"I have seen him wearing his yellow cloak"
"Chonaic mé é ag cur a mhias déirce i láthair ina thost"
"I have seen him presenting his alms-dish in silence"
"Chonaic mé ag doirse na dtithe é"
"I have seen him at the doors of the houses"
"Agus chonaic mé é ag imeacht le mias líonta"
"and I have seen him leaving with a filled dish"
Ar an áthas, d'éist Govinda leis an mbean
Delightedly, Govinda listened to the woman
agus bhí sé ag iarraidh i bhfad níos mó a iarraidh agus a chloisteáil
and he wanted to ask and hear much more
Ach d'áitigh Siddhartha air siúl ar aghaidh
But Siddhartha urged him to walk on
Ghabh siad buíochas leis an mbean agus d'imigh
They thanked the woman and left
ar éigean a bhí orthu treoracha a iarraidh
they hardly had to ask for directions
bhí go leor oilithrigh agus manach ar a mbealach go dtí an Jetavana
many pilgrims and monks were on their way to the Jetavana
shroich siad é san oíche, agus mar sin bhí arrivals leanúnach
they reached it at night, so there were constant arrivals

agus fuair na daoine a bhí ag lorg foscadh é
and those who sought shelter got it
Bhí an dá Samanas i dtaithí ar an saol san fhoraois
The two Samanas were accustomed to life in the forest
mar sin gan aon torann a dhéanamh fuair siad go tapa áit chun fanacht
so without making any noise they quickly found a place to stay
agus d'fhanadar annsin go maidin
and they rested there until the morning

Ag éirí gréine, chonaic siad méid an tslua le hiontas
At sunrise, they saw with astonishment the size of the crowd
bhí líon mór creidmheach tagtha
a great many number of believers had come
agus bhí líon mór daoine fiosrach tar éis an oíche a chaitheamh anseo
and a great number of curious people had spent the night here
Ar gach cosán den ghairdín iontach, shiúil manaigh i róbaí buí
On all paths of the marvellous garden, monks walked in yellow robes
faoi na crainn shuigh siad anseo agus ansiúd, i dianmhachnamh
under the trees they sat here and there, in deep contemplation
nó bhí siad i gcomhrá faoi chúrsaí spioradálta
or they were in a conversation about spiritual matters
bhí cuma chathair ar na gairdíní scáthúla
the shady gardens looked like a city
cathair lán daoine, fuadar cosúil le beacha
a city full of people, bustling like bees
Chuaigh formhór na manach amach lena mhias déirce
The majority of the monks went out with their alms-dish
chuaigh siad amach chun bia a bhailiú dá lón
they went out to collect food for their lunch
seo an t-aon bhéile a bheadh acu ar an lá
this would be their only meal of the day

D'impigh an Búda féin, an té a bhí solasaithe, ar maidin freisin
The Buddha himself, the enlightened one, also begged in the mornings
Chonaic Siddhartha é, agus d'aithin sé láithreach é
Siddhartha saw him, and he instantly recognised him
d'aithin sé é amhail is gur chuir Dia in iúl é
he recognised him as if a God had pointed him out
Chonaic sé é, fear simplí i gúna buí
He saw him, a simple man in a yellow robe
bhí an mhias déirce á iompar aige ina láimh, ag siúl go ciúin
he was bearing the alms-dish in his hand, walking silently
"Féach anseo!" A dúirt Siddhartha go ciúin le Govinda
"Look here!" Siddhartha said quietly to Govinda
"Is é seo an Búda"
"This one is the Buddha"
Go haireach, d'fhéach Govinda ar an manach sa gúna buí
Attentively, Govinda looked at the monk in the yellow robe
ba chosúil nach raibh an manach seo difriúil ar dhóigh ar bith ó aon cheann de na cinn eile
this monk seemed to be in no way different from any of the others
ach go luath, thuig Govinda freisin gurb é seo an ceann
but soon, Govinda also realized that this is the one
Agus lean siad é agus chonaic siad é
And they followed him and observed him
Chuaigh an Búda ar a bhealach, go measartha agus go domhain ina smaointe
The Buddha went on his way, modestly and deep in his thoughts
ní raibh a aghaidh socair sásta ná brónach
his calm face was neither happy nor sad
a aghaidh chuma a aoibh gháire go ciúin agus isteach
his face seemed to smile quietly and inwardly
bhí a aoibh gháire i bhfolach, ciúin agus socair
his smile was hidden, quiet and calm

bhí an bealach a shiúil an Búda cosúil le leanbh sláintiúil
the way the Buddha walked somewhat resembled a healthy child
shiúil sé díreach mar a rinne a chuid manach go léir
he walked just as all of his monks did
chuir sé a chosa de réir rialach beacht
he placed his feet according to a precise rule
a aghaidh agus a shiúlóid, a shracfhéachaint go ciúin ísliú
his face and his walk, his quietly lowered glance
a lámh go suaimhneach, gach méar de
his quietly dangling hand, every finger of it
léirigh na nithe seo go léir síocháin
all these things expressed peace
léirigh na rudaí seo go léir foirfeacht
all these things expressed perfection
níor chuardaigh sé, agus níor imir sé
he did not search, nor did he imitate
d'anál sé go bog isteach go calma gan feall
he softly breathed inwardly an unwhithering calm
shoillsigh sé solas gan fheall amach
he shone outwardly an unwhithering light
bhí suaimhneas do-thuigthe aige mar gheall air
he had about him an untouchable peace
d'aithin an dá Samanas é trí fhoirfeacht a shuaimhnis amháin
the two Samanas recognised him solely by the perfection of his calm
d'aithin siad é le ciúnas a chuma
they recognized him by the quietness of his appearance
an ciúineas ina chuma nach raibh aon chuardach
the quietness in his appearance in which there was no searching
ní raibh fonn, ná aithris
there was no desire, nor imitation
ní raibh aon iarracht le feiceáil
there was no effort to be seen

ní raibh ach solas agus síocháin le feiceáil ina chuma
only light and peace was to be seen in his appearance
"Inniu, cloisfimid an teagasc óna bhéal" a dúirt Govinda
"Today, we'll hear the teachings from his mouth" said Govinda
Ní raibh Siddhartha freagra
Siddhartha did not answer
Mhothaigh sé fiosracht beag don theagasc
He felt little curiosity for the teachings
níor chreid sé go dteagascfaidís rud ar bith nua dó
he did not believe that they would teach him anything new
bhí ábhar theagasc an Bhúda seo cloiste aige anois is arís
he had heard the contents of this Buddha's teachings again and again
ach níor léirigh na tuarascálacha seo ach faisnéis athláimhe
but these reports only represented second hand information
Ach go haireach d'fhéach sé ar cheann Gotama
But attentively he looked at Gotama's head
a ghuaillí, a chosa, a lámh go suaimhneach
his shoulders, his feet, his quietly dangling hand
bhí sé amhail is dá mba de na teagasc seo gach méar den lámh seo
it was as if every finger of this hand was of these teachings
labhair a mhéar ar an bhfírinne
his fingers spoke of truth
a mhéara breathed agus exhaled cumhráin na fírinne
his fingers breathed and exhaled the fragrance of truth
a mhéara gléiste le fírinne
his fingers glistened with truth
bhí an Búda seo fíor síos go dtí comhartha a mhéar deiridh
this Buddha was truthful down to the gesture of his last finger
D'fhéadfadh Siddhartha a fheiceáil go raibh an fear seo naofa
Siddhartha could see that this man was holy
Riamh roimhe seo, bhí venerated Siddhartha duine an oiread sin

Never before, Siddhartha had venerated a person so much
ní raibh an oiread grá aige do dhuine leis an gceann seo riamh
he had never before loved a person as much as this one
Lean siad beirt an Búda go dtí gur shroich siad an baile
They both followed the Buddha until they reached the town
agus ansin d'fhill siad ina dtost
and then they returned to their silence
bhí sé ar intinn acu féin staonadh ar an lá seo
they themselves intended to abstain on this day
Chonaic siad Gotama ag tabhairt an bhia a tugadh dó ar ais
They saw Gotama returning the food that had been given to him
ní fhéadfadh an méid a d'ith sé a shásamh fiú goile éin
what he ate could not even have satisfied a bird's appetite
agus chonaic siad é ag dul ar scor faoi scáth na gcrann mango
and they saw him retiring into the shade of the mango-trees

sa tráthnóna bhí an teas fuaraithe síos
in the evening the heat had cooled down
thosaigh gach duine sa champa ag fuadar agus chruinnigh siad timpeall
everyone in the camp started to bustle about and gathered around
chuala siad an Búda ag teagasc, agus a ghuth
they heard the Buddha teaching, and his voice
agus bhí a ghuth foirfe freisin
and his voice was also perfected
bhí suaimhneas foirfe ina ghuth
his voice was of perfect calmness
bhí a ghuth lán de shíocháin
his voice was full of peace
Mhúin Gotama teagasc na fulaingthe
Gotama taught the teachings of suffering
mhúin sé de bhunadh na fulaingthe
he taught of the origin of suffering
mhúin sé faoin mbealach le fulaingt a mhaolú

he taught of the way to relieve suffering
Go socair agus go soiléir bhí a chaint chiúin ar siúl
Calmly and clearly his quiet speech flowed on
Bhí an saol ag fulaingt, agus bhí an domhan lán le fulaingt
Suffering was life, and full of suffering was the world
ach fuarthas slánú ón bhfulaingt
but salvation from suffering had been found
fuair sé slánú aige a shiúlfadh cosán an Búda
salvation was obtained by him who would walk the path of the Buddha
Le guth bog ach daingean labhair an té ardaitheach
With a soft, yet firm voice the exalted one spoke
mhúin sé na ceithre phríomhtheagasc
he taught the four main doctrines
mhúin sé an cosán ocht n-uaire
he taught the eight-fold path
go foighneach chuaigh sé an cosán is gnách ar an teagasc
patiently he went the usual path of the teachings
bhí na samplaí ina theagasc
his teachings contained the examples
bhain a theagasc úsáid as na hathrá
his teaching made use of the repetitions
go geal agus go ciúin a ghuth ag foluain os cionn na n-éisteoirí
brightly and quietly his voice hovered over the listeners
bhí a ghuth mar sholas
his voice was like a light
bhí a ghuth mar spéir réaltach
his voice was like a starry sky
Nuair a chríochnaigh an Búda a chuid cainte, chuaigh go leor oilithrigh chun cinn
When the Buddha ended his speech, many pilgrims stepped forward
d'iarr siad go nglacfaí isteach sa phobal iad
they asked to be accepted into the community
lorg siad tearmann sa teagasc

they sought refuge in the teachings
Agus ghlac Gotama leo ag labhairt
And Gotama accepted them by speaking
"Chuala tú an teagasc go maith"
"You have heard the teachings well"
"Bígí linn agus siúil i naofa"
"join us and walk in holiness"
"Cuir deireadh le gach fulaingt"
"put an end to all suffering"
Féuch, ansin chuaigh Govinda, an cúthail, ar aghaidh freisin agus labhair
Behold, then Govinda, the shy one, also stepped forward and spoke
"Déanaim mo dhídean freisin san ard-mhac agus ina theagasc"
"I also take my refuge in the exalted one and his teachings"
agus d'iarr sé go nglacfaí isteach i bpobal a dheisceabail é
and he asked to be accepted into the community of his disciples
agus glacadh isteach i gcomhluadar dheisceabail Ghotama é
and he was accepted into the community of Gotama's disciples

chuaigh an Búda ar scor ar feadh na hoíche
the Buddha had retired for the night
Thiontaigh Govinda go Siddhartha agus labhair sé go fonnmhar
Govinda turned to Siddhartha and spoke eagerly
"Siddhartha, ní h-é m'áit chun tú a mhaslú"
"Siddhartha, it is not my place to scold you"
"Chuala an bheirt againn an t-árdú"
"We have both heard the exalted one"
"Tá an teagasc feicthe againn araon"
"we have both perceived the teachings"
"Chuala Govinda an teagasc"
"Govinda has heard the teachings"
"thug sé foscadh sa teagasc"
"he has taken refuge in the teachings"

"Ach, a chara onórach, caithfidh mé ceist a chur ort"
"But, my honoured friend, I must ask you"
"Nach bhfuil tú ag iarraidh freisin chun siúl ar chonair an tslánaithe?"
"don't you also want to walk the path of salvation?"
"Ar mhaith leat a leisce ort?"
"Would you want to hesitate?"
"Ar mhaith leat fanacht a thuilleadh?"
"do you want to wait any longer?"
Siddhartha awakened amhail is dá mbeadh sé ina chodladh
Siddhartha awakened as if he had been asleep
Ar feadh i bhfad, d'fhéach sé isteach ar aghaidh Govinda
For a long time, he looked into Govinda's face
Ansin labhair sé go ciúin, i nguth gan magadh
Then he spoke quietly, in a voice without mockery
"Govinda, a chara, tá an chéim seo glactha agat anois"
"Govinda, my friend, now you have taken this step"
"Tá an cosán seo roghnaithe agat anois"
"now you have chosen this path"
"I gcónaí, a Govinda, bhí tú i mo chara"
"Always, oh Govinda, you've been my friend"
"Shiúil tú i gcónaí céim amháin i mo dhiaidh"
"you've always walked one step behind me"
"Is minic a smaoinigh mé ort"
"Often I have thought about you"
"'Nach nglacfaidh Govinda céim leis féin freisin'"
"'Won't Govinda for once also take a step by himself'"
"'Nach nglacfaidh Govinda céim gan mé?"
"'won't Govinda take a step without me?'"
"'Nach dtógfaidh sé céim faoi thiomáint ag a anam féin?'"
"'won't he take a step driven by his own soul?'"
"Féuch, anois tá tú iompaithe isteach i bhfear"
"Behold, now you've turned into a man"
"tá do chosán á roghnú agat duit féin"
"you are choosing your path for yourself"
"Ba mhaith liom go rachfá suas go dtí a deireadh é"

"I wish that you would go it up to its end"
"Ó mo chara, tá súil agam go bhfaighidh tú slánú!"
"oh my friend, I hope that you shall find salvation!"
Govinda, níor thuig sé go hiomlán fós
Govinda, did not completely understand it yet
arís agus arís eile sé a cheist i ton mífhoighneach
he repeated his question in an impatient tone
"Labhair suas, impím ort, a stór!"
"Speak up, I beg you, my dear!"
"Inis dom, mar ní fhéadfadh sé a bheith ar aon bhealach eile"
"Tell me, since it could not be any other way"
"Nach mbeidh tú a ghlacadh freisin do dhídean leis an Búda exalted?"
"won't you also take your refuge with the exalted Buddha?"
Chuir Siddhartha a lámh ar ghualainn Govinda
Siddhartha placed his hand on Govinda's shoulder
"Theip ort mo ghuí maith a chloisteáil duit"
"You failed to hear my good wish for you"
"Tá mé ag athrá mo mhian leat"
"I'm repeating my wish for you"
"Ba mhaith liom go rachfá an cosán seo"
"I wish that you would go this path"
"Ba mhaith liom go rachfá suas go deireadh an chosáin seo"
"I wish that you would go up to this path's end"
"Is mian liom go bhfaighidh tú slánú!"
"I wish that you shall find salvation!"
Sa nóiméad seo, thuig Govinda go raibh a chara fágtha aige
In this moment, Govinda realized that his friend had left him
nuair a thuig sé seo thosaigh sé ag caoineadh
when he realized this he started to weep
"Siddhartha!" exclaimed sé lamentingly
"Siddhartha!" he exclaimed lamentingly
Labhair Siddhartha cineálta leis
Siddhartha kindly spoke to him
"Ná déan dearmad, Govinda, cé tú féin"

"don't forget, Govinda, who you are"
"Tá tú anois ar cheann de na Samanas an Búda"
"you are now one of the Samanas of the Buddha"
"Thréig tú do theach agus do thuismitheoirí"
"You have renounced your home and your parents"
"thréig tú do bhreith agus do sheilbh"
"you have renounced your birth and possessions"
"thug tú do thoil saor"
"you have renounced your free will"
"Thréig tú gach cairdeas"
"you have renounced all friendship"
"Seo a éilíonn an teagasc"
"This is what the teachings require"
"Seo a theastaíonn ón té atá ardaitheach"
"this is what the exalted one wants"
"Seo an rud a bhí uait duit féin"
"This is what you wanted for yourself"
"Amárach, a Govinda, fágfaidh mé thú"
"Tomorrow, oh Govinda, I will leave you"
Ar feadh i bhfad, lean na cairde ag siúl sa ghairdín
For a long time, the friends continued walking in the garden
ar feadh i bhfad, luigh siad ann agus ní bhfuair siad aon chodladh
for a long time, they lay there and found no sleep
Agus arís agus arís eile, spreag Govinda a chara
And over and over again, Govinda urged his friend
"cén fáth nach mbeadh tú ag iarraidh tearmann a lorg i theagasc Gotama?"
"why would you not want to seek refuge in Gotama's teachings?"
"Cén locht a d'fhéadfadh tú a fháil ar na teagasc?"
"what fault could you find in these teachings?"
Ach d'iompaigh Siddhartha ar shiúl óna chara
But Siddhartha turned away from his friend
gach uair a dúirt sé, "Bí sásta, Govinda!"
every time he said, "Be content, Govinda!"

"Is an-mhaith teagasc na n-ardaithe"
"Very good are the teachings of the exalted one"
"conas a d'fhéadfainn locht a fháil ina theagasc?"
"how could I find a fault in his teachings?"

bhí sé an-luath ar maidin
it was very early in the morning
chuaigh duine de na manaigh is sine tríd an ghairdín
one of the oldest monks went through the garden
ghlaoigh sé orthu siúd a bhí tar éis a dhídean sa teagasc
he called to those who had taken their refuge in the teachings
ghlaoigh sé orthu iad a ghléasadh suas sa róbaí buí
he called them to dress them up in the yellow robe
agus thug sé teagasc dóibh i gcéad theagasc agus i ndualgais a bpost
and he instruct them in the first teachings and duties of their position
Ghlac Govinda arís lena chara óige
Govinda once again embraced his childhood friend
agus ansin d'fhág sé leis na novices
and then he left with the novices
Ach shiúil Siddhartha tríd an ghairdín, caillte i smaoinimh
But Siddhartha walked through the garden, lost in thought
Ansin tharla sé chun bualadh le Gotama, an ceann exalted
Then he happened to meet Gotama, the exalted one
bheannaigh sé leis le meas
he greeted him with respect
bhí sracfhéachaint an Búda lán de chineáltas agus de chiúin
the Buddha's glance was full of kindness and calm
thoghairm an fear óg a mhisneach
the young man summoned his courage
d'iarr sé cead ar an duine uasal labhairt leis
he asked the venerable one for the permission to talk to him
Go ciúin, Chlaon an t-ardaithe a cheadú
Silently, the exalted one nodded his approval
Labhair Siddhartha, "Inné, ó ardaíodh ceann"
Spoke Siddhartha, "Yesterday, oh exalted one"

"Bhí sé de phribhléid agam do theagasc iontach a chloisteáil"
"I had been privileged to hear your wondrous teachings"
"In éineacht le mo chara, tháinig mé ó chian, chun do theagasc a chloisteáil"
"Together with my friend, I had come from afar, to hear your teachings"
"Agus anois tá mo chara chun fanacht le do mhuintir"
"And now my friend is going to stay with your people"
"thug sé a dhídean leat"
"he has taken his refuge with you"
"Ach tosóidh mé arís ar m'oilithreacht"
"But I will again start on my pilgrimage"
"Mar is é do thoil leat," labhair an t-urramach go múinte
"As you please," the venerable one spoke politely
"Is ró-dána mo chaint," lean Siddhartha
"Too bold is my speech," Siddhartha continued
"ach níor mhaith liom an t-árdughadh a fhágáil ar an nóta so"
"but I do not want to leave the exalted on this note"
"Ba mhaith liom mo smaointe macánta a roinnt leis an duine is iontaí"
"I want to share with the most venerable one my honest thoughts"
"An bhfuil sé le do thoil an ceann venerable éisteacht ar feadh nóiméad amháin níos faide?"
"Does it please the venerable one to listen for one moment longer?"
Go ciúin, chlaon an Búda a cheadú
Silently, the Buddha nodded his approval
Labhair Siddhartha, "oh is venerable one"
Spoke Siddhartha, "oh most venerable one"
"tá rud amháin a bhfuil meas agam air i do theagasc is mó ar fad"
"there is one thing I have admired in your teachings most of all"
"Tá gach rud i do theagasc breá soiléir"

"Everything in your teachings is perfectly clear"
"Tá an méid a labhraíonn tú cruthaithe"
"what you speak of is proven"
"tá tú ag cur an domhain i láthair mar shlabhra foirfe"
"you are presenting the world as a perfect chain"
"slabhra nach bhfuil briste ariamh is ariamh"
"a chain which is never and nowhere broken"
"slabhra síoraí a bhfuil cúiseanna agus éifeachtaí ina naisc"
"an eternal chain the links of which are causes and effects"
"Níor chonacthas é seo chomh soiléir riamh roimhe seo"
"Never before, has this been seen so clearly"
"Níor cuireadh é seo i láthair chomh dothuigthe riamh roimhe seo"
"never before, has this been presented so irrefutably"
"Go deimhin, caithfidh croí gach Brahman buille níos láidre le grá"
"truly, the heart of every Brahman has to beat stronger with love"
"Chonaic sé an domhan trí do theagasc breá nasctha"
"he has seen the world through your perfectly connected teachings"
"gan bearnaí, soiléir mar chriostail"
"without gaps, clear as a crystal"
"ní ag brath ar sheans, ní ag brath ar Déithe"
"not depending on chance, not depending on Gods"
"caithfidh sé glacadh leis cibé an bhfuil sé maith nó olc"
"he has to accept it whether it may be good or bad"
"caithfidh sé maireachtáil leis cibé an mbeadh sé ag fulaingt nó ag áthas"
"he has to live by it whether it would be suffering or joy"
"ach ní mian liom aonfhoirmeacht an domhain a phlé"
"but I do not wish to discuss the uniformity of the world"
"Is féidir nach bhfuil sé seo riachtanach"
"it is possible that this is not essential"
"tá gach rud a tharlaíonn ceangailte"
"everything which happens is connected"

"tá na rudaí móra agus na rudaí beaga cuimsithe ar fad"
"the great and the small things are all encompassed"
"tá siad ceangailte leis na fórsaí céanna ama"
"they are connected by the same forces of time"
"tá baint acu leis an dlí céanna cúiseanna"
"they are connected by the same law of causes"
"na cúiseanna le teacht isteach agus bás"
"the causes of coming into being and of dying"
"Is é seo a thaispeánann go geal as do theagasc ardaithe"
"this is what shines brightly out of your exalted teachings"
"Ach, de réir do theagasc féin, tá bearna beag"
"But, according to your very own teachings, there is a small gap"
"Tá an aontacht seo agus an t-ord riachtanach seo de gach rud briste in aon áit amháin"
"this unity and necessary sequence of all things is broken in one place"
"Tá an domhan aontacht seo ionradh ag rud éigin eachtrannach"
"this world of unity is invaded by something alien"
"tá rud nua ann, nach raibh ann cheana"
"there is something new, which had not been there before"
"tá rud éigin nach féidir a léiriú"
"there is something which cannot be demonstrated"
"Tá rud éigin ann nach féidir a chruthú"
"there is something which cannot be proven"
"Seo do theagasc an domhan a shárú"
"these are your teachings of overcoming the world"
"Seo do theagasc an tslánaithe"
"these are your teachings of salvation"
"Ach leis an mbearna bheag seo, briseann na síoraí as a chéile arís"
"But with this small gap, the eternal breaks apart again"
"leis an sárú beag seo, éiríonn dlí an domhain ar neamhní"
"with this small breach, the law of the world becomes void"
"Le do thoil logh dom as an agóid seo a chur in iúl"

"Please forgive me for expressing this objection"
Go ciúin, d'éist Gotama leis, gan bogadh
Quietly, Gotama had listened to him, unmoved
Anois labhair sé, an ceann foirfe, lena ghuth soiléir cineálta agus dea-bhéasach
Now he spoke, the perfected one, with his kind and polite clear voice
"Chuala tú an teagasc, a mhic Brahman"
"You've heard the teachings, oh son of a Brahman"
"agus maith thú gur smaoinigh tú go domhain air"
"and good for you that you've thought about it this deeply"
"Tá bearna aimsithe agat i mo theagasc, earráid"
"You've found a gap in my teachings, an error"
"Ba cheart duit smaoineamh ar seo níos faide"
"You should think about this further"
"Ach bí ar an airdeall, a lorgaí eolais, ó mheabhrán na dtuairimí"
"But be warned, oh seeker of knowledge, of the thicket of opinions"
"bí rabhadh ag argóint faoi focail"
"be warned of arguing about words"
"Níl aon rud le tuairimí"
"There is nothing to opinions"
"Féadfaidh siad a bheith álainn nó gránna"
"they may be beautiful or ugly"
"Féadfaidh tuairimí a bheith cliste nó amaideach"
"opinions may be smart or foolish"
"Is féidir le gach duine tacú le tuairimí, nó iad a chaitheamh amach"
"everyone can support opinions, or discard them"
"Ach na teagasc, a chuala tú uaim, níl aon tuairim"
"But the teachings, you've heard from me, are no opinion"
"ní hé an sprioc atá acu an domhan a mhíniú dóibh siúd atá ag lorg eolais"
"their goal is not to explain the world to those who seek knowledge"

"**Tá sprioc eile acu**"
"They have a different goal"
"**Is é an sprioc atá acu slánú ó fhulaingt**"
"their goal is salvation from suffering"
"**Seo a mhúineann Gotama, rud ar bith eile**"
"This is what Gotama teaches, nothing else"
"**Ba mhian liom nach mbeadh fearg ort, a dhuine arda, liom** ars' an fear óg
"I wish that you, oh exalted one, would not be angry with me" said the young man
"**Níor labhair mé leat mar seo chun argóint leat**"
"I have not spoken to you like this to argue with you"
"**Ní mian liom argóint faoi fhocail**"
"I do not wish to argue about words"
"**Tá an ceart agat, níl mórán tuairimí agat**"
"You are truly right, there is little to opinions"
"**Ach lig dom rud amháin eile a rá**"
"But let me say one more thing"
"**Níl aon amhras orm ionat ar feadh nóiméad amháin**"
"I have not doubted in you for a single moment"
"**Níl aon amhras orm ar feadh nóiméad amháin gur Búda tú**"
"I have not doubted for a single moment that you are Buddha"
"**Níl aon amhras orm ach go bhfuil an sprioc is airde sroichte agat**"
"I have not doubted that you have reached the highest goal"
"**an sprioc is airde a bhfuil an oiread Brahmans ar a mbealach**"
"the highest goal towards which so many Brahmans are on their way"
"**Fuair tú slánú ón mbás**"
"You have found salvation from death"
"**Tá sé tagtha chugat i gcúrsa do chuardaigh féin**"
"It has come to you in the course of your own search"
"**Tá sé tagtha chugat ar do chosán féin**"
"it has come to you on your own path"
"**Tháinig sé chugat trí smaointe agus trí mhachnamh**"

"it has come to you through thoughts and meditation"
"Tháinig sé chugat trí réadú agus léargas"
"it has come to you through realizations and enlightenment"
"ach níor tháinig sé chugat trí theagasc!"
"but it has not come to you by means of teachings!"
"Agus seo mo thuairim"
"And this is my thought"
"Ní bhfaighidh aon duine slánú trí theagasc!"
"nobody will obtain salvation by means of teachings!"
"Ní bheidh tú in ann do uair an tsolais a chur in iúl"
"You will not be able to convey your hour of enlightenment"
"Ní chuirfidh focail an méid a tharla duit in iúl i láthair na huaire!"
"words of what has happened to you won't convey the moment!"
"Tá go leor i dteagasc an Bhúda enlightened"
"The teachings of the enlightened Buddha contain much"
"múineann sé go leor maireachtáil go hionraic"
"it teaches many to live righteously"
"múineann sé go leor chun olc a sheachaint"
"it teaches many to avoid evil"
"Ach tá rud amháin nach bhfuil sna teagasc"
"But there is one thing which these teachings do not contain"
"tá siad soiléir agus venerable, ach chailleann an theagasc rud éigin"
"they are clear and venerable, but the teachings miss something"
"níl an rúndiamhair sna teagasc"
"the teachings do not contain the mystery"
"an rúndiamhair a bhfuil taithí ag an duine ardaitheach dó féin"
"the mystery of what the exalted one has experienced for himself"
"i measc na gcéadta mílte, ní raibh ach taithí aige air"
"among hundreds of thousands, only he experienced it"

"Seo é a shíl mé agus a thuig mé, nuair a chuala mé an teagasc"
"This is what I have thought and realized, when I heard the teachings"
"Seo é an fáth go bhfuilim ag leanacht ar mo shiubhal"
"This is why I am continuing my travels"
"Is é seo an fáth nach féidir liom a lorg eile, teagasc níos fearr"
"this is why I do not to seek other, better teachings"
"Tá a fhios agam nach bhfuil aon teagasc níos fearr"
"I know there are no better teachings"
"Fágann mé imeacht ó gach teagasc agus gach múinteoir"
"I leave to depart from all teachings and all teachers"
"Fágann mé mo sprioc a bhaint amach liom féin, nó bás a fháil"
"I leave to reach my goal by myself, or to die"
"Ach go minic, smaoineoidh mé ar an lá seo, a cheann ardaithe"
"But often, I'll think of this day, oh exalted one"
"agus smaoineoidh mé ar an uair seo, nuair a chonaic mo shúile fear naofa"
"and I'll think of this hour, when my eyes beheld a holy man"
D'fhéach súile an Búda go ciúin ar an talamh
The Buddha's eyes quietly looked to the ground
go ciúin, i equanimity foirfe, bhí a aghaidh inscrutable miongháire
quietly, in perfect equanimity, his inscrutable face was smiling
labhair an t-urramach go mall
the venerable one spoke slowly
"Is mian liom nach mbeidh do chuid smaointe mícheart"
"I wish that your thoughts shall not be in error"
"Ba mhaith liom go mbainfidh tú an sprioc!"
"I wish that you shall reach the goal!"
"Ach tá rud éigin a iarraim ort a rá liom"
"But there is something I ask you to tell me"
"An bhfaca tú an iliomad mo Samanas?"

"Have you seen the multitude of my Samanas?"
"thug siad foscadh sa teagasc"
"they have taken refuge in the teachings"
"An gcreideann tú go mb'fhearr dóibh an teagasc a thréigean?"
"do you believe it would be better for them to abandon the teachings?"
"Ba chóir dóibh filleadh ar an saol na mianta?"
"should they to return into the world of desires?"
"Is fada an smaoineamh sin ó mo intinn" exclaimed Siddhartha
"Far is such a thought from my mind" exclaimed Siddhartha
"Is mian liom go bhfanfaidh siad go léir leis an teagasc"
"I wish that they shall all stay with the teachings"
"Is mian liom go mbainfidh siad a sprioc amach!"
"I wish that they shall reach their goal!"
"Ní hé m'áit breith a thabhairt ar shaol duine eile"
"It is not my place to judge another person's life"
"Ní féidir liom ach mo shaol féin a mheas"
"I can only judge my own life "
"Caithfidh mé cinneadh a dhéanamh, caithfidh mé a roghnú, caithfidh mé diúltú"
"I must decide, I must chose, I must refuse"
"Slánaithe uait féin an rud a chuardaíonn Samanas"
"Salvation from the self is what we Samanas search for"
"Ó ardaigh ceann amháin, mura mbeinn ach duine de do dheisceabail"
"oh exalted one, if only I were one of your disciples"
"Bheadh eagla orm go dtarlódh sé dom"
"I'd fear that it might happen to me"
"ach de réir cosúlachta, an mbeinn féin socair agus fuascailte"
"only seemingly, would my self be calm and be redeemed"
"ach i bhfírinne mhairfeadh sé agus fásfadh sé"
"but in truth it would live on and grow"
"toisc go gcuirfinn an teagasc in ionad mo chuid féin ansin"

"because then I would replace my self with the teachings"
"mise féin bheadh sé de dhualgas orm tú a leanúint"
"my self would be my duty to follow you"
"mise féin mo ghrá dhuit"
"my self would be my love for you"
"agus mise féin a bheadh i gcomhluadar na manach!"
"and my self would be the community of the monks!"
Le leath de gháire d'fhéach Gotama isteach i súile an strainséir
With half of a smile Gotama looked into the stranger's eyes
a shúile a bhí oscailte unwaveringly agus cineálta
his eyes were unwaveringly open and kind
thairg sé air imeacht le gotha ar éigean faoi deara
he bid him to leave with a hardly noticeable gesture
"Tá tú críonna, a Shéamain" a dúirt an t-urramach
"You are wise, oh Samana" the venerable one spoke
"Tá a fhios agat conas labhairt go ciallmhar, a chara"
"You know how to talk wisely, my friend"
"Bí feasach ar an iomarca eagna!"
"Be aware of too much wisdom!"
D'iompaigh an Búda ar shiúl
The Buddha turned away
Ní bheadh Siddhartha dearmad a Sracfhéachaint
Siddhartha would never forget his glance
d'fhan a leathgháire eitseáilte go deo i gcuimhne Siddhartha
his half smile remained forever etched in Siddhartha's memory
Siddhartha shíl go féin
Siddhartha thought to himself
"Ní fhaca mé sracfhéachaint ar dhuine agus aoibh gháire ar an mbealach seo riamh"
"I have never before seen a person glance and smile this way"
"ní shuíonn aon duine eile agus siúlann sé mar a dhéanann sé"
"no one else sits and walks like he does"

"I ndáiríre, ba mhaith liom a bheith in ann sracfhéachaint agus aoibh gháire ar an mbealach seo"
"truly, I wish to be able to glance and smile this way"
"Is mian liom a bheith in ann suí agus siúl mar seo, freisin"
"I wish to be able to sit and walk this way, too"
"saortha, venerable, folaithe, oscailte, childlike agus mistéireach"
"liberated, venerable, concealed, open, childlike and mysterious"
"Caithfidh gur éirigh leis an taobh istigh de a bhaint amach"
"he must have succeeded in reaching the innermost part of his self"
"ach ansin is féidir le duine amharc agus siúl mar seo"
"only then can someone glance and walk this way"
"Déanfaidh mé iarracht freisin an chuid is ionainn de mo chuid féin a bhaint amach"
"I will also seek to reach the innermost part of my self"
"Chonaic mé fear" Shíl Siddhartha
"I saw a man" Siddhartha thought
"fear singil, a mbeadh orm mo radharc a ísliú"
"a single man, before whom I would have to lower my glance"
"Níl mé ag iarraidh mo sracfhéachaint a ísliú roimh aon duine eile"
"I do not want to lower my glance before anyone else"
"Ní mheallfaidh aon teagasc mé níos mó"
"No teachings will entice me more anymore"
"toisc nár mheall teagasc an fhir seo mé"
"because this man's teachings have not enticed me"
"Tá mé a bhaint de ag an Búda" shíl Siddhartha
"I am deprived by the Buddha" thought Siddhartha
"Tá mé díothach, cé gur thug sé an oiread sin"
"I am deprived, although he has given so much"
"Chaith sé mo chara liom"
"he has deprived me of my friend"
"mo chara a chreid ionam"
"my friend who had believed in me"

"Mo chara a chreideann anois ann"
"my friend who now believes in him"
"mo chara a bhí mar scáth dom"
"my friend who had been my shadow"
"agus anois tá sé scáth Gotama"
"and now he is Gotama's shadow"
"ach thug sé dom Siddhartha"
"but he has given me Siddhartha"
"Thug sé mé féin dom"
"he has given me myself"

Dúiseacht
Awakening

D'fhág Siddhartha an garrán mango ina dhiaidh
Siddhartha left the mango grove behind him
ach bhraith sé a shaol atá caite freisin fhan taobh thiar
but he felt his past life also stayed behind
d'fhan an Búda, an ceann foirfe, ina dhiaidh
the Buddha, the perfected one, stayed behind
agus d'fhan Govinda taobh thiar freisin
and Govinda stayed behind too
agus bhí a shaol caite scaradh uaidh
and his past life had parted from him
smaoinigh sé agus é ag siúl go mall
he pondered as he was walking slowly
rinne sé machnamh ar an tuiscint seo, rud a líonadh go hiomlán é
he pondered about this sensation, which filled him completely
Mheas sé go domhain, cosúil le tumadóireacht isteach in uisce domhain
He pondered deeply, like diving into a deep water
lig sé é féin faoi chois go talamh na mothaithe
he let himself sink down to the ground of the sensation
do leig sé é féin síos go dtí an áit a luíonn na cúiseanna
he let himself sink down to the place where the causes lie
Is é a aithint na cúiseanna an croílár an-smaointeoireacht
to identify the causes is the very essence of thinking
seo mar a dhealraigh sé dó
this was how it seemed to him
agus leis seo amháin, athraíonn mothaithe ina réaduithe
and by this alone, sensations turn into realizations
agus ní chailltear na mothúcháin seo
and these sensations are not lost
ach déantar aonáin ar na mothaithe
but the sensations become entities
agus tosaíonn na mothaithe ag scaoileadh a bhfuil istigh iontu

and the sensations start to emit what is inside of them
léiríonn siad a bhfírinní cosúil le gathanna solais
they show their truths like rays of light
Go mall ag siúl chomh maith, pondered Siddhartha
Slowly walking along, Siddhartha pondered
Thuig sé nach raibh sé ina óige a thuilleadh
He realized that he was no youth any more
thuig sé gur casadh fear é
he realized that he had turned into a man
Thuig sé go raibh rud éigin fágtha aige
He realized that something had left him
mar an gcéanna a fhágann nathair ag a seanchraiceann
the same way a snake is left by its old skin
ní raibh an méid a bhí aige le linn a óige ann a thuilleadh
what he had throughout his youth no longer existed in him
bhíodh sé ina chuid de; an mian múinteoirí a bheith acu
it used to be a part of him; the wish to have teachers
mian leo éisteacht le teagasc
the wish to listen to teachings
D'fhág sé freisin an múinteoir deireanach a bhí le feiceáil ar a chosán
He had also left the last teacher who had appeared on his path
d'fhág sé fiú an múinteoir is airde agus is críonna
he had even left the highest and wisest teacher
d'fhág sé an ceann is naofa, Búda
he had left the most holy one, Buddha
b'éigean dó scaradh leis, gan a bheith in ann glacadh lena theagasc
he had to part with him, unable to accept his teachings
Níos moille, shiúil sé chomh maith ina chuid smaointe
Slower, he walked along in his thoughts
agus d'fhiafraigh sé de féin, "Ach cad é seo?"
and he asked himself, "But what is this?"
"cad a d'iarr tú a fhoghlaim ó theagasc agus ó mhúinteoirí?"
"what have you sought to learn from teachings and from teachers?"

"agus cad a bhí siad, a mhúin tú an oiread sin?"
"and what were they, who have taught you so much?"
"cad iad mura bhfuil siad in ann tú a mhúineadh?"
"what are they if they have been unable to teach you?"
Agus fuair sé, "Ba é féin"
And he found, "It was the self"
"Ba é an cuspóir agus an bunús a bhí mé ag iarraidh a fhoghlaim"
"it was the purpose and essence of which I sought to learn"
"Ba é an duine a theastaigh uaim mé féin a shaoradh uaidh"
"It was the self I wanted to free myself from"
"an féin a d'fhéach mé a shárú"
"the self which I sought to overcome"
"Ach ní raibh mé in ann é a shárú"
"But I was not able to overcome it"
"Ní fhéadfainn ach é a mhealladh"
"I could only deceive it"
"Ní fhéadfainn ach teitheadh uaidh"
"I could only flee from it"
"Ní fhéadfainn ach dul i bhfolach uaidh"
"I could only hide from it"
"Go deimhin, níor choinnigh aon rud sa saol seo mo smaointe chomh gnóthach sin"
"Truly, no thing in this world has kept my thoughts so busy"
"Tá mé coinnithe gnóthach ag an rúndiamhair mé a bheith beo"
"I have been kept busy by the mystery of me being alive"
"an rúndiamhair gur duine mé"
"the mystery of me being one"
"an rúndiamhair má tá tú scartha agus scoite amach ó gach duine eile"
"the mystery if being separated and isolated from all others"
"an rúndiamhair dom a bheith Siddhartha!"
"the mystery of me being Siddhartha!"
"Agus níl aon rud sa saol seo níos lú ar eolas agam faoi"
"And there is no thing in this world I know less about"

bhí sé ag machnamh agus é ag siúl go mall
he had been pondering while slowly walking along
stad sé mar fuair na smaointe seo greim air
he stopped as these thoughts caught hold of him
agus ar an bpointe boise tháinig smaoineamh eile amach as na smaointe seo
and right away another thought sprang forth from these thoughts
"Tá cúis amháin nach bhfuil a fhios agam aon rud fúm féin"
"there's one reason why I know nothing about myself"
"tá cúis amháin ann gur fhan Siddhartha eachtrannach liom"
"there's one reason why Siddhartha has remained alien to me"
"eascraíonn sé seo go léir ó chúis amháin"
"all of this stems from one cause"
"Bhí eagla orm fúm féin, agus bhí mé ag teitheadh"
"I was afraid of myself, and I was fleeing"
"Chuardaigh mé Atman agus Brahman araon"
"I have searched for both Atman and Brahman"
"Chun seo a bhí mé toilteanach a dissect mé féin"
"for this I was willing to dissect my self"
"agus bhí mé toilteanach a craiceann go léir de na sraitheanna"
"and I was willing to peel off all of its layers"
"Theastaigh uaim croí gach craiceann a aimsiú ina taobh istigh anaithnid"
"I wanted to find the core of all peels in its unknown interior"
"An Atman, an saol, an chuid dhiaga, an chuid deiridh"
"the Atman, life, the divine part, the ultimate part"
"Ach tá mé caillte agam féin sa phróiseas"
"But I have lost myself in the process"
Siddhartha oscail a shúile agus d'fhéach sé timpeall
Siddhartha opened his eyes and looked around
ag breathnú thart, aoibh gháire líonadh a aghaidh
looking around, a smile filled his face
tháinig mothú múscailte ó bhrionglóidí fada tríd
a feeling of awakening from long dreams flowed through him

an mothú flowed as a cheann síos go dtí a bharraicíní
the feeling flowed from his head down to his toes
Agus ní raibh sé i bhfad sular shiúil sé arís
And it was not long before he walked again
shiúil sé go tapa, cosúil le fear a bhfuil a fhios aige cad atá le déanamh aige
he walked quickly, like a man who knows what he has got to do
"Anois ní bheidh mé in iúl Siddhartha éalú ó dom arís!"
"now I will not let Siddhartha escape from me again!"
"Níl mé ag iarraidh mo smaointe agus mo shaol a thosú le Atman a thuilleadh"
"I no longer want to begin my thoughts and my life with Atman"
"ná ba mhaith liom mo smaointe a thosú le fulaingt an domhain"
"nor do I want to begin my thoughts with the suffering of the world"
"Níl mé ag iarraidh mé féin a mharú agus a dissect a thuilleadh"
"I do not want to kill and dissect myself any longer"
"Ní mhúinfidh Yoga-Veda dom a thuilleadh"
"Yoga-Veda shall not teach me anymore"
"ná Atharva-Veda, ná an ascetics"
"nor Atharva-Veda, nor the ascetics"
"ní bheidh aon saghas teagasc"
"there will not be any kind of teachings"
"Ba mhaith liom foghlaim uaim féin agus a bheith i mo mhac léinn"
"I want to learn from myself and be my student"
"Ba mhaith liom aithne a chur orm féin; an rún Siddhartha"
"I want to get to know myself; the secret of Siddhartha"

Bhreathnaigh sé thart, amhail is dá mbeadh sé ag féachaint ar an domhan don chéad uair
He looked around, as if he was seeing the world for the first time

Bhí an domhan álainn agus ildaite
Beautiful and colourful was the world
aisteach agus mistéireach a bhí ar an domhan
strange and mysterious was the world
Anseo bhí gorm, bhí buí, bhí glas anseo
Here was blue, there was yellow, here was green
an spéir agus an abhainn ag sileadh
the sky and the river flowed
bhí an fhoraois agus na sléibhte docht
the forest and the mountains were rigid
bhí an domhan ar fad go hálainn
all of the world was beautiful
bhí sé ar fad mistéireach agus draíochtúil
all of it was mysterious and magical
agus ina lár bhí sé, Siddhartha, an múscail
and in its midst was he, Siddhartha, the awakening one
agus bhí sé ar an gcosán chuige féin
and he was on the path to himself
seo go léir buí agus gorm agus abhainn agus foraoise isteach Siddhartha
all this yellow and blue and river and forest entered Siddhartha
den chéad uair a tháinig sé trí na súile
for the first time it entered through the eyes
ní raibh sé ina gheasa Mara a thuilleadh
it was no longer a spell of Mara
ní raibh sé ina veil na Maya a thuilleadh
it was no longer the veil of Maya
ní raibh sé aon phointe agus comhtharlaitheach a thuilleadh
it was no longer a pointless and coincidental
ní raibh i gceist le rudaí ach éagsúlacht láithrithe amháin
things were not just a diversity of mere appearances
láithrithe suarach don Brahman ag smaoineamh go domhain
appearances despicable to the deeply thinking Brahman
déanann an smaointeoireacht Brahman scanradh ar an éagsúlacht, agus lorgaíonn sé aontacht

the thinking Brahman scorns diversity, and seeks unity
Gorm a bhí gorm agus abhainn a bhí abhainn
Blue was blue and river was river
bhí cónaí ar an uimhir uatha agus diaga i bhfolach i Siddhartha
the singular and divine lived hidden in Siddhartha
Ba é bealach agus cuspóir divinity a bheith buí anseo, agus gorm ann
divinity's way and purpose was to be yellow here, and blue there
ann spéir, tá foraoise, agus anseo Siddhartha
there sky, there forest, and here Siddhartha
Ní raibh an cuspóir agus na hairíonna riachtanacha áit éigin taobh thiar de na rudaí
The purpose and essential properties was not somewhere behind the things
bhí an cuspóir agus na hairíonna riachtanacha taobh istigh de gach rud
the purpose and essential properties was inside of everything
"Conas bodhar agus dúr a bhí mé!" cheap sé
"How deaf and stupid have I been!" he thought
agus shiúil sé go tapa ar aghaidh
and he walked swiftly along
"Nuair a léann duine téacs ní bheidh sé ag déanamh scanradh ar na siombailí agus litreacha"
"When someone reads a text he will not scorn the symbols and letters"
"ní ghlaoidh sé ar na siombailí deceptions nó comhtharlúint"
"he will not call the symbols deceptions or coincidences"
"ach léifidh sé iad mar a scríobhadh iad"
"but he will read them as they were written"
"Déanfaidh sé staidéar agus grá dóibh, litir ar litir"
"he will study and love them, letter by letter"
"Theastaigh uaim leabhar an domhain a léamh agus scanradh na litreacha"

"I wanted to read the book of the world and scorned the letters"
"Theastaigh uaim an leabhar a léamh díom féin agus scanraigh na siombailí"
"I wanted to read the book of myself and scorned the symbols"
"Chuir mé mo shúile agus mo theanga comhtharlaitheach"
"I called my eyes and my tongue coincidental"
"Dúirt mé gur foirmeacha fiúntacha iad gan substaint"
"I said they were worthless forms without substance"
"Níl, tá sé seo thart, tá mé dúisigh"
"No, this is over, I have awakened"
"Dúisigh mé go deimhin"
"I have indeed awakened"
"Níor rugadh mé roimh an lá seo"
"I had not been born before this very day"
Ag smaoineamh ar na smaointe seo, stop Siddhartha go tobann arís
In thinking these thoughts, Siddhartha suddenly stopped once again
stad sé amhail is go raibh nathair ina luí os a chomhair
he stopped as if there was a snake lying in front of him
go tobann, bhí a fhios aige freisin ar rud éigin eile
suddenly, he had also become aware of something else
Bhí sé go deimhin cosúil le duine a bhí díreach tar éis dúiseacht
He was indeed like someone who had just woken up
bhí sé cosúil le leanbh nuabheirthe ag tosú ar an saol as an nua
he was like a new-born baby starting life anew
agus b'éigean dó tosú arís i dtosach
and he had to start again at the very beginning
ar maidin bhí intInní an-difriúla aige
in the morning he had had very different intentions
cheap sé filleadh ar a bhaile féin agus a athair
he had thought to return to his home and his father

Ach anois stad sé amhail is dá mbeadh nathair ina luí ar a chosán
But now he stopped as if a snake was lying on his path
rinne sé amach cá raibh sé
he made a realization of where he was
"Ní mise an ceann a bhí mé a thuilleadh"
"I am no longer the one I was"
"Níl mé ascetic a thuilleadh"
"I am no ascetic anymore"
"Ní sagart mé a thuilleadh"
"I am not a priest anymore"
"Ní Brahman mé a thuilleadh"
"I am no Brahman anymore"
"Cibé ar cheart dom a dhéanamh ag áit m'athar?"
"Whatever should I do at my father's place?"
"Staidéar? Déan tairiscintí? Cleachtadh meditation?"
"Study? Make offerings? Practise meditation?"
"Ach tá sé seo go léir thart dom"
"But all this is over for me"
"Níl seo ar fad ar mo chosán a thuilleadh"
"all of this is no longer on my path"
Gan gluaiseacht, d'fhan Siddhartha ina sheasamh ann
Motionless, Siddhartha remained standing there
agus ar feadh nóiméad amháin agus anáil, bhraith a chroí fuar
and for the time of one moment and breath, his heart felt cold
bhraith sé fuacht ina chliabhrach
he felt a coldness in his chest
an mothúchán céanna a mhothaíonn ainmhí beag nuair a fheiceann sé cé chomh féin agus atá sé
the same feeling a small animal feels when it sees how alone it is
Ar feadh na mblianta fada, bhí sé gan teach agus níor bhraith sé rud ar bith
For many years, he had been without home and had felt nothing

Anois, bhraith sé go raibh sé gan teach
Now, he felt he had been without a home
Fós féin, fiú amháin sa mhachnamh is doimhne, bhí sé ina mhac a athar
Still, even in the deepest meditation, he had been his father's son
bhí sé ina Brahman, de caste ard
he had been a Brahman, of a high caste
bhí sé ina chléireach
he had been a cleric
Anois, bhí sé rud ar bith ach Siddhartha, an ceann awoken
Now, he was nothing but Siddhartha, the awoken one
níor fágadh aon rud eile uaidh
nothing else was left of him
Go domhain, ionanálú sé agus bhraith sé fuar
Deeply, he inhaled and felt cold
rith crith trína chorp
a shiver ran through his body
Ní raibh aon duine chomh leis féin agus a bhí sé
Nobody was as alone as he was
Ní raibh aon duine uasal nár bhain leis na huaisle
There was no nobleman who did not belong to the noblemen
ní raibh aon oibrí nár bhain leis na hoibrithe
there was no worker that did not belong to the workers
fuair siad go léir tearmann eatarthu féin
they had all found refuge among themselves
roinn siad a saol agus labhair siad a dteangacha
they shared their lives and spoke their languages
níl aon Brahman ann nach mbreathnófaí air mar Brahmans
there are no Brahman who would not be regarded as Brahmans
agus níl aon Brahmans nach raibh cónaí orthu mar Brahmans
and there are no Brahmans that didn't live as Brahmans
níl aon ascetic nach raibh in ann tearmann a fháil leis na Samanas

there are no ascetic who could not find refuge with the Samanas
agus ní raibh fiú an díthreabhaigh is forlorn san fhoraois ina n-aonar
and even the most forlorn hermit in the forest was not alone
bhí sé timpeallaithe freisin ag áit ar bhain sé leis
he was also surrounded by a place he belonged to
bhain sé freisin le caste ina raibh sé sa bhaile
he also belonged to a caste in which he was at home
D'fhág Govinda é agus rinneadh manach de
Govinda had left him and became a monk
agus míle manach ina bhráithre
and a thousand monks were his brothers
chaith siad an róba céanna air
they wore the same robe as him
chreid siad ina chreideamh agus labhair siad a theanga
they believed in his faith and spoke his language
Ach sé, Siddhartha, cén áit ar bhain sé?
But he, Siddhartha, where did he belong to?
Cé leis a roinnfeadh sé a shaol?
With whom would he share his life?
Cén teanga a labhródh sé?
Whose language would he speak?
leáigh an domhan timpeall air
the world melted away all around him
sheas sé leis féin mar réalta sa spéir
he stood alone like a star in the sky
fuar agus éadóchas timpeall air
cold and despair surrounded him
ach Siddhartha eascair as an nóiméad seo
but Siddhartha emerged out of this moment
Tháinig Siddhartha chun cinn níos mó ná riamh
Siddhartha emerged more his true self than before
bhí sé níos daingne ná mar a bhí sé riamh
he was more firmly concentrated than he had ever been
Bhraith sé; "Ba é seo an crith deiridh den mhúscailt"

He felt; "this had been the last tremor of the awakening"
"an streachailt dheireanach den bhreith seo"
"the last struggle of this birth"
Agus níorbh fhada gur shiúil sé arís i gcéimeanna fada
And it was not long until he walked again in long strides
thosaigh sé ag dul ar aghaidh go tapa agus go mífhoighneach
he started to proceed swiftly and impatiently
ní raibh sé ag dul abhaile a thuilleadh
he was no longer going home
ní raibh sé ag dul go dtí a athair a thuilleadh
he was no longer going to his father

Cuid a Dó
Part Two

***

Kamala

Siddhartha fhoghlaim rud éigin nua ar gach céim dá cosán
Siddhartha learned something new on every step of his path
óir do chlaochluigheadh an saoghal agus do bhí a chroidhe ionnta
because the world was transformed and his heart was enchanted
Chonaic sé an ghrian ag éirí os cionn na sléibhte
He saw the sun rising over the mountains
agus chonaic sé an ghrian ag dul os cionn na trá i bhfad i gcéin
and he saw the sun setting over the distant beach
San oíche, chonaic sé na réaltaí sa spéir ina suíomhanna seasta
At night, he saw the stars in the sky in their fixed positions
agus chonaic sé corrán na gealaí ar snámh mar bhád sa ghorm
and he saw the crescent of the moon floating like a boat in the blue
Chonaic sé crainn, réaltaí, ainmhithe, agus scamaill
He saw trees, stars, animals, and clouds
bogha báistí, carraigeacha, luibheanna, bláthanna, srutháin agus aibhneacha
rainbows, rocks, herbs, flowers, streams and rivers
chonaic sé an drúcht glioscarnach sna toir ar maidin
he saw the glistening dew in the bushes in the morning
chonaic sé sléibhte arda i bhfad i gcéin a bhí gorm
he saw distant high mountains which were blue
shéid an ghaoth tríd an ngort ríse
wind blew through the rice-field
bhí sé seo go léir, míle-huaire agus dathúil, ann i gcónaí

all of this, a thousand-fold and colourful, had always been there
bhí an ghrian agus an ghealach ag taitneamh i gcónaí
the sun and the moon had always shone
bhí roar i gcónaí ar aibhneacha agus beacha i gcónaí ag buzzed
rivers had always roared and bees had always buzzed
ach san am a chuaigh thart bhí sé seo go léir ina scáthlán mealltach
but in former times all of this had been a deceptive veil
dó go raibh sé rud ar bith níos mó ná fleeting
to him it had been nothing more than fleeting
bhí sé ceaptha chun breathnú ar i distrust
it was supposed to be looked upon in distrust
bhí sé i ndán dó a bheith treáite agus scriosta ag machnaimh
it was destined to be penetrated and destroyed by thought
ó nach raibh sé an croílár a bheith ann
since it was not the essence of existence
ós rud é go raibh an bunúsach seo níos faide ná an sofheicthe, ar an taobh eile de
since this essence lay beyond, on the other side of, the visible
Ach anois, d'fhan a shúile scaoilte ar an taobh seo
But now, his liberated eyes stayed on this side
chonaic sé agus tháinig sé ar an eolas faoi na infheicthe
he saw and became aware of the visible
d'fhéach sé le bheith sa bhaile sa saol seo
he sought to be at home in this world
ní dhearna sé cuardach ar an bunúsach fíor
he did not search for the true essence
ní raibh sé mar aidhm aige domhan níos faide i gcéin
he did not aim at a world beyond
bhí an domhan seo álainn go leor dó
this world was beautiful enough for him
ag féachaint air mar seo rinne gach rud childlike
looking at it like this made everything childlike
Bhí an ghealach agus na réaltaí go hálainn

Beautiful were the moon and the stars
go hálainn a bhí an sruthán agus na bruacha
beautiful was the stream and the banks
an fhoraois agus na carraigeacha, an gabhar agus an ciaróg óir
the forest and the rocks, the goat and the gold-beetle
an bláth agus an féileacán; álainn agus álainn a bhí sé
the flower and the butterfly; beautiful and lovely it was
chun siúl tríd an domhan a bhí childlike arís
to walk through the world was childlike again
ar an mbealach seo a dhúisigh sé
this way he was awoken
ar an mbealach seo bhí sé oscailte don rud atá gar
this way he was open to what is near
ar an mbealach seo bhí sé gan distrust
this way he was without distrust
éagsúil dóite an ghrian an ceann
differently the sun burnt the head
ar bhealach éagsúil fuaraigh scáth na foraoise é
differently the shade of the forest cooled him down
a mhalairt a bhlaiseadh an pumpkin agus an banana
differently the pumpkin and the banana tasted
Ba ghearr na laethanta, ba ghearr na hoícheanta
Short were the days, short were the nights
shiúlann gach uair an chloig go tapa mar seol ar an bhfarraige
every hour sped swiftly away like a sail on the sea
agus faoin seol bhí long lán seoda, lán de shólás
and under the sail was a ship full of treasures, full of joy
Chonaic Siddhartha grúpa apa ag bogadh tríd an ceannbhrat ard
Siddhartha saw a group of apes moving through the high canopy
bhíodar ard i gcraobhacha na gcrann
they were high in the branches of the trees
agus chuala sé a n-amhrán borb, sanntach

and he heard their savage, greedy song
Chonaic Siddhartha caoirigh fireann ag leanúint caorach baineann agus ag cúpláil léi
Siddhartha saw a male sheep following a female one and mating with her
I loch giolcacha, chonaic sé an liús ag seilg go huafásach lena dhinnéar
In a lake of reeds, he saw the pike hungrily hunting for its dinner
iasc óg a bhí ag tiomáint iad féin amach as an liús
young fish were propelling themselves away from the pike
bhí siad scanraithe, wiggling agus súilíneach
they were scared, wiggling and sparkling
léim na héisc óga ina sluaite amach as an uisce
the young fish jumped in droves out of the water
tháinig boladh an neart agus an paisean go láidir as an uisce
the scent of strength and passion came forcefully out of the water
agus chothaigh an liús an boladh
and the pike stirred up the scent
Bhí sé seo ar fad ann i gcónaí
All of this had always existed
agus ní fhaca sé é, agus ní raibh sé in éineacht leis
and he had not seen it, nor had he been with it
Anois bhí sé leis agus bhí sé mar chuid de
Now he was with it and he was part of it
Rith solas agus scáth trína shúile
Light and shadow ran through his eyes
rith na réaltaí agus an ghealach trína chroí
stars and moon ran through his heart

Chuimhnigh Siddhartha ar gach rud a bhí taithí alge sa Ghairdín Jetavana
Siddhartha remembered everything he had experienced in the Garden Jetavana
chuimhnigh sé ar an teagasc a bhí cloiste aige ansin ón mBúda diaga

he remembered the teaching he had heard there from the divine Buddha
chuimhnigh sé ar an slán a fhágáil ó Govinda
he remembered the farewell from Govinda
chuimhnigh sé ar an gcomhrádh leis an té a bhí os a chionn
he remembered the conversation with the exalted one
Arís do chuimhnigh sé ar a bhriathra féin do labhair sé leis an té sháruigh
Again he remembered his own words that he had spoken to the exalted one
chuimhnigh sé ar gach focal
he remembered every word
thuig sé go raibh rudaí ráite aige nach raibh ar eolas aige i ndáiríre
he realized he had said things which he had not really known
chuir sé ionadh air féin lena raibh le rá aige le Gotama
he astonished himself with what he had said to Gotama
ní raibh stór agus rún an Búda an theagasc
the Buddha's treasure and secret was not the teachings
ach ba é an rún an inexpressible agus ní teachable
but the secret was the inexpressible and not teachable
an rún a bhí taithí aige le linn a léargais
the secret which he had experienced in the hour of his enlightenment
ní raibh sa rún ach an rud céanna a raibh taithí aige anois air
the secret was nothing but this very thing which he had now gone to experience
ba é an rún cad a thosaigh sé ag taithí anois
the secret was what he now began to experience
Anois bhí air dul i dtaithí ar a chuid féin
Now he had to experience his self
bhí a fhios aige le fada an lá gurbh é Atman é féin
he had already known for a long time that his self was Atman
bhí a fhios aige go raibh na tréithe síoraí céanna ag Atman agus a bhí ag Brahman

he knew Atman bore the same eternal characteristics as Brahman
Ach ní bhfuair sé é seo i ndáiríre
But he had never really found this self
mar go raibh sé ag iarraidh é féin a ghabháil i líon na machnaimh
because he had wanted to capture the self in the net of thought
ach ní raibh an corp mar chuid de féin
but the body was not part of the self
níorbh é radharc na gcéadfaí é
it was not the spectacle of the senses
mar sin ní raibh sé ach an smaoineamh, ná an aigne réasúnach
so it also was not the thought, nor the rational mind
níorbh é an eagna foghlamtha, ná an cumas foghlamtha
it was not the learned wisdom, nor the learned ability
ní fhéadfaí aon chonclúidí a bhaint as na rudaí seo
from these things no conclusions could be drawn
Ní hea, bhí saol na machnaimh fós ar an taobh seo freisin
No, the world of thought was also still on this side
Rudaí deasa ab ea an dá rud, na smaointe chomh maith leis na céadfaí
Both, the thoughts as well as the senses, were pretty things
ach bhí an bhrí deiridh i bhfolach taobh thiar den bheirt acu
but the ultimate meaning was hidden behind both of them
b'éigean éisteacht leis an mbeirt agus súgradh leo
both had to be listened to and played with
níor ghá ach oiread a bheith scanraithe ná rómheastachán
neither had to be scorned nor overestimated
bhí guthanna rúnda na fírinne innermost
there were secret voices of the innermost truth
b'éigean na guthanna seo a bhrath go haireach
these voices had to be attentively perceived
Bhí sé ag iarraidh a dhícheall gan aon rud eile
He wanted to strive for nothing else
dhéanfadh sé an rud a d'ordaigh an guth dó a dhéanamh

he would do what the voice commanded him to do
d'fhanfadh sé san áit ar thug na guthanna comhairle dó
he would dwell where the voices advised him to
Cén fáth ar shuigh Gotama síos faoi chrann Bodhi?
Why had Gotama sat down under the Bodhi tree?
Bhí guth cloiste aige ina chroí féin
He had heard a voice in his own heart
guth a d'ordaigh dó suaimhneas a lorg faoin gcrann seo
a voice which had commanded him to seek rest under this tree
d'fhéadfadh sé a bheith imithe ar aghaidh ag tairiscint tairiscintí
he could have gone on to make offerings
d'fhéadfadh sé a bheith déanta ablutions
he could have performed his ablutions
d'fhéadfadh sé an nóiméad sin a chaitheamh ag guí
he could have spent that moment in prayer
roghnaigh sé gan ithe nó ól
he had chosen not to eat or drink
roghnaigh sé gan codladh nó aisling
he had chosen not to sleep or dream
ina ionad sin, ghéill sé don ghuth
instead, he had obeyed the voice
Ba mhaith an rud é géilleadh mar seo
To obey like this was good
ba mhaith gan déanamh de réir ordú seachtrach
it was good not to obey to an external command
ba mhaith an rud é géilleadh don ghuth amháin
it was good to obey only the voice
a bheith réidh mar seo bhí go maith agus riachtanach
to be ready like this was good and necessary
ní raibh aon rud eile a bhí riachtanach
there was nothing else that was necessary

san oíche fuair Siddhartha abhainn
in the night Siddhartha got to a river
chodail sé i bothán tuí fear farantóireachta
he slept in the straw hut of a ferryman

an oíche seo bhí aisling ag Siddhartha
this night Siddhartha had a dream
Bhí Govinda ina sheasamh os a chomhair
Govinda was standing in front of him
bhí sé gléasta i gúna buí ascetic
he was dressed in the yellow robe of an ascetic
Is brónach an chaoi a d'fhéach Govinda
Sad was how Govinda looked
go brónach d'fhiafraigh sé de, "Cad chuige ar thréig tú mé?"
sadly he asked, "Why have you forsaken me?"
Ghlac Siddhartha le Govinda, agus fillte sé a airm timpeall air
Siddhartha embraced Govinda, and wrapped his arms around him
tharraing sé gar dá chliabhrach é agus phóg sé é
he pulled him close to his chest and kissed him
ach ní Govinda a bhí ann a thuilleadh, ach bean
but it was not Govinda anymore, but a woman
tháinig cíche iomlán amach as gúna na mná
a full breast popped out of the woman's dress
Siddhartha leagan agus ól as an chíche
Siddhartha lay and drank from the breast
go milis agus go láidir tasted an bainne as an chíche
sweetly and strongly tasted the milk from this breast
Bhlais sé de bhean agus fear
It tasted of woman and man
bhain sé blas den ghrian agus den fhoraois
it tasted of sun and forest
blaiseadh sé ainmhithe agus bláth
it tasted of animal and flower
blais sé de gach toradh agus de gach dúil áthasach
it tasted of every fruit and every joyful desire
Chuir sé ar meisce é agus chuir sé gan aithne é
It intoxicated him and rendered him unconscious
Siddhartha dhúisigh as an aisling
Siddhartha woke up from the dream

shimmered an abhainn pale trí dhoras an botháin
the pale river shimmered through the door of the hut
tháinig glaoch dorcha ar ulchabhán go domhain tríd an bhforaois
a dark call of an owl resounded deeply through the forest
D'iarr Siddhartha ar an mbád farantóireachta é a fháil trasna na habhann
Siddhartha asked the ferryman to get him across the river
Fuair an fear farantóireachta trasna na habhann é ar a rafta bambú
The ferryman got him across the river on his bamboo-raft
an t-uisce shimmered reddish i solas na maidine
the water shimmered reddish in the light of the morning
"Abhainn álainn í seo," a dúirt sé lena chompánach
"This is a beautiful river," he said to his companion
"Tá," arsa an fear farantóireachta, "abhainn an-álainn"
"Yes," said the ferryman, "a very beautiful river"
"Is breá liom é níos mó ná rud ar bith"
"I love it more than anything"
"Is minic a éist mé leis"
"Often I have listened to it"
"Is minic a d'fhéach mé isteach ina shúile"
"often I have looked into its eyes"
"agus d'fhoghlaim mé i gcónaí uaidh"
"and I have always learned from it"
"Is féidir go leor a fhoghlaim ó abhainn"
"Much can be learned from a river"
"Gabhaim buíochas leat, mo shíntiúsóir" a labhair Siddhartha
"I thank you, my benefactor" spoke Siddhartha
chuaigh sé ar bord ar an taobh eile den abhainn
he disembarked on the other side of the river
"Níl aon bhronntanas agam a d'fhéadfainn a thabhairt duit le haghaidh do fáilteachais, a stór"
"I have no gift I could give you for your hospitality, my dear"
"agus níl aon íocaíocht agam as do chuid oibre freisin"

"and I also have no payment for your work"
"Is fear gan teach mé"
"I am a man without a home"
"Is mise mac Brahman agus Samana"
"I am the son of a Brahman and a Samana"
"Chonaic mé," a dúirt an fear farantóireachta
"I did see it," spoke the ferryman
"Ní raibh mé ag súil le haon íocaíocht uait"
"I did not expect any payment from you"
"Is gnách d'aíonna bronntanas a iompar"
"it is custom for guests to bear a gift"
"ach ní raibh mé ag súil le seo uait ach an oiread"
"but I did not expect this from you either"
"Tabharfaidh tú an bronntanas dom uair eile"
"You will give me the gift another time"
"An dóigh leat?" iarr Siddhartha, bemusedly
"Do you think so?" asked Siddhartha, bemusedly
"Táim cinnte de," d'fhreagair an fear farantóireachta
"I am sure of it," replied the ferryman
"Seo freisin, tá foghlamtha agam ón abhainn"
"This too, I have learned from the river"
"Tagann gach rud a théann ar ais!"
"everything that goes comes back!"
"Tiocfaidh tusa freisin, Samana, ar ais"
"You too, Samana, will come back"
"Slán anois! Bíodh do chairdeas mar luach saothair agam"
"Now farewell! Let your friendship be my reward"
"Cuimhnigh orm, nuair a dhéanann tú tairiscintí do na déithe"
"Commemorate me, when you make offerings to the gods"
Ag miongháire, scar siad óna chéile
Smiling, they parted from each other
Ag gáire, bhí Siddhartha sásta faoin gcairdeas
Smiling, Siddhartha was happy about the friendship
agus bhí sé sásta faoi chineáltas an fhir farantóireachta
and he was happy about the kindness of the ferryman

"Tá sé cosúil le Govinda," a cheap sé le gáire
"He is like Govinda," he thought with a smile
"Tá gach a mbuailim le chéile ar mo chosán cosúil le Govinda"
"all I meet on my path are like Govinda"
"Tá gach duine buíoch as a bhfuil acu"
"All are thankful for what they have"
"ach is iadsan a mbeadh an ceart acu buíochas a ghlacadh"
"but they are the ones who would have a right to receive thanks"
"tá siad go léir submissive agus ba mhaith leo a bheith cairde"
"all are submissive and would like to be friends"
"Is maith le gach duine géilleadh agus smaoineamh beag"
"all like to obey and think little"
"Tá gach duine cosúil le leanaí"
"all people are like children"

Ag thart ar meán lae, tháinig sé trí sráidbhaile
At about noon, he came through a village
Os comhair na dteachín láibe, bhí leanaí ag rolladh thart ar an tsráid
In front of the mud cottages, children were rolling about in the street
bhí siad ag súgradh le síolta pumpkin agus sliogáin mhara
they were playing with pumpkin-seeds and sea-shells
scread siad agus wrestled lena chéile
they screamed and wrestled with each other
ach theith siad go léir go timidly ón Samana anaithnid
but they all timidly fled from the unknown Samana
I ndeireadh an tsráidbhaile, chuaigh an cosán trí shruth
In the end of the village, the path led through a stream
le taobh an tsrutha, bhí bean óg ar a glúine
by the side of the stream, a young woman was kneeling
bhí sí ag níochán éadaí sa sruthán
she was washing clothes in the stream
Nuair a bheannaigh Siddhartha di, d'ardaigh sí a ceann

When Siddhartha greeted her, she lifted her head
agus d'fhéach sí suas dó le gáire
and she looked up to him with a smile
d'fhéadfadh sé a fheiceáil ar an bán ina súile glistening
he could see the white in her eyes glistening
Ghlaoigh sé beannacht uirthi
He called out a blessing to her
ba é seo an nós i measc an lucht siúil
this was the custom among travellers
agus d'fhiafraigh sé cia fhad a bhí sé go dtí an chathair mhór
and he asked how far it was to the large city
Ansin d'éirigh sí agus tháinig sé chuige
Then she got up and came to him
go hálainn bhí a béal fliuch glioscarnach ina héadan óg
beautifully her wet mouth was shimmering in her young face
Mhalartaigh sí greann greannmhar leis
She exchanged humorous banter with him
d'fhiafraigh sí ar ith sé cheana
she asked whether he had eaten already
agus chuir sí ceisteanna aisteacha
and she asked curious questions
"An bhfuil sé fíor gur chodail na Samanas ina n-aonar san fhoraois san oíche?"
"is it true that the Samanas slept alone in the forest at night?"
"An bhfuil sé fíor nach bhfuil cead ag Samanas mná a bheith leo"
"is it true Samanas are not allowed to have women with them"
Agus í ag caint, chuir sí a chos chlé ar a chos dheas
While talking, she put her left foot on his right one
gluaiseacht mná a bheadh ag iarraidh pléisiúir gnéis a thionscnamh
the movement of a woman who would want to initiate sexual pleasure
tugann na téacsleabhair "dreapadóireacht crann" air seo
the textbooks call this "climbing a tree"
Bhraith Siddhartha a chuid fola a théamh suas

Siddhartha felt his blood heating up
bhí air smaoineamh ar a aisling arís
he had to think of his dream again
lúb sé síos beagán go dtí an bhean
he bend slightly down to the woman
agus phóg sé lena liopaí an nipple donn a cíche
and he kissed with his lips the brown nipple of her breast
Ag breathnú suas, chonaic sé a aghaidh miongháire
Looking up, he saw her face smiling
agus bhí a súile lán de lust
and her eyes were full of lust
Mhothaigh Siddhartha fonn uirthi freisin
Siddhartha also felt desire for her
bhraith sé foinse a ghnéasachta ag gluaiseacht
he felt the source of his sexuality moving
ach níor bhain sé bean riamh roimhe
but he had never touched a woman before
mar sin hesitated sé ar feadh nóiméad
so he hesitated for a moment
bhí a lámha ullmhaithe cheana féin chun síneadh a chur léi
his hands were already prepared to reach out for her
ach ansin chuala sé an guth a innermost féin
but then he heard the voice of his innermost self
shudded sé le hiontas ar a ghuth
he shuddered with awe at his voice
agus níor innis an guth so dhó
and this voice told him no
d'imigh gach charm ó aghaidh mionghaire na mná óig
all charms disappeared from the young woman's smiling face
ní fhaca sé aon rud eile ach sracfhéachaint thaise
he no longer saw anything else but a damp glance
ní raibh le feiceáil aige ach ainmhí baineann agus é ag teas
all he could see was female animal in heat
Go múinte, chuir sé a leiceann uirthi
Politely, he petted her cheek
chuaidh sé uaithi agus d'imthigh sé uaidh

he turned away from her and disappeared away
d'fhág sé ón bhean díomá le céimeanna éadrom
he left from the disappointed woman with light steps
agus imithe sé isteach sa bambú-adhmad
and he disappeared into the bamboo-wood

shroich sé an chathair mhór roimh an tráthnóna
he reached the large city before the evening
agus bhí sé sásta an chathair a bhaint amach
and he was happy to have reached the city
mar bhraith sé an gá a bheith i measc daoine
because he felt the need to be among people
nó le fada an lá, bhí cónaí air sna foraoisí
or a long time, he had lived in the forests
den chéad uair le fada an lá chodail sé faoin díon
for first time in a long time he slept under a roof
Sula raibh an chathair ina gairdín álainn fál
Before the city was a beautifully fenced garden
tháinig an taistealaí trasna ar ghrúpa beag seirbhíseach
the traveller came across a small group of servants
bhí ciseáin torthaí á n-iompar ag na seirbhísigh
the servants were carrying baskets of fruit
bhí cathaoir sedan ornáideach á iompar ag ceathrar seirbhíseach
four servants were carrying an ornamental sedan-chair
ar an gcathaoir seo shuigh bean, an máistreás
on this chair sat a woman, the mistress
bhí sí ar piliúir dearga faoi cheannbhrat ildaite
she was on red pillows under a colourful canopy
Siddhartha stopadh ag an mbealach isteach chuig an pléisiúir-ghairdín
Siddhartha stopped at the entrance to the pleasure-garden
agus d'amharc sé ar an pharáid ag dul thart
and he watched the parade go by
chonaic sé na seirbhísigh agus na searbhóntaí
he saw saw the servants and the maids
chonaic sé na ciseáin agus an sedan cathaoir

he saw the baskets and the sedan-chair
agus chonaic sé an bhean ar an gcathaoir
and he saw the lady on the chair
Faoi a cuid gruaige dubh chonaic sé aghaidh an-íogair
Under her black hair he saw a very delicate face
béal geal dearg, cosúil le fige úr-scáinte
a bright red mouth, like a freshly cracked fig
malaí a raibh claonadh maith orthu agus péinteáilte in áirse ard
eyebrows which were well tended and painted in a high arch
súile dorcha cliste a bhí iontu
they were smart and watchful dark eyes
d'ardaigh muineál ard ard ó bhall éadaigh glas agus órga
a clear, tall neck rose from a green and golden garment
a lámha a bhí scíthe, fada agus tanaí
her hands were resting, long and thin
bhí bráisléid leathana órga aici thar a chaol na láimhe
she had wide golden bracelets over her wrists
Siddhartha chonaic conas álainn a bhí sí, agus a chroí rejoiced
Siddhartha saw how beautiful she was, and his heart rejoiced
Bowed sé go domhain, nuair a tháinig an sedan-chathaoirleach níos gaire
He bowed deeply, when the sedan-chair came closer
straightening suas arís, d'fhéach sé ar an cóir, aghaidh a fheictear
straightening up again, he looked at the fair, charming face
léigh sé a súile cliste leis na stuanna arda
he read her smart eyes with the high arcs
análú sé i cumhráin de rud éigin nach raibh a fhios aige
he breathed in a fragrance of something he did not know
Le gáire, Chlaon an bhean álainn ar feadh nóiméad
With a smile, the beautiful woman nodded for a moment
ansin imithe sí isteach sa ghairdín
then she disappeared into the garden
agus ansin imithe na seirbhísigh chomh maith

and then the servants disappeared as well
"Tá mé ag dul isteach sa chathair seo le tuar a fheictear" Shíl Siddhartha
"I am entering this city with a charming omen" Siddhartha thought
Mhothaigh sé láithreach tarraingthe isteach sa ghairdín
He instantly felt drawn into the garden
ach smaoinigh sé ar a chás
but he thought about his situation
tháinig sé ar an eolas faoi mar a d'fhéach na seirbhíseach agus na mná céile air
he became aware of how the servants and maids had looked at him
cheap siad go raibh sé suarach, distrustful, agus dhiúltaigh sé dó
they thought him despicable, distrustful, and rejected him
"Is Samana mé fós" a cheap sé
"I am still a Samana" he thought
"Is ascetic agus beggar mé fós"
"I am still an ascetic and beggar"
"Ní mór dom fanacht mar seo"
"I must not remain like this"
"Ní bheidh mé in ann dul isteach sa ghairdín mar seo," gáire sé
"I will not be able to enter the garden like this," he laughed
chuir sé ceist ar an gcéad duine eile a tháinig ar an gcosán faoin ghairdín
he asked the next person who came along the path about the garden
agus d'iarr sé ainm na mná
and he asked for the name of the woman
dúradh leis gurbh é seo gairdín Kamala, an cúirtéis cáillúil
he was told that this was the garden of Kamala, the famous courtesan
agus dúradh leis go raibh teach aici sa chathair freisin
and he was told that she also owned a house in the city

Ansin, chuaigh sé isteach sa chathair le sprioc
Then, he entered the city with a goal
Ag leanúint lena sprioc, lig sé don chathair é a tharraingt isteach
Pursuing his goal, he allowed the city to suck him in
chuaigh sé trí shreabhadh na sráideanna
he drifted through the flow of the streets
sheas sé fós ar na cearnóga sa chathair
he stood still on the squares in the city
shuigh sé ar an staighre cloiche in aice leis an abhainn
he rested on the stairs of stone by the river
Nuair a tháinig an tráthnóna, rinne sé cairde le cúntóir Bearbóir
When the evening came, he made friends with a barber's assistant
chonaic sé é ag obair faoi scáth áirse
he had seen him working in the shade of an arch
agus fuair sé arís é ag guí i dteampall Vishnu
and he found him again praying in a temple of Vishnu
d'inis sé scéalta faoi Vishnu agus na Lakshmi
he told about stories of Vishnu and the Lakshmi
I measc na mbád cois na habhann, chodail sé an oíche seo
Among the boats by the river, he slept this night
Tháinig Siddhartha chuige sular tháinig na chéad custaiméirí isteach ina shiopa
Siddhartha came to him before the first customers came into his shop
bhí sé ar chúntóir an Bearbóir a fheasóg a shave agus a chuid gruaige a ghearradh
he had the barber's assistant shave his beard and cut his hair
chíor sé a chuid gruaige agus d'ung sé le hola mhín é
he combed his hair and anointed it with fine oil
Ansin chuaigh sé chun a folctha a ghlacadh san abhainn
Then he went to take his bath in the river

déanach san iarnóin, chuaigh Kamala álainn i dteagmháil lena gairdín

late in the afternoon, beautiful Kamala approached her garden
Bhí Siddhartha ina sheasamh ag an mbealach isteach arís
Siddhartha was standing at the entrance again
rinne sé bogha agus fuair sé beannacht an chúirtéiseach
he made a bow and received the courtesan's greeting
fuair sé aird duine de na seirbhíseach
he got the attention of one of the servant
d'iarr sé air é a chur in iúl dá máistreás
he asked him to inform his mistress
"Ba mhaith le Brahman óg labhairt léi"
"a young Brahman wishes to talk to her"
Tar éis tamaill, d'fhill an seirbhíseach
After a while, the servant returned
d'iarr an seirbhíseach ar Siddhartha é a leanúint
the servant asked Siddhartha to follow him
Lean Siddhartha an seirbhíseach isteach i pailliún
Siddhartha followed the servant into a pavilion
anseo bhí Kamala ina luí ar tolg
here Kamala was lying on a couch
agus d'fhág an seirbhíseach leis féin é
and the servant left him alone with her
"Nach raibh tú ag seasamh amach ann inné freisin, ag beannú dom?" a d'fhiafraigh Kamala
"Weren't you also standing out there yesterday, greeting me?" asked Kamala
"Is fíor go bhfaca mé cheana agus gur bheannaigh mé leat inné"
"It's true that I've already seen and greeted you yesterday"
"Ach nach raibh tú inné a chaitheamh féasóg, agus gruaig fhada?"
"But didn't you yesterday wear a beard, and long hair?"
"agus nach raibh deannach i do chuid gruaige?"
"and was there not dust in your hair?"
"Tá tú tar éis breathnú go maith, tá gach rud feicthe agat"
"You have observed well, you have seen everything"
"Tá Siddhartha, mac Brahman feicthe agat"

"You have seen Siddhartha, the son of a Brahman"
"an Brahman a d'fhág a bhaile le bheith ina Samana"
"the Brahman who has left his home to become a Samana"
"an Brahman atá ina Samana le trí bliana"
"the Brahman who has been a Samana for three years"
"Ach anois, d'fhág mé an cosán sin agus tháinig mé isteach sa chathair"
"But now, I have left that path and came into this city"
"Agus an chéad cheann a bhuail mé, fiú sula ndeachaigh mé isteach sa chathair, bhí tú"
"and the first one I met, even before I had entered the city, was you"
"Chun é seo a rá, tá mé tagtha chugat, OH Kamala!"
"To say this, I have come to you, oh Kamala!"
"roimh, thug Siddhartha aghaidh ar gach bean lena súile go talamh"
"before, Siddhartha addressed all woman with his eyes to the ground"
"Is tusa an chéad bhean ar a dtugaim aghaidh ar shlí eile"
"You are the first woman whom I address otherwise"
"Níor mhaith liom mo shúile a chasadh go talamh"
"Never again do I want to turn my eyes to the ground"
"Ní chasfaidh mé agus mé ag teacht trasna ar bhean álainn"
"I won't turn when I'm coming across a beautiful woman"
Rinne Kamala aoibh agus d'imir sí lena lucht leanúna de chleití peacocks
Kamala smiled and played with her fan of peacocks' feathers
"Agus amháin a insint dom seo, tá Siddhartha teacht chugam?"
"And only to tell me this, Siddhartha has come to me?"
"Chun é seo a insint duit agus buíochas a ghabháil leat as a bheith chomh hálainn"
"To tell you this and to thank you for being so beautiful"
"Ba mhaith liom iarraidh ort a bheith i mo chara agus múinteoir"
"I would like to ask you to be my friend and teacher"

"óir níl a fhios agam fós ar an ealaín sin atá máistreacht agat"
"for I know nothing yet of that art which you have mastered"
Ag seo, gáire Kamala os ard
At this, Kamala laughed aloud
"Níor tharla sé seo riamh dom, a chara"
"Never before this has happened to me, my friend"
"Tháinig Samana ón bhforaois chugam agus theastaigh uaidh foghlaim uaim!"
"a Samana from the forest came to me and wanted to learn from me!"
"Níor tharla sé seo riamh dom"
"Never before this has happened to me"
"Tháinig Samana chugam le gruaig fhada agus sean-éadach stróicthe!"
"a Samana came to me with long hair and an old, torn loincloth!"
"Tagann go leor fir óga chugam"
"Many young men come to me"
"agus tá clann mhac Brahmans ina measc freisin"
"and there are also sons of Brahmans among them"
"ach tagann siad in éadaí álainn"
"but they come in beautiful clothes"
"tagann siad i mbróga míne"
"they come in fine shoes"
"tá cumhrán ina gcuid gruaige
"they have perfume in their hair
"agus tá airgead ina bpúitsí"
"and they have money in their pouches"
"Seo mar atá na fir óga, a thagann chugam"
"This is how the young men are like, who come to me"
Labhair Siddhartha, "Cheana féin tá mé ag tosú ag foghlaim uait"
Spoke Siddhartha, "Already I am starting to learn from you"
"Fiú inné, bhí mé ag foghlaim cheana féin"
"Even yesterday, I was already learning"
"Tá mé tar éis éirí de mo chuid féasóg cheana féin"

"I have already taken off my beard"
"Chíor mé an ghruaig"
"I have combed the hair"
"agus tá ola i mo chuid gruaige"
"and I have oil in my hair"
"Is beag atá in easnamh orm fós"
"There is little which is still missing in me"
"oh ceann den scoth, éadaí míne, bróga míne, airgead i mo phúca"
"oh excellent one, fine clothes, fine shoes, money in my pouch"
"Beidh a fhios agat go bhfuil spriocanna níos deacra leagtha síos ag Siddhartha dó féin"
"You shall know Siddhartha has set harder goals for himself"
"agus tá na spriocanna seo bainte amach aige"
"and he has reached these goals"
"Conas nár cheart dom an sprioc sin a bhaint amach?"
"How shouldn't I reach that goal?"
"an sprioc a leag mé síos dom féin inné"
"the goal which I have set for myself yesterday"
"A bheith i do chara agus áthas an ghrá a fhoghlaim uait"
"to be your friend and to learn the joys of love from you"
"Feicfidh tú go bhfoghlaimeoidh mé go tapa, Kamala"
"You'll see that I'll learn quickly, Kamala"
"Tá rudaí níos deacra foghlamtha agam cheana ná na rudaí atá tú ceaptha a mhúineadh dom"
"I have already learned harder things than what you're supposed to teach me"
"Agus anois déanaimis é"
"And now let's get to it"
"Nach bhfuil tú sásta le Siddhartha mar atá sé?"
"You aren't satisfied with Siddhartha as he is?"
"le hola ina ghruaig, ach gan éadaí"
"with oil in his hair, but without clothes"
"Siddhartha gan bróga, gan airgead"
"Siddhartha without shoes, without money"
Ag gáire, exclaimed Kamala, "Níl, a stór"

Laughing, Kamala exclaimed, "No, my dear"
"Ní shásaíonn sé mé, go fóill"
"he doesn't satisfy me, yet"
"Is é éadaí a chaithfidh a bheith aige"
"Clothes are what he must have"
"éadaí deasa, agus bróga atá de dhíth air"
"pretty clothes, and shoes is what he needs"
"bróga deasa, agus go leor airgid ina phúca"
"pretty shoes, and lots of money in his pouch"
"agus caithfidh sé bronntanais a bheith aige do Kamala"
"and he must have gifts for Kamala"
"An bhfuil a fhios agat anois é, Samana ón bhforaois?"
"Do you know it now, Samana from the forest?"
"An ndearna tú marc ar mo chuid focal?"
"Did you mark my words?"
"Sea, tá mé marcáilte do chuid focal," exclaimed Siddhartha
"Yes, I have marked your words," Siddhartha exclaimed
"Conas nár cheart dom focail a thagann as a leithéid de bhéal a mharcáil!"
"How should I not mark words which are coming from such a mouth!"
"Tá do bhéal cosúil le fige úr scáinte, Kamala"
"Your mouth is like a freshly cracked fig, Kamala"
"Tá mo bhéal dearg agus úr freisin"
"My mouth is red and fresh as well"
"Beidh sé ina chluiche oiriúnach duitse, feicfidh tú"
"it will be a suitable match for yours, you'll see"
"Ach inis dom, Kamala álainn"
"But tell me, beautiful Kamala"
"Nach bhfuil eagla ort ar chor ar bith roimh an Samana ón bhforaois""
"aren't you at all afraid of the Samana from the forest""
"an Samana a tháinig chun foghlaim conas grá a dhéanamh"
"the Samana who has come to learn how to make love"
"Cibé rud ar chóir eagla a bheith orm roimh Samana?"
"Whatever for should I be afraid of a Samana?"

"Samana dúr as an bhforaois"
"a stupid Samana from the forest"
"Samána atá ag teacht ó na seacail"
"a Samana who is coming from the jackals"
"Samana nach bhfuil a fhios aige fós cad iad na mná?"
"a Samana who doesn't even know yet what women are?"
"Ó, tá sé láidir, an Samana"
"Oh, he's strong, the Samana"
"agus níl eagla air roimh rud ar bith"
"and he isn't afraid of anything"
"D'fhéadfadh sé iallach a chur ort, a chailín álainn"
"He could force you, beautiful girl"
"D'fhéadfadh sé tú a fuadach agus tú a ghortú"
"He could kidnap you and hurt you"
"Ní hea, Samana, níl eagla orm faoi seo"
"No, Samana, I am not afraid of this"
"An raibh eagla ar aon Samana nó Brahman riamh go dtiocfadh duine éigin agus greim a fháil air?"
"Did any Samana or Brahman ever fear someone might come and grab him?"
"An bhféadfadh eagla a bheith air go ngoidfeadh duine éigin a chuid foghlama?
"could he fear someone steals his learning?
"an bhféadfadh aon duine a dhiamhas creidimh a ghlacadh"
"could anyone take his religious devotion"
"an bhfuil sé indéanta a dhoimhneacht smaoinimh a ghlacadh?
"is it possible to take his depth of thought?"
"Ní hea, mar is leis féin na nithe seo"
"No, because these things are his very own"
"ní thabharfadh sé ach an t-eolas atá sé toilteanach a thabhairt"
"he would only give away the knowledge he is willing to give"
"ní thabharfadh sé ach dóibh siúd a bhfuil sé sásta a thabhairt dóibh"
"he would only give to those he is willing to give to"

"go díreach mar seo tá sé le Kamala freisin"
"precisely like this it is also with Kamala"
"Agus é mar an gcéanna le pléisiúir an ghrá"
"and it is the same way with the pleasures of love"
"Tá álainn agus dearg béal Kamala," fhreagair Siddhartha
"Beautiful and red is Kamala's mouth," answered Siddhartha
"Ach ná déan iarracht é a phógadh i gcoinne thoil Kamala"
"but don't try to kiss it against Kamala's will"
"mar ní bhfaighidh tú braon amháin milseachta uaidh"
"because you will not obtain a single drop of sweetness from it"
"Tá tú ag foghlaim go héasca, Siddhartha"
"You are learning easily, Siddhartha"
"Ba cheart duit é seo a fhoghlaim freisin"
"you should also learn this"
"Is féidir grá a fháil ag impí, ag ceannach"
"love can be obtained by begging, buying"
"Is féidir leat é a fháil mar bhronntanas"
"you can receive it as a gift"
"nó is féidir leat é a fháil sa tsráid"
"or you can find it in the street"
"Ach ní féidir grá a ghoid"
"but love cannot be stolen"
"Anso, tá tú tar éis teacht suas leis an gcosán mícheart"
"In this, you have come up with the wrong path"
"Ba mhór an trua dá mbeifeá ag iarraidh dul i ngleic le grá ar bhealach mícheart"
"it would be a pity if you would want to tackle love in such a wrong manner"
Siddhartha bowed le gáire
Siddhartha bowed with a smile
"Ba mhór an trua, Kamala, tá an ceart agat"
"It would be a pity, Kamala, you are so right"
"Ba mhór an trua é"
"It would be such a great pity"
"Ní chaillfidh mé braon amháin milseacht as do bhéal"

"No, I shall not lose a single drop of sweetness from your mouth"
"Ní chaillfidh tú binneas as mo bhéal"
"nor shall you lose sweetness from my mouth"
"Mar sin, tá sé aontaithe. Beidh Siddhartha ar ais"
"So it is agreed. Siddhartha will return"
"Beidh Siddhartha ar ais nuair a bheidh sé cad in easnamh go fóill"
"Siddhartha will return once he has what he still lacks"
"Tiocfaidh sé ar ais le héadaí, bróga, agus airgead"
"he will come back with clothes, shoes, and money"
"Ach labhair, a Kamala álainn, nach bhféadfá comhairle bheag amháin a thabhairt dom fós?"
"But speak, lovely Kamala, couldn't you still give me one small advice?"
"Tabhair comhairle duit? Cén fáth nach bhfuil?"
"Give you an advice? Why not?"
"Cé nár mhaith leis comhairle a thabhairt do Samana bocht aineolach?"
"Who wouldn't like to give advice to a poor, ignorant Samana?"
"A Kamala, a chara, cén áit ar cheart dom dul chun na trí rud seo a aimsiú is tapúla?"
"Dear Kamala, where I should go to find these three things most quickly?"
"A chara, ba mhaith le go leor fios a bheith acu seo"
"Friend, many would like to know this"
"Caithfidh tú a bhfuil foghlamtha agat a dhéanamh agus airgead a iarraidh"
"You must do what you've learned and ask for money"
"Níl slí eile ag an bhfear bocht airgead a fháil"
"There is no other way for a poor man to obtain money"
"Cad a d'fhéadfadh tú a bheith in ann a dhéanamh?"
"What might you be able to do?"
"Is féidir liom smaoineamh. Is féidir liom fanacht. Is féidir liom go tapa "a dúirt Siddhartha

"I can think. I can wait. I can fast" said Siddhartha
"Ní dhéanfaidh aon ní eile?" a d'fhiafraigh Kamala
"Nothing else?" asked Kamala
"Sea, is féidir liom filíocht a scríobh freisin"
"yes, I can also write poetry"
"Ar mhaith leat póg a thabhairt dom ar dhán?"
"Would you like to give me a kiss for a poem?"
"Ba mhaith liom, más maith liom do dhán"
"I would like to, if I like your poem"
"Cad é a theideal?"
"What would be its title?"
Labhair Siddhartha, tar éis dó smaoineamh air ar feadh nóiméad
Siddhartha spoke, after he had thought about it for a moment
"Isteach ina gairdín scáthúil sheas an Kamala deas"
"Into her shady garden stepped the pretty Kamala"
"Ag bealach isteach an ghairdín sheas an Samana donn"
"At the garden's entrance stood the brown Samana"
"Go mór, go bhfaca bláth an Lotus, chrom an fear sin"
"Deeply, seeing the lotus's blossom, Bowed that man"
"agus ag gáire, ghabh Kamala buíochas leis"
"and smiling, Kamala thanked him"
"Níos áille, a cheap an t-óganach, ná ofrálacha do dhéithe"
"More lovely, thought the young man, than offerings for gods"
Bhuail Kamala a lámha chomh hard sin gur chlaon na bráisléid órga
Kamala clapped her hands so loud that the golden bracelets clanged
"Go h-álainn do rannta, a Shéamain donn"
"Beautiful are your verses, oh brown Samana"
"agus go fírinneach, níl aon rud á chailliúint agam nuair a thugaim póg duit dóibh"
"and truly, I'm losing nothing when I'm giving you a kiss for them"
Beckoned sí dó lena súile
She beckoned him with her eyes

chlaon sé a cheann ionas gur bhain a aghaidh léi
he tilted his head so that his face touched hers
agus chuir sé a bhéal ar a béal
and he placed his mouth on her mouth
an béal a bhí cosúil le fige úr scáinte
the mouth which was like a freshly cracked fig
Ar feadh i bhfad, phóg Kamala é
For a long time, Kamala kissed him
agus le astonishment domhain bhraith Siddhartha conas a mhúin sí dó
and with a deep astonishment Siddhartha felt how she taught him
mhothaigh sé cé chomh ciallmhar agus a bhí sí
he felt how wise she was
bhraith sé conas a rialú sí air
he felt how she controlled him
bhraith sé conas a dhiúltaigh sí dó
he felt how she rejected him
bhraith sé conas a lured sí air
he felt how she lured him
agus mhothaigh sé conas a bhí póga níos mó
and he felt how there were to be more kisses
bhí gach póg difriúil ó na cinn eile
every kiss was different from the others
bhí sé fós, nuair a fuair sé na póga
he was still, when he received the kisses
Ag anáil go domhain, d'fhan sé ina sheasamh san áit a raibh sé
Breathing deeply, he remained standing where he was
bhí ionadh air mar leanbh faoi na rudaí is fiú a fhoghlaim
he was astonished like a child about the things worth learning
nocht an t-eolas é féin os comhair a shúl
the knowledge revealed itself before his eyes
"An-álainn atá do chuid véarsaí" a dúirt Kamala
"Very beautiful are your verses" exclaimed Kamala
"Dá mbeinn saibhir, thabharfainn píosaí óir duit dóibh"

"if I were rich, I would give you pieces of gold for them"
"Ach beidh sé deacair duit go leor airgid a thuilleamh le véarsaí"
"But it will be difficult for you to earn enough money with verses"
"toisc go dteastaíonn a lán airgid uait, más mian leat a bheith i do chara le Kamala"
"because you need a lot of money, if you want to be Kamala's friend"
"An bealach a bhfuil tú in ann póg, Kamala!" stammered Siddhartha
"The way you're able to kiss, Kamala!" stammered Siddhartha
"Sea, is féidir liom é seo a dhéanamh"
"Yes, this I am able to do"
"dá bhrí sin níl easpa éadaí, bróga, bráisléid orm"
"therefore I do not lack clothes, shoes, bracelets"
"Tá na rudaí áille agam"
"I have all the beautiful things"
"Ach cad a bheidh de tú?"
"But what will become of you?"
"Nach bhfuil tú in ann aon rud eile a dhéanamh?"
"Aren't you able to do anything else?"
"An féidir leat níos mó a dhéanamh ná smaoineamh, go tapa, agus filíocht a dhéanamh?"
"can you do more than think, fast, and make poetry?"
"Tá a fhios agam freisin na hamhráin sacrificial" a dúirt Siddhartha
"I also know the sacrificial songs" said Siddhartha
"ach níl mé ag iarraidh na hamhráin sin a chanadh a thuilleadh"
"but I do not want to sing those songs anymore"
"Tá a fhios agam freisin conas geasa draíochta a dhéanamh"
"I also know how to make magic spells"
"ach nior mhaith liom iad a labhairt a thuilleadh"
"but I do not want to speak them anymore"
"Tá na scrioptúr léite agam"

"I have read the scriptures"
"Stop!" Chuir Kamala isteach air
"Stop!" Kamala interrupted him
"Tá tú in ann léamh agus scríobh?"
"You're able to read and write?"
"Cinnte, is féidir liom é seo a dhéanamh, is féidir le go leor daoine"
"Certainly, I can do this, many people can"
"Ní féidir leis an gcuid is mó daoine," d'fhreagair Kamala
"Most people can't," Kamala replied
"Tá mé ar cheann acu siúd nach bhfuil in ann é a dhéanamh freisin"
"I am also one of those who can't do it"
"Tá sé an-mhaith go bhfuil tú in ann léamh agus scríobh"
"It is very good that you're able to read and write"
"Beidh tú in úsáid freisin do na geasa draíochta"
"you will also find use for the magic spells"
Sa nóiméad seo, tháinig maid ag rith isteach
In this moment, a maid came running in
whispered sí teachtaireacht isteach i gcluas a máistreás
she whispered a message into her mistress's ear
"Tá cuairteoir ann dom" a dúirt Kamala
"There's a visitor for me" exclaimed Kamala
"Déan deifir agus bain leat féin, Siddhartha"
"Hurry and get yourself away, Siddhartha"
"Ní fhéadfaidh aon duine tú a fheiceáil anseo, cuimhnigh seo!"
"nobody may see you in here, remember this!"
"Amárach, feicfidh mé arís thú"
"Tomorrow, I'll see you again"
D'ordaigh Kamala dá maid éadaí bána a thabhairt do Siddhartha
Kamala ordered her maid to give Siddhartha white garments
agus ansin fuair Siddhartha é féin á tharraingt ar shiúl ag an maid

and then Siddhartha found himself being dragged away by the maid
tugadh isteach i dteach gairdín é as radharc aon chosáin
he was brought into a garden-house out of sight of any paths
ansin tugadh isteach i toir an ghairdín é
then he was led into the bushes of the garden
áitíodh air é féin a fháil amach as an ghairdín chomh luath agus ab fhéidir
he was urged to get himself out of the garden as soon as possible
agus dúradh leis nach mór é a fheiceáil
and he was told he must not be seen
rinne sé mar a dúradh leis
he did as he had been told
bhí sé i dtaithí ar an bhforaois
he was accustomed to the forest
mar sin d'éirigh leis dul amach gan fuaim a dhéanamh
so he managed to get out without making a sound

d'fhill sé ar an gcathair agus na baill éadaigh rollta suas faoina lámh aige
he returned to the city carrying the rolled up garments under his arm
Ag an teach ósta, áit a bhfanann an lucht siúil, shuigh sé é féin ag an doras
At the inn, where travellers stay, he positioned himself by the door
gan focail d'iarr sé bia
without words he asked for food
gan focal ghlac sé le píosa ríse-císte
without a word he accepted a piece of rice-cake
smaoinigh sé ar conas a d'impigh sé i gcónaí
he thought about how he had always begged
"B'fhéidir a luaithe is amárach ní iarrfaidh mé bia ar éinne níos mó"
"Perhaps as soon as tomorrow I will ask no one for food anymore"

Go tobann, las bród suas i dó
Suddenly, pride flared up in him
Ní Samana a bhí ann níos mó
He was no Samana any more
ní raibh sé feiliúnach a thuilleadh dó a bheith ag iarraidh bia
it was no longer appropriate for him to beg for food
thug sé an rís-císte do mhadra
he gave the rice-cake to a dog
agus d'fhan sé gan biadh an oidhche sin
and that night he remained without food
Shíl Siddhartha leis féin faoin gcathair
Siddhartha thought to himself about the city
"Is simplí an saol a threoraíonn daoine sa saol seo"
"Simple is the life which people lead in this world"
"ní chruthaíonn an saol seo aon deacrachtaí"
"this life presents no difficulties"
"Bhí gach rud deacair agus toilsome nuair a bhí mé i Samana"
"Everything was difficult and toilsome when I was a Samana"
"Mar Samana bhí gach rud gan dóchas"
"as a Samana everything was hopeless"
"Ach anois tá gach rud éasca"
"but now everything is easy"
"Tá sé éasca cosúil le ceacht an phógadh ó Kamala"
"it is easy like the lesson in kissing from Kamala"
"Tá éadaí agus airgead de dhíth orm, rud ar bith eile"
"I need clothes and money, nothing else"
"tá na spriocanna seo beag agus insroichte"
"these goals are small and achievable"
"Ní dhéanfaidh a leithéid de spriocanna do dhuine codladh ar bith"
"such goals won't make a person lose any sleep"

an lá arna mhárach d'fhill sé ar theach Kamala
the next day he returned to Kamala's house
"Tá ag éirí go maith le rudaí" a ghlaoigh sí air

"Things are working out well" she called out to him
"Tá siad ag súil leat ag Kamaswami's"
"They are expecting you at Kamaswami's"
"sé an ceannaí is saibhre sa chathair"
"he is the richest merchant of the city"
"Má thaitníonn sé leat, glacfaidh sé isteach ina sheirbhís thú"
"If he likes you, he'll accept you into his service"
"Ach caithfidh tú a bheith cliste, Samana donn"
"but you must be smart, brown Samana"
"Bhí daoine eile agam ag insint dó fút"
"I had others tell him about you"
"Bí dea-bhéasach leis, tá sé an-chumhachtach"
"Be polite towards him, he is very powerful"
"Ach tugaim rabhadh duit, ná bí ró-bheag!"
"But I warn you, don't be too modest!"
"Ní ba mhaith liom tú a bheith a sheirbhíseach"
"I do not want you to become his servant"
"Beidh tú mar a chomhionann"
"you shall become his equal"
"nó eile ní bheidh mé sásta leat"
"or else I won't be satisfied with you"
"Tá Kamaswami ag dul in aois agus leisciúil"
"Kamaswami is starting to get old and lazy"
"Má thaitníonn sé leat, cuirfidh sé a lán iontaoibh ionat"
"If he likes you, he'll entrust you with a lot"
Siddhartha buíochas léi agus gáire
Siddhartha thanked her and laughed
fuair sí amach nár ith sé
she found out that he had not eaten
mar sin chuir sí arán agus torthaí chuige
so she sent him bread and fruits
"Tá an t-ádh ort" a dúirt sí nuair a scar siad
"You've been lucky" she said when they parted
"Tá mé ag oscailt doras amháin i ndiaidh a chéile duit"
"I'm opening one door after another for you"

"Conas teacht? An bhfuil geasa agat?"
"How come? Do you have a spell?"
"Dúirt mé leat go raibh a fhios agam conas smaoineamh, fanacht, agus troscadh"
"I told you I knew how to think, to wait, and to fast"
"ach cheap tú nach raibh sé seo úsáideach"
"but you thought this was of no use"
"Ach tá sé úsáideach do go leor rudaí"
"But it is useful for many things"
"Kamala, feicfidh tú go bhfuil na Samanas dúr go maith ag foghlaim"
"Kamala, you'll see that the stupid Samanas are good at learning"
"Feicfidh tú go bhfuil siad in ann a lán rudaí deasa a dhéanamh san fhoraois"
"you'll see they are able to do many pretty things in the forest"
"rudaí nach bhfuil a leithéidí daoibh in ann a dhéanamh"
"things which the likes of you aren't capable of"
"An lá roimh inné, bhí mé fós i mo bhacach shaggy"
"The day before yesterday, I was still a shaggy beggar"
"chomh déanaí agus inné phóg mé Kamala"
"as recently as yesterday I have kissed Kamala"
"agus go luath beidh mé i mo cheannaí agus airgead agam"
"and soon I'll be a merchant and have money"
"agus beidh na rudaí sin go léir agam a áitíonn tú"
"and I'll have all those things you insist upon"
"Bhuel tá," admhaigh sí, "ach cá mbeadh tú gan mise?"
"Well yes," she admitted, "but where would you be without me?"
"Cad é a mbeifeása, mura mbeadh Kamala ag cabhrú leat?"
"What would you be, if Kamala wasn't helping you?"
"A chara Kamala" a dúirt Siddhartha
"Dear Kamala" said Siddhartha
agus dhírigh sé suas go dtí a airde iomlán
and he straightened up to his full height

"Nuair a tháinig mé chugat isteach i do ghairdín, rinne mé an chéad chéim"
"when I came to you into your garden, I did the first step"
"Bhí sé de rún agam grá a fhoghlaim ón mbean is áille seo"
"It was my resolution to learn love from this most beautiful woman"
"an nóiméad sin a rinne mé an rún seo"
"that moment I had made this resolution"
"agus bhí fhios agam go ndéanfainn é"
"and I knew I would carry it out"
"Bhí a fhios agam go gcabhródh tú liom"
"I knew that you would help me"
"ar do chéad amharc ag bealach isteach an ghairdín bhí a fhios agam cheana féin"
"at your first glance at the entrance of the garden I already knew it"
"Ach cad más rud é nach raibh mé sásta?" a d'fhiafraigh Kamala
"But what if I hadn't been willing?" asked Kamala
"Bhí tú sásta" d'fhreagair Siddhartha
"You were willing" replied Siddhartha
"Nuair a chaitheann tú carraig isteach san uisce, tógann sé an cúrsa is tapúla go dtí an bun"
"When you throw a rock into water, it takes the fastest course to the bottom"
"Seo mar atá sé nuair a bhíonn sprioc ag Siddhartha"
"This is how it is when Siddhartha has a goal"
"Ní dhéanann Siddhartha rud ar bith; fanann sé, dar leis, fasts sé"
"Siddhartha does nothing; he waits, he thinks, he fasts"
"ach téann sé trí rudaí an domhain mar charraig trí uisce"
"but he passes through the things of the world like a rock through water"
"Chuaigh sé tríd an uisce gan aon rud a dhéanamh"
"he passed through the water without doing anything"
"tá sé tarraingthe go bun an uisce"

"he is drawn to the bottom of the water"
"Ligeann sé é féin go bun an uisce"
"he lets himself fall to the bottom of the water"
"Meallann a sprioc chuige"
"His goal attracts him towards it"
"Ní ligeann sé aon rud isteach ina anam a d'fhéadfadh cur i gcoinne an sprioc"
"he doesn't let anything enter his soul which might oppose the goal"
"Seo a d'fhoghlaim Siddhartha i measc na Samána"
"This is what Siddhartha has learned among the Samanas"
"Seo an rud a thugann amaidí air draíocht"
"This is what fools call magic"
"Ceapann siad go bhfuil sé déanta ag deamhan"
"they think it is done by daemons"
"ach ní dhéanann daemons faic"
"but nothing is done by daemons"
"níl aon deamhan sa saol seo"
"there are no daemons in this world"
"Is féidir le gach duine draíocht a dhéanamh, má roghnaíonn siad"
"Everyone can perform magic, should they choose to"
"Is féidir le gach duine a chuid spriocanna a bhaint amach má tá sé in ann smaoineamh"
"everyone can reach his goals if he is able to think"
"Is féidir le gach duine a chuid spriocanna a bhaint amach má tá sé in ann fanacht"
"everyone can reach his goals if he is able to wait"
"Is féidir le gach duine a chuid spriocanna a bhaint amach má tá sé in ann troscadh"
"everyone can reach his goals if he is able to fast"
Kamala éist leis; bhí grá aici dá ghuth
Kamala listened to him; she loved his voice
grá sí an cuma óna súile
she loved the look from his eyes
"B'fhéidir go bhfuil sé mar a déarfá, a chara"

"Perhaps it is as you say, friend"
"Ach b'fhéidir go bhfuil míniú eile"
"But perhaps there is another explanation"
"Is fear dathúil é Siddhartha"
"Siddhartha is a handsome man"
"Taitníonn a radharc na mná"
"his glance pleases the women"
"Tagann dea-ádh ina leith mar gheall air seo"
"good fortune comes towards him because of this"
Le póg amháin, thairg Siddhartha slán
With one kiss, Siddhartha bid his farewell
"Is mian liom gur mar seo a bheadh sé, a mhúinteoir"
"I wish that it should be this way, my teacher"
"Ba mhaith liom go dtaitneoidh mo shúil leat"
"I wish that my glance shall please you"
"Is mian liom go dtabharfaidh tú dea-ádh orm i gcónaí"
"I wish that that you always bring me good fortune"

Leis na Daoine Leanbh
With the Childlike People

Chuaigh Siddhartha go Kamaswami an ceannaí
Siddhartha went to Kamaswami the merchant
treoraíodh é isteach i dteach saibhir
he was directed into a rich house
threoraigh seirbhísigh é idir cairpéid lómhara isteach i seomra
servants led him between precious carpets into a chamber
sa seomra bhí an áit a raibh sé ag fanacht le máistir an tí
in the chamber was where he awaited the master of the house
Chuaigh Kamaswami isteach go tapa sa seomra
Kamaswami entered swiftly into the room
fear réidh a bhí ann
he was a smoothly moving man
bhí gruaig an-liath air agus súile an-chliste, aireach
he had very gray hair and very intelligent, cautious eyes
agus bhí béal ramhar aige
and he had a greedy mouth
Go béasach, bheannaigh an t-óstach agus an t-aoi dá chéile
Politely, the host and the guest greeted one another
"Tá sé curtha in iúl dom gur Brahman tú" thosaigh an ceannaí
"I have been told that you were a Brahman" the merchant began
"Tá sé curtha in iúl dom gur fear foghlamtha tú"
"I have been told that you are a learned man"
"agus dúradh liom rud éigin eile freisin"
"and I have also been told something else"
"tá tú ag iarraidh a bheith i seirbhís ceannaí"
"you seek to be in the service of a merchant"
"An bhféadfadh tú a bheith i mbaol, a Brahman, ionas go mbeidh tú ag iarraidh fónamh?"
"Might you have become destitute, Brahman, so that you seek to serve?"
"Ní hea," a dúirt Siddhartha, "níl mé imithe i léig"

"No," said Siddhartha, "I have not become destitute"
"ná ní raibh mé riamh i mbaol" a dúirt Siddhartha
"nor have I ever been destitute" added Siddhartha
"Ba chóir go mbeadh a fhios agat go bhfuil mé ag teacht ó na Samanas"
"You should know that I'm coming from the Samanas"
"Tá mé i mo chónaí leo le fada"
"I have lived with them for a long time"
"Tá tú ag teacht ó na Samanas"
"you are coming from the Samanas"
"Conas a d'fhéadfadh tú a bheith rud ar bith ach dealbh?"
"how could you be anything but destitute?"
"Nach bhfuil na Samanas go hiomlán gan sealúchais?"
"Aren't the Samanas entirely without possessions?"
"Tá mé gan sealúchais, más é sin cad atá i gceist agat" a dúirt Siddhartha
"I am without possessions, if that is what you mean" said Siddhartha
"Ach táim gan sealúchais go deonach"
"But I am without possessions voluntarily"
"agus mar sin níl mé i mbaol"
"and therefore I am not destitute"
"Ach cad as a bhfuil sé beartaithe agat maireachtáil, a bheith gan sealúchais?"
"But what are you planning to live from, being without possessions?"
"Níor smaoinigh mé air seo go fóill, a dhuine uasail"
"I haven't thought of this yet, sir"
"Ar feadh níos mó ná trí bliana, tá mé gan sealúchais"
"For more than three years, I have been without possessions"
"agus níor smaoinigh mé riamh ar cad ba cheart dom a bheith beo"
"and I have never thought about of what I should live"
"Mar sin tá cónaí ort as sealúchais daoine eile"
"So you've lived of the possessions of others"
"Is dócha, is é seo an chaoi a bhfuil sé?"

"Presumable, this is how it is?"
"Bhuel, maireann ceannaithe freisin de na rudaí atá ag daoine eile"
"Well, merchants also live of what other people own"
"Bhuel a dúirt," deonaíodh an ceannaí
"Well said," granted the merchant
"Ach ní thógfadh sé rud ar bith ó dhuine eile"
"But he wouldn't take anything from another person for nothing"
"thabharfadh sé a chuid marsantas mar chúiteamh" a dúirt Kamaswami
"he would give his merchandise in return" said Kamaswami
"Mar sin dealraíonn sé a bheith go deimhin"
"So it seems to be indeed"
"Glacann gach duine, tugann gach duine, is é sin an saol"
"Everyone takes, everyone gives, such is life"
"Ach mura miste leat mé a chur, tá ceist agam"
"But if you don't mind me asking, I have a question"
"A bheith gan sealúchais, cad ba mhaith leat a thabhairt?"
"being without possessions, what would you like to give?"
"Tugann gach duine a bhfuil aige"
"Everyone gives what he has"
"Tugann an laoch neart"
"The warrior gives strength"
"Tugann an ceannaí marsantas"
"the merchant gives merchandise"
"Tugann an múinteoir teagasc"
"the teacher gives teachings"
"Tugann an feirmeoir rís"
"the farmer gives rice"
"Tugann an t-iascaire iasc"
"the fisher gives fish"
"Tá go deimhin. Agus cad é atá ort a thabhairt?"
"Yes indeed. And what is it that you've got to give?"
"Cad é atá foghlamtha agat?"
"What is it that you've learned?"

"cad atá tú in ann a dhéanamh?"
"what you're able to do?"
"Is féidir liom smaoineamh. Is féidir liom fanacht. Is féidir liom go tapa"
"I can think. I can wait. I can fast"
"Sin é gach rud?" a d'fhiafraigh Kamaswami
"That's everything?" asked Kamaswami
"Creidim go bhfuil gach rud ann!"
"I believe that is everything there is!"
"Agus cad é an úsáid a bhaint as sin?"
"And what's the use of that?"
"Mar shampla; troscadh. Cad dó atá go maith?"
"For example; fasting. What is it good for?"
"Tá sé an-mhaith, a dhuine uasail"
"It is very good, sir"
"Tá amanna ann nach mbíonn aon rud le hithe ag duine"
"there are times a person has nothing to eat"
"Ansin is é an troscadh an rud is cliste is féidir leis a dhéanamh"
"then fasting is the smartest thing he can do"
"Bhí am ann nár fhoghlaim Siddhartha troscadh"
"there was a time where Siddhartha hadn't learned to fast"
"san am seo bhí air glacadh le haon chineál seirbhíse"
"in this time he had to accept any kind of service"
"toisc go gcuirfeadh an t-ocras iachall air glacadh leis an tseirbhís"
"because hunger would force him to accept the service"
"Ach mar seo, is féidir Siddhartha fanacht go socair"
"But like this, Siddhartha can wait calmly"
"níl aon impí air, níl aon éigeandáil ar eolas aige"
"he knows no impatience, he knows no emergency"
"ar feadh i bhfad is féidir leis an ocras a chur faoi léigear"
"for a long time he can allow hunger to besiege him"
"agus is féidir leis gáire a dhéanamh faoin ocras"
"and he can laugh about the hunger"
"Seo, a dhuine uasail, is maith an troscadh"

"This, sir, is what fasting is good for"
"Tá an ceart agat, Samana" a d'admhaigh Kamaswami
"You're right, Samana" acknowledged Kamaswami
"Fan ar feadh nóiméad" a d'fhiafraigh sé dá aoi
"Wait for a moment" he asked of his guest
D'fhág Kamaswami an seomra agus d'fhill sé le scrolla
Kamaswami left the room and returned with a scroll
thug sé an scrolla do Shiddhartha agus d'iarr air é a léamh
he handed Siddhartha the scroll and asked him to read it
Siddhartha fhéach sé ar an scrollbharra láimh dó
Siddhartha looked at the scroll handed to him
scríobhadh conradh díolacháin ar an scrolla
on the scroll a sales-contract had been written
thosaigh sé ag léamh amach ábhar an scrolla
he began to read out the scroll's contents
Bhí Kamaswami thar a bheith sásta le Siddhartha
Kamaswami was very pleased with Siddhartha
"An scríobhfá rud éigin dom ar an bpíosa páipéir seo?"
"would you write something for me on this piece of paper?"
Thug sé píosa páipéir agus peann dó
He handed him a piece of paper and a pen
Siddhartha scríobh, agus ar ais an páipéar
Siddhartha wrote, and returned the paper
Léigh Kamaswami, "Tá an scríbhneoireacht go maith, tá smaoineamh níos fearr"
Kamaswami read, "Writing is good, thinking is better"
"Is maith a bheith cliste, is fearr a bheith foighneach"
"Being smart is good, being patient is better"
"Tá sé ar fheabhas mar atá tú in ann scríobh" a mhol an ceannaí dó
"It is excellent how you're able to write" the merchant praised him
"Is iomaí rud a bheidh le plé againn fós le chéile"
"Many a thing we will still have to discuss with one another"
"Do inniu, tá mé ag iarraidh ort a bheith i mo aoi"
"For today, I'm asking you to be my guest"

"Tig le do thoil chun cónaí sa teach seo"
"please come to live in this house"
Ghabh Siddhartha buíochas le Kamaswami agus ghlac sé lena thairiscint
Siddhartha thanked Kamaswami and accepted his offer
bhí cónaí air i dteach an déileálaí as seo amach
he lived in the dealer's house from now on
Tugadh éadaí dó, agus bróga
Clothes were brought to him, and shoes
agus gach lá, d'ullmhaigh seirbhíseach folcadh dó
and every day, a servant prepared a bath for him

Dhá uair sa lá, seirbheáladh béile flúirseach
Twice a day, a plentiful meal was served
ach Siddhartha ith ach uair amháin sa lá
but Siddhartha only ate once a day
agus níor ith sé feoil, agus níor ól sé fíon
and he ate neither meat, nor did he drink wine
D'inis Kamaswami dó faoina thrádáil
Kamaswami told him about his trade
thaispeáin sé na marsantas agus na seomraí stórála dó
he showed him the merchandise and storage-rooms
thaispeáin sé dó conas a rinneadh na ríomhanna
he showed him how the calculations were done
Chuir Siddhartha aithne ar a lán rudaí nua
Siddhartha got to know many new things
chuala sé go leor agus labhair sé beag
he heard a lot and spoke little
ach ní dhearna sé dearmad ar fhocail Kamala
but he did not forget Kamala's words
mar sin ní raibh sé fo-sheirbhíseach don cheannaí
so he was never subservient to the merchant
chuir sé iallach air caitheamh leis mar dhuine comhionann
he forced him to treat him as an equal
b'fhéidir gur chuir sé iallach air caitheamh leis mar dhuine cothrom
perhaps he forced him to treat him as even more than an equal

Rinne Kamaswami a ghnó go cúramach
Kamaswami conducted his business with care
agus bhí sé paiseanta faoina ghnó
and he was very passionate about his business
ach d'fhéach Siddhartha ar seo go léir amhail is dá mba cluiche é
but Siddhartha looked upon all of this as if it was a game
rinne sé dianiarracht rialacha an chluiche a fhoghlaim go beacht
he tried hard to learn the rules of the game precisely
ach níor bhain ábhar an chluiche lena chroí
but the contents of the game did not touch his heart
Ní raibh sé i dteach Kamaswami le fada
He had not been in Kamaswami's house for long
ach ba ghearr gur ghlac sé páirt i ngnó a thiarna talún
but soon he took part in his landlord's business

gach lá thug sé cuairt ar Kamala álainn
every day he visited beautiful Kamala
Bhí uair an chloig ceaptha ag Kamala dá gcruinnithe
Kamala had an hour appointed for their meetings
bhí éadaí deasa agus bróga breátha á gcaitheamh aici
she was wearing pretty clothes and fine shoes
agus gan mhoill thug sé bronntanais di chomh maith
and soon he brought her gifts as well
Go leor a d'fhoghlaim sé óna béal dearg, cliste
Much he learned from her red, smart mouth
Go leor a d'fhoghlaim sé óna lámh tairisceana, supple
Much he learned from her tender, supple hand
maidir le grá, bhí Siddhartha fós ina bhuachaill
regarding love, Siddhartha was still a boy
agus bhí an claonadh aige dul i ngrá go dall
and he had a tendency to plunge into love blindly
thit sé i lust mar isteach i clais bottomless
he fell into lust like into a bottomless pit
mhúin sí go maith dó, ag tosú leis na bunghnéithe
she taught him thoroughly, starting with the basics

ní féidir sásamh a bhaint as gan sásamh a thabhairt
pleasure cannot be taken without giving pleasure
gach gesture, gach caress, gach teagmháil, gach cuma
every gesture, every caress, every touch, every look
bhí a rún ag gach spota den chorp, is cuma cé chomh beag is a bhí sé
every spot of the body, however small it was, had its secret
thabharfadh na rúin sonas dóibh siúd a bhfuil aithne acu orthu
the secrets would bring happiness to those who know them
ní féidir le lovers scaradh óna chéile tar éis an grá a cheiliúradh
lovers must not part from one another after celebrating love
ní féidir leo scaradh gan duine ag meas an duine eile
they must not part without one admiring the other
caithfidh siad a bheith chomh buaite is a bhí an bua acu
they must be as defeated as they have been victorious
níor cheart do leannán ach an oiread tosú ag mothú tuirseach nó leamh
neither lover should start feeling fed up or bored
níor cheart dóibh an droch-mhothúchán a fháil ar a bheith maslach
they should not get the evil feeling of having been abusive
agus níor cheart go mothaíonn siad gur baineadh mí-úsáid astu
and they should not feel like they have been abused
Uaireanta iontacha a chaith sé leis an ealaíontóir álainn agus cliste
Wonderful hours he spent with the beautiful and smart artist
rinneadh a mac léinn, a leannán, a cara
he became her student, her lover, her friend
Anseo le Kamala bhí fiúntas agus cuspóir a shaoil reatha
Here with Kamala was the worth and purpose of his present life
ní raibh a chuspóir le gnó Kamaswami
his purpose was not with the business of Kamaswami

Fuair Siddhartha litreacha agus conarthaí tábhachtacha
Siddhartha received important letters and contracts
Thosaigh Kamaswami ag plé cúrsaí tábhachtacha leis
Kamaswami began discussing all important affairs with him
Chonaic sé go luath nach raibh mórán eolais ag Siddhartha faoi rís agus olann
He soon saw that Siddhartha knew little about rice and wool
ach chonaic sé gur ghníomhaigh sé ar bhealach ádh
but he saw that he acted in a fortunate manner
agus sháraigh Siddhartha air i calmness agus equanimity
and Siddhartha surpassed him in calmness and equanimity
sháraigh sé é in ealaín na tuisceana ar dhaoine nach raibh aithne orthu roimhe seo
he surpassed him in the art of understanding previously unknown people
Labhair Kamaswami faoi Siddhartha le cara
Kamaswami spoke about Siddhartha to a friend
"Ní ceannaí ceart é an Brahman seo"
"This Brahman is no proper merchant"
"ní bheidh sé ina cheannaí go deo"
"he will never be a merchant"
"Do ghnó ní bhíonn paisean riamh ina anam"
"for business there is never any passion in his soul"
"Ach tá cáilíocht mistéireach aige mar gheall air"
"But he has a mysterious quality about him"
"Tugann an cháilíocht seo rath ar gach rud leis féin"
"this quality brings success about all by itself"
"D'fhéadfadh sé a bheith ó Réalt maith a bhreithe"
"it could be from a good Star of his birth"
"nó d'fhéadfadh sé a bheith ina rud a d'fhoghlaim sé i measc Samanas"
"or it could be something he has learned among Samanas"
"Is cosúil nach bhfuil sé i gcónaí ach ag imirt lenár ngnóthaí"
"He always seems to be merely playing with our business-affairs"
"Ní bheidh a ghnó go hiomlán ina chuid de"

"his business never fully becomes a part of him"
"ní rialaíonn a ghnó riamh é"
"his business never rules over him"
"ní bhíonn eagla air roimh theip"
"he is never afraid of failure"
"ní bhíonn sé riamh trína chéile le caillteanas"
"he is never upset by a loss"
Chuir an cara comhairle ar an gceannaí
The friend advised the merchant
"Tabhair dó trian den bhrabús a dhéanann sé duit"
"Give him a third of the profits he makes for you"
"ach bíodh sé faoi dhliteanas freisin nuair a bhíonn caillteanais ann"
"but let him also be liable when there are losses"
"Ansin, beidh sé níos díograiseach"
"Then, he'll become more zealous"
Bhí Kamaswami fiosrach, agus lean sé an chomhairle
Kamaswami was curious, and followed the advice
Ach ní raibh mórán cúraim ag Siddhartha faoi chaillteanais nó brabúis
But Siddhartha cared little about loses or profits
Nuair a rinne sé brabús, ghlac sé leis go cothrom
When he made a profit, he accepted it with equanimity
nuair a rinne sé caillteanais, gáire sé é
when he made losses, he laughed it off
Dhealraigh sé go deimhin, amhail is dá mba nach raibh sé faoi chúram an ghnó
It seemed indeed, as if he did not care about the business
Ag am amháin, thaistil sé go dtí sráidbhaile
At one time, he travelled to a village
chuaigh sé ann a cheannach fómhar mór ríse
he went there to buy a large harvest of rice
Ach nuair a fuair sé ann, bhí an rís díolta cheana féin
But when he got there, the rice had already been sold
bhí ceannaí eile tar éis dul go dtí an sráidbhaile os a chomhair

another merchant had gotten to the village before him
Mar sin féin, d'fhan Siddhartha ar feadh roinnt laethanta sa sráidbhaile sin
Nevertheless, Siddhartha stayed for several days in that village
thug sé deoch do na feirmeoirí
he treated the farmers for a drink
thug sé boinn copair dá leanaí
he gave copper-coins to their children
chuaigh sé isteach i gceiliúradh bainise
he joined in the celebration of a wedding
agus d'fhill sé thar a bheith sásta óna turas
and he returned extremely satisfied from his trip
Bhí fearg ar Kamaswami gur chuir Siddhartha am agus airgead amú
Kamaswami was angry that Siddhartha had wasted time and money
Siddhartha fhreagair "Stop scolding, daor chara!"
Siddhartha answered "Stop scolding, dear friend!"
"Níor baineadh aon rud amach trí scolding"
"Nothing was ever achieved by scolding"
"Má tharla caillteanas, lig dom an caillteanas sin a iompar"
"If a loss has occurred, let me bear that loss"
"Tá mé an-sásta leis an turas seo"
"I am very satisfied with this trip"
"Tá aithne agam ar go leor cineálacha daoine"
"I have gotten to know many kinds of people"
"Tá Brahman ina chara agam"
"a Brahman has become my friend"
"Shuigh páistí ar mo ghlúin"
"children have sat on my knees"
"Thaispeáin feirmeoirí a gcuid páirceanna dom"
"farmers have shown me their fields"
"Ní raibh a fhios ag aon duine gur ceannaí mé"
"nobody knew that I was a merchant"
"Sin go léir an-deas," exclaimed Kamaswami indignantly

"That's all very nice," exclaimed Kamaswami indignantly
"ach go deimhin, is ceannaí tú tar éis an tsaoil"
"but in fact, you are a merchant after all"
"Nó nach raibh agat ach siubhal chun do shiamsa?"
"Or did you have only travel for your amusement?"
"ar ndóigh tá mé thaistil do mo spraoi" Siddhartha gáire
"of course I have travelled for my amusement" Siddhartha laughed
"Cad eile a thaistil mé?"
"For what else would I have travelled?"
"Tá aithne agam ar dhaoine agus ar áiteanna"
"I have gotten to know people and places"
"Fuair mé cineáltas agus muinín"
"I have received kindness and trust"
"Tá cairdeas aimsithe agam sa sráidbhaile seo"
"I have found friendships in this village"
"Dá mba Kamaswami mé, thaistilfinn ar ais gan stró"
"if I had been Kamaswami, I would have travelled back annoyed"
"Bheadh deifir orm chomh luath agus theip ar mo cheannach"
"I would have been in hurry as soon as my purchase failed"
"agus go deimhin bheadh am agus airgead caillte"
"and time and money would indeed have been lost"
"Ach mar seo, tá cúpla lá maith agam"
"But like this, I've had a few good days"
"D'fhoghlaim mé ó mo chuid ama ann"
"I've learned from my time there"
"agus bhí áthas orm ón taithí"
"and I have had joy from the experience"
"Níor dhein mé dochar dom féin ná do dhaoine eile trí chorraíl agus deifir"
"I've neither harmed myself nor others by annoyance and hastiness"
"Má fhillim go deo cuirfidh daoine cairdiúla fáilte romham"
"if I ever return friendly people will welcome me"

"Má fhilleann mé ag déanamh gnó cuirfidh daoine fáilte roimh dom freisin"
"if I return to do business friendly people will welcome me too"
"Molaim mé féin as gan aon deifir ná míshásamh a léiriú"
"I praise myself for not showing any hurry or displeasure"
"Mar sin, fág mar atá sé, a chara"
"So, leave it as it is, my friend"
"agus ná déan dochar duit féin trí scolding"
"and don't harm yourself by scolding"
"Má fheiceann tú Siddhartha harming féin, ansin labhairt liom"
"If you see Siddhartha harming himself, then speak with me"
"agus beidh Siddhartha dul ar a cosán féin"
"and Siddhartha will go on his own path"
"Ach go dtí sin, bímis sásta lena chéile"
"But until then, let's be satisfied with one another"
go raibh iarrachtaí an cheannaí a chur ina luí ar Siddhartha futile
the merchant's attempts to convince Siddhartha were futile
ní fhéadfadh sé a chur ar Siddhartha a chuid arán a ithe
he could not make Siddhartha eat his bread
D'ith Siddhartha a arán féin
Siddhartha ate his own bread
nó ina áit sin, d'ith siad araon arán daoine eile
or rather, they both ate other people's bread
Níor éist Siddhartha riamh le buarthaí Kamaswami
Siddhartha never listened to Kamaswami's worries
agus bhí go leor imní ar Kamaswami bhí sé ag iarraidh a roinnt
and Kamaswami had many worries he wanted to share
bhí baol ann go dteipfeadh ar mhargaí gnó
there were business-deals going on in danger of failing
ba chosúil go raibh lastais marsantais caillte
shipments of merchandise seemed to have been lost
ba chosúil nach raibh féichiúnaithe in ann íoc

debtors seemed to be unable to pay
Ní fhéadfadh Kamaswami cur ina luí ar Siddhartha focail imní a chur in iúl
Kamaswami could never convince Siddhartha to utter words of worry
Níorbh fhéidir Kamaswami a chur ar Siddhartha fearg i dtreo gnó
Kamaswami could not make Siddhartha feel anger towards business
ní fhéadfadh sé a fháil dó roic a bheith ar an forehead
he could not get him to to have wrinkles on the forehead
ní fhéadfadh sé a dhéanamh Siddhartha codladh go holc
he could not make Siddhartha sleep badly

lá amháin, rinne Kamaswami iarracht labhairt le Siddhartha
one day, Kamaswami tried to speak with Siddhartha
"Siddhartha, theip ort aon rud nua a fhoghlaim"
"Siddhartha, you have failed to learn anything new"
ach arís, gáire Siddhartha ag seo
but again, Siddhartha laughed at this
"Nach gcuirfeá a leithéid de scéalta grinn orm le do thoil"
"Would you please not kid me with such jokes"
"Is é an rud atá foghlamtha agam uait ná cé mhéad a chosnaíonn ciseán éisc"
"What I've learned from you is how much a basket of fish costs"
"agus d'fhoghlaim mé cé mhéad úis is féidir a ghearradh ar airgead ar iasacht"
"and I learned how much interest may be charged on loaned money"
"Seo iad do réimsí saineolais"
"These are your areas of expertise"
"Níor fhoghlaim mé smaoineamh uait, a chara Kamaswami"
"I haven't learned to think from you, my dear Kamaswami"
"Ba cheart duit a bheith mar an té atá ag iarraidh foghlaim uaim"
"you ought to be the one seeking to learn from me"

Go deimhin ní raibh a anam leis an gceird
Indeed his soul was not with the trade
Bhí an gnó maith go leor chun airgead a sholáthar dó le haghaidh Kamala
The business was good enough to provide him with money for Kamala
agus thuill sé i bhfad níos mó dó ná mar a theastaigh uaidh
and it earned him much more than he needed
Seachas Kamala, bhí fiosracht Siddhartha leis na daoine
Besides Kamala, Siddhartha's curiosity was with the people
a gcuid gnóthaí, ceardaíochta, imní, agus pléisiúir
their businesses, crafts, worries, and pleasures
Bhíodh na rudaí seo go léir coimhthíoch dó
all these things used to be alien to him
ba ghnách lena ngníomhartha baoise a bheith chomh fada i gcéin leis an ngealach
their acts of foolishness used to be as distant as the moon
d'éirigh leis go héasca labhairt leo go léir
he easily succeeded in talking to all of them
d'fhéadfadh sé maireachtáil leo go léir
he could live with all of them
agus d'fhéadfadh sé leanúint ar aghaidh ag foghlaim uathu go léir
and he could continue to learn from all of them
ach bhí rud éigin a scar sé uathu
but there was something which separated him from them
d'fhéadfadh sé deighilt a mhothú idir é féin agus na daoine
he could feel a divide between him and the people
ba é an fachtóir deighilte seo ná Samana a bhí ann
this separating factor was him being a Samana
Chonaic sé an cine daonna ag dul tríd an saol ar bhealach leanbhúil
He saw mankind going through life in a childlike manner
ar go leor bealaí bhí siad ag maireachtáil mar a mhaireann ainmhithe
in many ways they were living the way animals live

bhí grá aige agus díspeagadh freisin ar a mbealach maireachtála
he loved and also despised their way of life
Chonaic sé iad ag obair agus ag fulaingt
He saw them toiling and suffering
bhí siad ag éirí liath le haghaidh rudaí nach fiú an praghas seo
they were becoming gray for things unworthy of this price
rinne siad rudaí ar airgead agus ar bheagán pléisiúir
they did things for money and little pleasures
rinne siad rudaí as a bheith beagán onóir
they did things for being slightly honoured
chonaic sé iad ag scolding agus ag maslú a chéile
he saw them scolding and insulting each other
chonaic sé iad ag gearán faoin bpian
he saw them complaining about pain
pianta nach ndéanfadh Samana ach miongháire orthu
pains at which a Samana would only smile
agus chonaic sé iad ag fulaingt ó díothacht
and he saw them suffering from deprivations
díothachtaí nach mbraithfeadh Samana
deprivations which a Samana would not feel
Bhí sé oscailte do gach rud a thug na daoine seo a bhealach
He was open to everything these people brought his way
fáilte a bhí roimh an gceannaí a thairg línéadach dó lena dhíol
welcome was the merchant who offered him linen for sale
fáilte a chur roimh an bhféichiúnaí a d'iarr iasacht eile
welcome was the debtor who sought another loan
fáilte a bhí an bacach a d'inis scéal a bhochtanais dó
welcome was the beggar who told him the story of his poverty
an bacach nach raibh leath chomh bocht le Samana ar bith
the beggar who was not half as poor as any Samana
Níor chaith sé leis an gceannaí saibhir agus a sheirbhíseach difriúil
He did not treat the rich merchant and his servant different

lig sé don díoltóir sráide é a mhealladh agus é ag ceannach bananaí
he let street-vendor cheat him when buying bananas
Is minic a dhéanfadh Kamaswami gearán leis faoina imní
Kamaswami would often complain to him about his worries
nó go ndéanfadh sé magadh air faoina ghnó
or he would reproach him about his business
d'éist sé go suairc agus go sona sásta
he listened curiously and happily
ach bhí sé puzzled ag a chara
but he was puzzled by his friend
rinne sé iarracht é a thuiscint
he tried to understand him
agus d'admhaigh sé go raibh an ceart aige, suas go pointe áirithe
and he admitted he was right, up to a certain point
bhí go leor a d'iarr Siddhartha
there were many who asked for Siddhartha
bhí go leor ag iarraidh gnó a dhéanamh leis
many wanted to do business with him
bhí go leor a bhí ag iarraidh a cheat air
there were many who wanted to cheat him
bhí go leor ag iarraidh rún éigin a tharraingt amach as
many wanted to draw some secret out of him
bhí go leor ag iarraidh a chomhbhrón a mhealladh
many wanted to appeal to his sympathy
bhí go leor ag iarraidh a chomhairle a fháil
many wanted to get his advice
Thug sé comhairle dóibh siúd a bhí ag iarraidh é
He gave advice to those who wanted it
rinne sé trua dóibh siúd a raibh gá acu le trua
he pitied those who needed pity
thug sé bronntanais dóibh siúd ar thaitin bronntanais leo
he made gifts to those who liked presents
lig sé roinnt cheat dó beagán
he let some cheat him a bit

an cluiche seo a d'imir gach duine a chuid smaointe
this game which all people played occupied his thoughts
smaoinigh sé ar an gcluiche seo díreach chomh mór agus a bhí aige faoi na Déithe
he thought about this game just as much as he had about the Gods
go domhain ina chliabhrach bhraith sé guth ag fáil bháis
deep in his chest he felt a dying voice
d'admhaigh an guth seo go ciúin é
this voice admonished him quietly
agus ar éigean a chonaic sé an guth istigh de féin
and he hardly perceived the voice inside of himself
Agus ansin, ar feadh uair an chloig, tháinig sé ar an eolas faoi rud éigin
And then, for an hour, he became aware of something
tháinig sé ar an eolas faoin saol aisteach a bhí á threorú aige
he became aware of the strange life he was leading
thuig sé nach raibh sa saol seo ach cluiche
he realized this life was only a game
uaireanta bhraithfeadh sé sonas agus áthas
at times he would feel happiness and joy
ach bhí an saol fíor fós ag dul thart air
but real life was still passing him by
agus bhí sé ag dul thar gan baint leis
and it was passing by without touching him
Siddhartha imir lena ghnó-margaí
Siddhartha played with his business-deals
Fuair Siddhartha siamsa sna daoine timpeall air
Siddhartha found amusement in the people around him
ach maidir lena chroí, ní raibh sé leo
but regarding his heart, he was not with them
Rith an fhoinse áit éigin, i bhfad ar shiúl uaidh
The source ran somewhere, far away from him
rith sé agus rith sé dofheicthe
it ran and ran invisibly
ní raibh baint ar bith aige lena shaol níos mó

it had nothing to do with his life any more
roinnt uaireanta tháinig faitíos air mar gheall ar a leithéid de smaointe
at several times he became scared on account of such thoughts
ba mhian leis go bhféadfadh sé páirt a ghlacadh sna cluichí leanbhúla seo ar fad
he wished he could participate in all of these childlike games
theastaigh uaidh maireachtáil i ndáiríre
he wanted to really live
theastaigh uaidh a bheith ag gníomhú i ndáiríre ina n-amharclann
he wanted to really act in their theatre
theastaigh uaidh taitneamh a bhaint as a gcuid pléisiúir i ndáiríre
he wanted to really enjoy their pleasures
agus theastaigh uaidh maireachtáil, in ionad a bheith díreach ag seasamh mar lucht féachana
and he wanted to live, instead of just standing by as a spectator

Ach arís agus arís eile, tháinig sé ar ais go dtí Kamala álainn
But again and again, he came back to beautiful Kamala
d'fhoghlaim sé ealaín an ghrá
he learned the art of love
agus chleacht sé cultas an lust
and he practised the cult of lust
lust, ina mbíonn tabhairt agus glacadh mar cheann
lust, in which giving and taking becomes one
labhair sé léi agus d'fhoghlaim sé uaithi
he chatted with her and learned from her
thug sé comhairle di, agus fuair sé a comhairle
he gave her advice, and he received her advice
Thuig sí é níos fearr ná mar a thuig Govinda é
She understood him better than Govinda used to understand him
bhí sí níos cosúla leis ná mar a bhí Govinda
she was more similar to him than Govinda had been

"Tá tú cosúil liomsa," a dúirt sé léi
"You are like me," he said to her
"tá tú difriúil ón gcuid is mó daoine"
"you are different from most people"
"Tá tú Kamala, rud ar bith eile"
"You are Kamala, nothing else"
"agus taobh istigh díot, tá síocháin agus dídean"
"and inside of you, there is a peace and refuge"
"tearmann ar féidir leat dul chuici gach uair den lá"
"a refuge to which you can go at every hour of the day"
"Is féidir leat a bheith sa bhaile leat féin"
"you can be at home with yourself"
"Is féidir liom é seo a dhéanamh freisin"
"I can do this too"
"Is beag duine a bhfuil an áit seo"
"Few people have this place"
"agus fós d'fhéadfadh sé a bheith acu go léir"
"and yet all of them could have it"
"Níl gach duine cliste" a dúirt Kamala
"Not all people are smart" said Kamala
"Ní hea," arsa Siddhartha, "ní hé sin an fáth"
"No," said Siddhartha, "that's not the reason why"
"Tá Kamaswami díreach chomh cliste agus atá mé"
"Kamaswami is just as smart as I am"
"ach níl aon tearmann aige ann féin"
"but he has no refuge in himself"
"Tá sé ag daoine eile, cé go bhfuil meon leanaí acu"
"Others have it, although they have the minds of children"
"Tá an chuid is mó daoine, Kamala, cosúil le duilleog ag titim"
"Most people, Kamala, are like a falling leaf"
"duilleog atá séidte agus atá ag casadh timpeall tríd an aer"
"a leaf which is blown and is turning around through the air"
"duilleog a lasann, agus a thiteann go talamh"
"a leaf which wavers, and tumbles to the ground"
"Ach tá cuid eile, cúpla, cosúil le réaltaí"

"But others, a few, are like stars"
"téann siad ar chúrsa seasta"
"they go on a fixed course"
"ní shroicheann gaoth iad"
"no wind reaches them"
"Anntα féin tá a ndlí agus a gcúrsa"
"in themselves they have their law and their course"
"I measc na bhfear foghlamtha go léir a bhuail mé, bhí duine den chineál seo"
"Among all the learned men I have met, there was one of this kind"
"Bhí sé ina cheann foirfe"
"he was a truly perfected one"
"Ní bheidh mé in ann dearmad a dhéanamh air"
"I'll never be able to forget him"
"Is é an Gotama sin, an t-árdaithe"
"It is that Gotama, the exalted one"
"Bíonn na mílte leanúna ag éisteacht lena theagasc gach lá"
"Thousands of followers are listening to his teachings every day"
"leanann siad a threoracha gach uair"
"they follow his instructions every hour"
"ach duilleoga tuitim iad go léir"
"but they are all falling leaves"
"nach bhfuil teagasc agus dlí acu iontu féin"
"not in themselves they have teachings and a law"
D'fhéach Kamala air le gáire
Kamala looked at him with a smile
"Arís, tá tú ag caint faoi," a dúirt sí
"Again, you're talking about him," she said
"arís, tá smaointe Samana agat"
"again, you're having a Samana's thoughts"
Siddhartha dúirt rud ar bith, agus d'imir siad an cluiche an ghrá
Siddhartha said nothing, and they played the game of love

ceann de na tríocha nó daichead cluichí éagsúla a bhí ar eolas ag Kamala
one of the thirty or forty different games Kamala knew
Bhí a corp solúbtha mar sin de jaguar
Her body was flexible like that of a jaguar
solúbtha cosúil le bogha sealgair
flexible like the bow of a hunter
an té a d'fhoghlaim uaithi conas grá a dhéanamh
he who had learned from her how to make love
bhí eolas aige ar go leor cineálacha lust
he was knowledgeable of many forms of lust
bhí a lán rúin ar eolas ag an té a d'fhoghlaim uaithi
he that learned from her knew many secrets
Ar feadh i bhfad, d'imir sí le Siddhartha
For a long time, she played with Siddhartha
mheall sí é agus dhiúltaigh sí dó
she enticed him and rejected him
chuir sí iachall air agus ghlac sí leis
she forced him and embraced him
bhain sí taitneamh as a scileanna máistreachta
she enjoyed his masterful skills
go dtí gur buaileadh é agus quieuit traochta lena taobh
until he was defeated and rested exhausted by her side
Chrom an cúirtéis anuas air
The courtesan bent over him
ghlac sí le breathnú fada ar a aghaidh
she took a long look at his face
d'fhéach sí ar a shúile, a bhí tar éis fás tuirseach
she looked at his eyes, which had grown tired
"Is tusa an leannán is fearr a chonaic mé riamh" a dúirt sí go tuisceanach
"You are the best lover I have ever seen" she said thoughtfully
"Tá tú níos láidre ná daoine eile, níos supple, níos toilteanaí"
"You're stronger than others, more supple, more willing"
"Tá mo chuid ealaíne foghlamtha agat go maith, Siddhartha"
"You've learned my art well, Siddhartha"

"Am éigin, nuair a bheidh mé níos sine, ba mhaith liom do leanbh a iompar"
"At some time, when I'll be older, I'd want to bear your child"
"Agus fós, a stór, tá tú fós i Samana"
"And yet, my dear, you've remained a Samana"
"agus in ainneoin seo, níl grá agat dom"
"and despite this, you do not love me"
"Níl aon duine a bhfuil grá agat"
"there is nobody that you love"
"Nach bhfuil sé amhlaidh?" a d'fhiafraigh Kamala
"Isn't it so?" asked Kamala
"D'fhéadfadh sé go han-mhaith a bheith amhlaidh," a dúirt Siddhartha tiredly
"It might very well be so," Siddhartha said tiredly
"Táim cosúil leatsa, mar níl grá agat freisin"
"I am like you, because you also do not love"
"conas eile a d'fhéadfá grá a chleachtadh mar cheird?"
"how else could you practise love as a craft?"
"B'fhéidir nach bhfuil grá ag daoine dár gcineál"
"Perhaps, people of our kind can't love"
"Is féidir le daoine cosúil le leanaí grá, sin a rún"
"The childlike people can love, that's their secret"

Sansara

Ar feadh i bhfad, bhí cónaí ar Siddhartha ar fud an domhain agus lust
For a long time, Siddhartha had lived in the world and lust
mhair sé mar seo, áfach, gan a bheith ina chuid de
he lived this way though, without being a part of it
maraíodh sé seo nuair a bhí sé ina Samana
he had killed this off when he had been a Samana
ach anois bhí siad dúisigh arís
but now they had awoken again
bhí saibhreas, lust, agus cumhacht blaiseadh aige
he had tasted riches, lust, and power
ar feadh i bhfad d'fhan sé ina Samana ina chroí
for a long time he had remained a Samana in his heart
Agus é cliste, thuig Kamala é seo ceart go leor
Kamala, being smart, had realized this quite right
threoraigh smaoineamh, fanacht, agus troscadh a shaol fós
thinking, waiting, and fasting still guided his life
d'fhan na daoine cosúil le leanaí coimhthíoch dó
the childlike people remained alien to him
agus d'fhan sé coimhthíoch ag na daoine clainne
and he remained alien to the childlike people
Blianta a chuaigh thart; timpeallaithe ag an saol maith
Years passed by; surrounded by the good life
Siddhartha bhraith hardly na blianta fading away
Siddhartha hardly felt the years fading away
D'éirigh sé saibhir agus bhí teach dá chuid féin aige
He had become rich and possessed a house of his own
bhí a sheirbhísigh féin aige fiú
he even had his own servants
bhí gáirdín aige rolmh an gcathair, cois na habhann
he had a garden before the city, by the river
Thaitin na daoine leis agus tháinig siad chuige ar airgead nó comhairle
The people liked him and came to him for money or advice
ach ní raibh aon duine gar dó, ach amháin Kamala

but there was nobody close to him, except Kamala
an staid gheal a bheith awake
the bright state of being awake
an mhothúchán a bhí air ag airde a óige
the feeling which he had experienced at the height of his youth
sna laethanta sin tar éis seanmóir Gotama
in those days after Gotama's sermon
tar éis an scaradh ó Govinda
after the separation from Govinda
ionchas aimsir an tsaoil
the tense expectation of life
an stát bródúil as seasamh leo féin
the proud state of standing alone
bheith gan teagasc ná oidí
being without teachings or teachers
an toilteanas supple éisteacht leis an guth diaga ina chroí féin
the supple willingness to listen to the divine voice in his own heart
Is mall a tháinig na rudaí seo go léir chun cuimhne
all these things had slowly become a memory
bhí an chuimhne fleeting, i bhfad i gcéin, agus ciúin
the memory had been fleeting, distant, and quiet
an fhoinse naofa, a bhíodh in aice leis, anois murmured amháin
the holy source, which used to be near, now only murmured
an fhoinse naofa, a úsáidtear chun murmur laistigh féin
the holy source, which used to murmur within himself
Mar sin féin, bhí go leor rudaí a d'fhoghlaim sé ó na Samáná
Nevertheless, many things he had learned from the Samanas
bhí foghlamtha aige ó Gotama
he had learned from Gotama
bhí an Brahman foghlamtha aige óna athair
he had learned from his father the Brahman
d'fhan a athair laistigh dá bheith ar feadh i bhfad

his father had remained within his being for a long time
maireachtála measartha, an-áthas ar smaointeoireacht,
uaireanta machnaimh
moderate living, the joy of thinking, hours of meditation
an t-eolas rúnda an féin; a eintiteas síoraí
the secret knowledge of the self; his eternal entity
an féin nach bhfuil corp ná Chonaic
the self which is neither body nor consciousness
Go leor cuid de seo a bhí fós aige
Many a part of this he still had
ach bhí cuid i ndiaidh a chéile curtha faoi uisce
but one part after another had been submerged
agus sa deireadh chruinnigh gach cuid deannaigh
and eventually each part gathered dust
casfaidh roth potaire, nuair a bheidh sé ag gluaiseacht, ar feadh i bhfad
a potter's wheel, once in motion, will turn for a long time
ní chailleann sé a fuinneamh ach go mall
it loses its vigour only slowly
agus ní thagann sé chun stop ach amháin tar éis am
and it comes to a stop only after time
Choinnigh anam Siddhartha ar roth an asceticism a chasadh
Siddhartha's soul had kept on turning the wheel of asceticism
bhí roth na smaointeoireachta ag casadh ar feadh i bhfad
the wheel of thinking had kept turning for a long time
bhí roth na difreála fós iompaithe ar feadh i bhfad
the wheel of differentiation had still turned for a long time
ach d'iompaigh sé go mall agus go hesitantly
but it turned slowly and hesitantly
agus bhí sé gar do theacht ar stad
and it was close to coming to a standstill
Go mall, cosúil le taise ag dul isteach i gas ag fáil bháis de chrann
Slowly, like humidity entering the dying stem of a tree
ag líonadh an ghais go mall agus ag lobhadh
filling the stem slowly and making it rot

bhí an domhan agus sloth isteach anam Siddhartha ar
the world and sloth had entered Siddhartha's soul
go mall líonadh sé a anam agus rinne sé trom
slowly it filled his soul and made it heavy
chuir sé tuirseach a anam agus chuir sé a chodladh é
it made his soul tired and put it to sleep
Ar an láimh eile, bhí a céadfaí éirithe beo
On the other hand, his senses had become alive
bhí go leor foghlamtha ag a chuid céadfaí
there was much his senses had learned
bhí go leor taithí ag a chuid céadfaí
there was much his senses had experienced
Bhí foghlamtha ag Siddhartha le trádáil
Siddhartha had learned to trade
bhí foghlamtha aige conas a chumhacht a úsáid ar dhaoine
he had learned how to use his power over people
bhí foghlamtha aige conas taitneamh a bhaint as é féin le bean
he had learned how to enjoy himself with a woman
bhí foghlamtha aige conas éadaí áille a chaitheamh
he had learned how to wear beautiful clothes
bhí foghlamtha aige conas orduithe a thabhairt do sheirbhísigh
he had learned how to give orders to servants
bhí foghlamtha aige conas folcadh in uiscí cumhraithe
he had learned how to bathe in perfumed waters
D'fhoghlaim sé conas bia a bhí ullmhaithe go bog agus go cúramach a ithe
He had learned how to eat tenderly and carefully prepared food
d'ith sé fiú iasc, feoil, agus éanlaith chlóis
he even ate fish, meat, and poultry
spíosraí agus milseáin agus fíon, is cúis le sloth agus forgetfulness
spices and sweets and wine, which causes sloth and forgetfulness

Bhí foghlamtha aige conas imirt le dísle agus ar chlár fichille
He had learned to play with dice and on a chess-board
bhí foghlamtha aige féachaint ar chailíní ag damhsa
he had learned to watch dancing girls
d'fhoghlaim sé é féin a iompar thart i gcathaoir sedan
he learned to have himself carried about in a sedan-chair
d'fhoghlaim sé codladh ar leaba bhog
he learned to sleep on a soft bed
Ach fós bhraith sé difriúil ó dhaoine eile
But still he felt different from others
bhraith sé níos fearr fós ar na cinn eile
he still felt superior to the others
d'amharc sé orthu i gcónaí le magadh éigin
he always watched them with some mockery
bhí drochmheas i gcónaí ar an dóigh ar mhothaigh sé fúthu
there was always some mocking disdain to how he felt about them
an dímheas céanna a mhothaíonn Samana do mhuintir an domhain
the same disdain a Samana feels for the people of the world

Bhí Kamaswami tinn agus bhraith sé corraithe
Kamaswami was ailing and felt annoyed
bhraith sé insulted ag Siddhartha
he felt insulted by Siddhartha
agus bhí sé cráite ag a imní mar cheannaí
and he was vexed by his worries as a merchant
Bhí Siddhartha i gcónaí ag faire ar na rudaí seo le magadh
Siddhartha had always watched these things with mockery
ach bhí a magadh tar éis éirí níos tuirseach
but his mockery had become more tired
bhí a fheabhas éirithe níos clúine
his superiority had become more quiet
chomh do-airithe go mall le séasúr na báistí ag imeacht
as slowly imperceptible as the rainy season passing by
go mall, bhí glactha ag Siddhartha rud éigin ar bhealaí na ndaoine childlike

slowly, Siddhartha had assumed something of the childlike people's ways
bhí cuid dá n-óige tuillte aige
he had gained some of their childishness
agus fuair sé cuid dá n-eagla
and he had gained some of their fearfulness
Agus fós, dá mhéad a bheith cosúil leo is ea is mó éad air leo
And yet, the more be become like them the more he envied them
Bhí éad aige leo mar gheall ar an rud amháin a bhí ar iarraidh uaidh
He envied them for the one thing that was missing from him
an tábhacht a bhí siad in ann a chur ar a saol
the importance they were able to attach to their lives
an méid paisean ina n-áthas agus eagla
the amount of passion in their joys and fears
an sonas eaglach ach milis a bheith i gcónaí i ngrá
the fearful but sweet happiness of being constantly in love
Bhí na daoine seo i ngrá leo féin an t-am ar fad
These people were in love with themselves all of the time
bhí grá ag mná dá bpáistí, le honóracha nó le hairgead
women loved their children, with honours or money
bhí grá ag na fir orthu féin le pleananna nó le dóchas
the men loved themselves with plans or hopes
Ach níor fhoghlaim sé seo uathu
But he did not learn this from them
níor fhoghlaim sé áthas leanaí
he did not learn the joy of children
agus níor fhoghlaim sé a n-amaideacht
and he did not learn their foolishness
ba é an rud ba mhó a d'fhoghlaim sé ná na rudaí míthaitneamhach a bhí acu
what he mostly learned were their unpleasant things
agus do dhíbir sé na neithe so
and he despised these things
ar maidin, tar éis cuideachta a bheith aige

in the morning, after having had company
níos mó agus níos mó d'fhan sé sa leaba ar feadh i bhfad
more and more he stayed in bed for a long time
bhraith sé nach raibh sé in ann smaoineamh, agus bhí sé tuirseach
he felt unable to think, and was tired
tháinig fearg agus mífhoighneach air nuair a leamh Kamaswami é lena imní
he became angry and impatient when Kamaswami bored him with his worries
rinne sé gáire ró-ard nuair a chaill sé cluiche dísle
he laughed just too loud when he lost a game of dice
Bhí a aghaidh fós níos cliste agus níos spioradálta ná daoine eile
His face was still smarter and more spiritual than others
ach is annamh a gáire a aghaidh níos mó
but his face rarely laughed anymore
go mall, ghlac a aghaidh gnéithe eile
slowly, his face assumed other features
na gnéithe a fhaightear go minic i aghaidheanna daoine saibhre
the features often found in the faces of rich people
gnéithe míshásaimh, breoiteachta, breoiteachta
features of discontent, of sickliness, of ill-humour
gnéithe de leisce, agus easpa grá
features of sloth, and of a lack of love
galar an anama atá ag daoine saibhre
the disease of the soul which rich people have
Go mall, rug an galar seo air
Slowly, this disease grabbed hold of him
cosúil le ceo tanaí, tháinig tuirse thar Siddhartha
like a thin mist, tiredness came over Siddhartha
go mall, d'éirigh an ceo seo beagán níos dlúithe gach lá
slowly, this mist got a bit denser every day
fuair sé beagán murkier gach mí
it got a bit murkier every month

agus gach bliain d'éirigh sé beagán níos troime
and every year it got a bit heavier
éiríonn gúnaí sean leis an am
dresses become old with time
éadaí chailleann a dath álainn le himeacht ama
clothes lose their beautiful colour over time
faigheann siad stains, wrinkles, caite amach ag an seams
they get stains, wrinkles, worn off at the seams
tosaíonn siad ag taispeáint spotaí snáithe anseo agus ansiúd
they start to show threadbare spots here and there
seo mar a bhí saol nua Siddhartha
this is how Siddhartha's new life was
an saol a thosaigh sé tar éis scaradh le Govinda
the life which he had started after his separation from Govinda
bhí a shaol tar éis dul in aois agus dath caillte aige
his life had grown old and lost colour
ba lú splendour dó agus na blianta a chuaigh thart
there was less splendour to it as the years passed by
bhí a shaol ag bailiú wrinkles agus stains
his life was gathering wrinkles and stains
agus i bhfolach ag bun, bhí díomá agus disgust ag fanacht
and hidden at bottom, disappointment and disgust were waiting
bhí a ghránna á léiriú acu
they were showing their ugliness
Níor thug Siddhartha na rudaí seo faoi deara
Siddhartha did not notice these things
chuimhnigh sé ar an nguth geal iontaofa a bhí istigh ann
he remembered the bright and reliable voice inside of him
thug sé faoi deara go raibh an guth éirithe ina thost
he noticed the voice had become silent
an guth a dhúisigh ann san am sin
the voice which had awoken in him at that time
an guth a threoraigh é sna hamanna ab fhearr
the voice that had guided him in his best times

bhí sé gafa ag an domhan
he had been captured by the world
bhí sé gafa le uaigneas, sanntachas, leisc
he had been captured by lust, covetousness, sloth
agus ar deireadh bhí sé gafa ag a leas is measa
and finally he had been captured by his most despised vice
an leas is mó a rinne sé magadh
the vice which he mocked the most
an ceann is gòrach ar fad
the most foolish one of all vices
lig sé saint isteach ina chroí
he had let greed into his heart
Bhí maoin, sealúchais, agus saibhris tar éis é a ghabháil faoi dheireadh freisin
Property, possessions, and riches also had finally captured him
ní raibh sé ina chluiche aige a thuilleadh
having things was no longer a game to him
d'éirigh a shealúchais ina gheimhle agus ina ualach
his possessions had become a shackle and a burden
Bhí sé tar éis tarlú ar bhealach aisteach agus devious
It had happened in a strange and devious way
Fuair Siddhartha an leas seo as an gcluiche dísle
Siddhartha had gotten this vice from the game of dice
níor stad sé de bheith ina Samana ina chroí
he had stopped being a Samana in his heart
agus ansin thosaigh sé ag imirt an cluiche ar airgead
and then he began to play the game for money
ar dtús chuaigh sé isteach sa chluiche le gáire
first he joined the game with a smile
ag an am seo bhí sé ag imirt ach casually
at this time he only played casually
theastaigh uaidh a bheith páirteach i nósanna na ndaoine childlike
he wanted to join the customs of the childlike people
ach anois bhí sé ag imirt le rage méadaithe agus paisean

but now he played with an increasing rage and passion
Bhí eagla air i measc na gceannaithe eile
He was a feared gambler among the other merchants
bhí a chuid geallta chomh stuama gur beag duine a bhí ag iarraidh é a ghlacadh
his stakes were so audacious that few dared to take him on
D'imir sé an cluiche mar gheall ar phian ina chroí
He played the game due to a pain of his heart
chuir sé an-áthas feargach air nuair a cailleadh agus gur chuir sé a chuid airgid amú
losing and wasting his wretched money brought him an angry joy
ní fhéadfadh sé a dhímheas ar shaibhreas a léiriú ar aon bhealach eile
he could demonstrate his disdain for wealth in no other way
ní fhéadfadh sé magadh a dhéanamh ar dhia bréagach na gceannaithe ar bhealach níos fearr
he could not mock the merchants' false god in a better way
mar sin rinne sé gambled le geallta ard
so he gambled with high stakes
bhí fuath aige dó féin agus ag magadh faoi féin
he mercilessly hated himself and mocked himself
bhuaigh sé na mílte, chaith sé na mílte
he won thousands, threw away thousands
chaill sé airgead, seodra, teach sa tír
he lost money, jewellery, a house in the country
bhuaigh sé arís é, agus ansin chaill sé arís
he won it again, and then he lost again
ba mhór aige an eagla a mhothaigh sé agus é ag rolladh na ndísle
he loved the fear he felt while he was rolling the dice
is breá leis a bheith buartha faoi chailliúint an méid a rinne sé ag cearrbhachas
he loved feeling worried about losing what he gambled
bhí sé i gcónaí ag iarraidh an eagla seo a bhaint amach go leibhéal beagán níos airde

he always wanted to get this fear to a slightly higher level
níor mhothaigh sé ach rud éigin cosúil le sonas nuair a mhothaigh sé an eagla seo
he only felt something like happiness when he felt this fear
bhí sé rud éigin cosúil le meisce
it was something like an intoxication
rud éigin cosúil le foirm ardaithe den saol
something like an elevated form of life
rud éigin níos gile i measc a shaol dull
something brighter in the midst of his dull life
Agus tar éis gach caillteanas mór, leagadh a intinn ar shaibhreas nua
And after each big loss, his mind was set on new riches
lean sé leis an trádáil go díograiseach
he pursued the trade more zealously
chuir sé iallach ar a chuid féichiúnaithe íoc níos déine
he forced his debtors more strictly to pay
toisc go raibh sé ag iarraidh leanúint ar aghaidh le cearrbhachas
because he wanted to continue gambling
theastaigh uaidh leanúint ar aghaidh ag cur amú
he wanted to continue squandering
theastaigh uaidh leanúint ar aghaidh ag léiriú a dhímheas sa rachmais
he wanted to continue demonstrating his disdain of wealth
Chaill Siddhartha a suaimhneas nuair a tharla caillteanais
Siddhartha lost his calmness when losses occurred
chaill sé a fhoighne nuair nár íocadh in am é
he lost his patience when he was not paid on time
chaill sé a chineáltas i dtreo na beggars
he lost his kindness towards beggars
Chearrlaigh sé na mílte ag rolla amháin de na dísle
He gambled away tens of thousands at one roll of the dice
d'éirigh sé níos déine agus níos mó ina ghnó
he became more strict and more petty in his business

ó am go chéile, bhí sé ag brionglóideach san oíche faoi airgead!
occasionally, he was dreaming at night about money!
aon uair a dhúisigh sé ón geasa gránna seo, lean sé ar teitheadh
whenever he woke up from this ugly spell, he continued fleeing
aon uair a fuair sé a aghaidh sa scáthán go raibh sé in aois, fuair sé cluiche nua
whenever he found his face in the mirror to have aged, he found a new game
aon uair a tháinig náire agus disgust anuas air, numbed sé a intinn
whenever embarrassment and disgust came over him, he numbed his mind
numbed sé a intinn le gnéas agus fíon
he numbed his mind with sex and wine
agus as sin theith sé ar ais sa ghríosú chun carnadh agus sealúchais a fháil
and from there he fled back into the urge to pile up and obtain possessions
Sa timthriall gan phointe seo rith sé
In this pointless cycle he ran
óna shaol fásann sé tuirseach, sean, agus tinn
from his life he grow tired, old, and ill

Ansin tháinig an t-am nuair a aisling rabhadh dó
Then the time came when a dream warned him
Bhí uaireanta an tráthnóna caite aige le Kamala
He had spent the hours of the evening with Kamala
bhí sé ina gairdín pléisiúir álainn
he had been in her beautiful pleasure-garden
Bhí siad ina suí faoi na crainn, ag caint
They had been sitting under the trees, talking
agus bhí focail smaointeacha ráite ag Kamala
and Kamala had said thoughtful words
focail a raibh brón agus tuirse i bhfolach taobh thiar díobh

words behind which a sadness and tiredness lay hidden
D'iarr sí air insint di faoi Gotama
She had asked him to tell her about Gotama
ní raibh sí in ann go leor de a chloisteáil
she could not hear enough of him
ba bhreá léi cé chomh soiléir agus a bhí a súile
she loved how clear his eyes were
ba bhreá léi cé chomh suaimhneach agus chomh hálainn a bhí a bhéal
she loved how still and beautiful his mouth was
bhí grá aici ar chineáltas a gháire
she loved the kindness of his smile
ba bhreá léi cé chomh suaimhneach a bhí an tsiúlóid aige
she loved how peaceful his walk had been
Ar feadh i bhfad, bhí sé a insint di faoin Búda exalted
For a long time, he had to tell her about the exalted Buddha
agus bhí osna Kamala, agus labhair
and Kamala had sighed, and spoke
"Lá amháin, b'fhéidir go luath, beidh mé a leanúint freisin go Buddha"
"One day, perhaps soon, I'll also follow that Buddha"
"Tabharfaidh mé mo ghairdín pléisiúir dó mar bhronntanas"
"I'll give him my pleasure-garden for a gift"
"agus déanfaidh mé mo dhídean ina theagasc"
"and I will take my refuge in his teachings"
Ach ina dhiaidh seo, bhí sí aroused dó
But after this, she had aroused him
cheangail sí leis í ag déanamh grá
she had tied him to her in the act of making love
le treise pianmhar, bite agus deora
with painful fervour, biting and in tears
bhí sé amhail is dá mba mhian léi an braon milis deireanach a bhrú amach as an bhfíon seo
it was as if she wanted to squeeze the last sweet drop out of this wine

Ní raibh sé chomh soiléir sin do Siddhartha riamh roimhe seo
Never before had it become so strangely clear to Siddhartha
bhraith sé chomh gar agus a bhí lust don bhás
he felt how close lust was akin to death
leag sé lena taobh, agus aghaidh Kamala ar gar dó
he laid by her side, and Kamala's face was close to him
faoina súile agus in aice le coirnéil a béil
under her eyes and next to the corners of her mouth
bhí sé chomh soiléir agus nach raibh sé riamh
it was as clear as never before
léitear inscríbhinn eaglach ann
there read a fearful inscription
inscríbhinn de línte beaga agus grooves beaga
an inscription of small lines and slight grooves
inscríbhinn a mheabhraíonn an fhómhar agus an tseanaois
an inscription reminiscent of autumn and old age
anseo agus ansiúd, ribí liath i measc a chuid cinn dubha
here and there, gray hairs among his black ones
Siddhartha féin, nach raibh ach ina daichidí, faoi deara an rud céanna
Siddhartha himself, who was only in his forties, noticed the same thing
Scríobhadh tuirse ar aghaidh álainn Kamala
Tiredness was written on Kamala's beautiful face
tuirse ó siúl cosán fada
tiredness from walking a long path
cosán nach bhfuil ceann scríbe sásta ann
a path which has no happy destination
tuirse agus tús le seargadh
tiredness and the beginning of withering
eagla na seanaoise, an fhómhair, agus go mbeadh a bás
fear of old age, autumn, and having to die
Le osna, thairg sé slán léi
With a sigh, he had bid his farewell to her
an t-anam lán de drogall, agus lán d'imní folaithe

the soul full of reluctance, and full of concealed anxiety

Bhí an oíche caite ag Siddhartha ina theach le cailíní ag damhsa
Siddhartha had spent the night in his house with dancing girls
ghníomhaigh sé amhail is dá mbeadh sé níos fearr orthu
he acted as if he was superior to them
ghníomhaigh sé níos fearr i dtreo na gcomhbhaill dá caste
he acted superior towards the fellow-members of his caste
ach ní raibh sé seo fíor a thuilleadh
but this was no longer true
d'ól sé mórán fíona an oíche sin
he had drunk much wine that night
ocus tuc a luighe fada tar éis meadhon oidhche
and he went to bed a long time after midnight
tuirseach agus fós ar bís, gar don caoineadh agus don éadóchas
tired and yet excited, close to weeping and despair
ar feadh i bhfad d'iarr sé a chodladh, ach bhí sé in vain
for a long time he sought to sleep, but it was in vain
bhí a chroidhe lán d'aimhleas
his heart was full of misery
cheap sé nach bhféadfadh sé a iompróidh a thuilleadh
he thought he could not bear any longer
bhí sé lán de disgust, a bhraith sé penetrating a chorp ar fad
he was full of a disgust, which he felt penetrating his entire body
cosúil le blas repulsive lukewarm an fíon
like the lukewarm repulsive taste of the wine
bhí an ceol dullach rud beag ró-shásta
the dull music was a little too happy
bhí meangadh na gcailíní beagáinín ró-bhog
the smile of the dancing girls was a little too soft
bhí boladh a gcuid gruaige agus cíoch beagán ró-mhilis
the scent of their hair and breasts was a little too sweet
Ach níos mó ná aon rud eile, bhí náire air féin
But more than by anything else, he was disgusted by himself

bhí sé disgusted ag a chuid gruaige cumhráin
he was disgusted by his perfumed hair
bhí náire air le boladh an fhíona óna bhéal
he was disgusted by the smell of wine from his mouth
bhí náire air le heaspa a chraicinn
he was disgusted by the listlessness of his skin
Cosúil le duine a d'ith agus a d'ól i bhfad an iomarca
Like when someone who has eaten and drunk far too much
urlacan siad é ar ais suas arís le pian agronizing
they vomit it back up again with agonising pain
ach mothaíonn siad faoiseamh ón urlacan
but they feel relieved by the vomiting
ba mhian leis an bhfear gan chodladh seo é féin a shaoradh ó na pléisiúir seo
this sleepless man wished to free himself of these pleasures
theastaigh uaidh fáil réidh leis na nósanna seo
he wanted to be rid of these habits
theastaigh uaidh éalú ón saol gan chiall seo ar fad
he wanted to escape all of this pointless life
agus theastaigh uaidh éalú uaidh féin
and he wanted to escape from himself
ní raibh sé go dtí solas na maidine nuair a thit sé beagán codlata
it wasn't until the light of the morning when he had slightly fallen sleep
bhí na chéad ghníomhaíochtaí ar an tsráid ag tosú cheana féin
the first activities in the street were already beginning
ar feadh cúpla nóiméad fuair sé leid codlata
for a few moments he had found a hint of sleep
Sna chuimhneacháin sin, bhí aisling aige
In those moments, he had a dream
Bhí éan beag, annamh ag canadh i gcliabhán órga ag Kamala
Kamala owned a small, rare singing bird in a golden cage
canadh sé dó i gcónaí ar maidin
it always sung to him in the morning

ach ansin shamhlaigh sé go raibh an t-éan seo balbh
but then he dreamt this bird had become mute
ó d'eascair sé seo a aird, sheas sé os comhair an chliabháin
since this arose his attention, he stepped in front of the cage
d'fhéach sé ar an éan istigh sa chliabhán
he looked at the bird inside the cage
bhí an t-éan beag marbh, agus luigh sé righin ar an talamh
the small bird was dead, and lay stiff on the ground
Thóg sé an t-éan marbh as a chliabhán
He took the dead bird out of its cage
thóg sé nóiméad chun an t-éan marbh ina láimh a mheá
he took a moment to weigh the dead bird in his hand
agus ansin chaith sé ar shiúl, amach sa tsráid
and then threw it away, out in the street
san nóiméad céanna bhraith sé terribly shocked
in the same moment he felt terribly shocked
gortaítear a chroí amhail is gur chaith sé an luach go léir uaidh
his heart hurt as if he had thrown away all value
bhí gach aon mhaith istigh ag an éan marbh seo
everything good had been inside of this dead bird
Ag tosú ón aisling seo, bhraith sé cuimsithe ag brón domhain
Starting up from this dream, he felt encompassed by a deep sadness
ba chosúil go raibh gach rud gan fiúntas leis
everything seemed worthless to him
gan fiúntas agus gan tairbhe a bhí an bealach a bhí sé ag dul tríd an saol
worthless and pointless was the way he had been going through life
níor fágadh aon ní beo ina lámha
nothing which was alive was left in his hands
ní fhéadfaí aon rud a bhí blasta ar bhealach éigin a choinneáil
nothing which was in some way delicious could be kept

ní fhanfadh aon rud fiúntach
nothing worth keeping would stay
ina aonar sheas sé ansin, folamh mar castaway ar an gcladach
alone he stood there, empty like a castaway on the shore

Le aigne gruama, chuaigh Siddhartha chuig a pléisiúir-gairdín
With a gloomy mind, Siddhartha went to his pleasure-garden
ghlas sé an geata agus shuigh sé síos faoi chrann mango
he locked the gate and sat down under a mango-tree
bhraith sé bás ina chroí agus uafás ina bhrollach
he felt death in his heart and horror in his chest
thuig sé mar a fuair gach rud bás agus chuaigh sé i léig
he sensed how everything died and withered in him
De réir a chéile, bhailigh sé a chuid smaointe ina intinn
By and by, he gathered his thoughts in his mind
arís, chuaigh sé tríd an cosán ar fad dá shaol
once again, he went through the entire path of his life
thosaigh sé leis na chéad laethanta a bhféadfadh sé cuimhneamh orthu
he started with the first days he could remember
Cén uair a bhí tráth ann nuair a bhraith sé fíor-ghealladh?
When was there ever a time when he had felt a true bliss?
Ó sea, is iomaí uair a bhí taithí aige ar a leithéid
Oh yes, several times he had experienced such a thing
Sna blianta a chaith sé ina ghasúr bhí blaiseadh den áthas air
In his years as a boy he had had a taste of bliss
bhraith sé sonas ina chroí nuair a fuair sé moladh ó na Brahmans
he had felt happiness in his heart when he obtained praise from the Brahmans
"Tá cosán os comhair an té a rinne idirdhealú idir é féin"
"There is a path in front of the one who has distinguished himself"
bhraith sé aoibhneas ag aithris na véarsaí naofa

he had felt bliss reciting the holy verses
bhraith sé áthas ag aighneas leis na foghlaimeoirí
he had felt bliss disputing with the learned ones
bhí áthas air nuair a bhí sé ina chúntóir sna tairiscintí
he had felt bliss when he was an assistant in the offerings
Ansin, bhraith sé ina chroí é
Then, he had felt it in his heart
"Tá cosán os do chomhair"
"There is a path in front of you"
"tá tú i ndán don chosán seo"
"you are destined for this path"
"Tá na déithe ag fanacht leat"
"the gods are awaiting you"
Agus arís, agus é ina fhear óg, bhí áthas air
And again, as a young man, he had felt bliss
nuair a scar a chuid smaointe é ó na smaointe sin ar na rudaí céanna
when his thoughts separated him from those thinking on the same things
nuair a wrestled sé i bpian chun críche Brahman
when he wrestled in pain for the purpose of Brahman
nuair nach raibh ach tart nua ag gach eolas a fuair sé
when every obtained knowledge only kindled new thirst in him
i lár an phian bhraith sé an rud céanna
in the midst of the pain he felt this very same thing
"Go on! Tá tú ar a dtugtar!"
"Go on! You are called upon!"
Bhí an guth seo cloiste aige nuair a d'fhág sé a bhaile
He had heard this voice when he had left his home
chuala sé an guth seo nuair a roghnaigh sé beatha Samana
he heard heard this voice when he had chosen the life of a Samana
agus arís chuala sé an glór seo nuair a d'fhág sé an Samáná
and again he heard this voice when left the Samanas

bhí an guth cloiste aige nuair a chuaigh sé chun an té a bhí foirfe a fheiceáil
he had heard the voice when he went to see the perfected one
agus nuair a d'imigh sé ón té a bhí foirfe, chuala sé an glór
and when he had gone away from the perfected one, he had heard the voice
bhí an guth cloiste aige nuair a chuaigh sé isteach sa neamhchinnteacht
he had heard the voice when he went into the uncertain
Cá fhad nár chuala sé an guth seo níos mó?
For how long had he not heard this voice anymore?
cé chomh fada is nár shroich sé aon airde a thuilleadh?
for how long had he reached no height anymore?
cé chomh cothrom agus a bhí an modh a chuaigh sé tríd an saol?
how even and dull was the manner in which he went through life?
le blianta fada fada gan sprioc ard
for many long years without a high goal
bhí sé gan tart ná ardú
he had been without thirst or elevation
bhí sé sásta le pléisiúir bheaga lustful
he had been content with small lustful pleasures
agus fós ní raibh sé sásta riamh!
and yet he was never satisfied!
Ar feadh na mblianta seo ar fad rinne sé a dhícheall a bheith cosúil leis na cinn eile
For all of these years he had tried hard to become like the others
ba mhian leis a bheith ar dhuine de na daoine leanbhúla
he longed to be one of the childlike people
ach ní raibh a fhios aige gurb é sin a bhí uaidh i ndáiríre
but he didn't know that that was what he really wanted
bhí a shaol i bhfad níos measa agus níos boichte ná a saol
his life had been much more miserable and poorer than theirs
toisc nach raibh a spriocanna agus a n-imní aige

because their goals and worries were not his
ní raibh sa domhan ar fad de mhuintir Kamaswami ach cluiche dó
the entire world of the Kamaswami-people had only been a game to him
ba rince a d'fhéachfadh sé ar a saol
their lives were a dance he would watch
rinne siad greann a bhféadfadh sé amuse féin leis
they performed a comedy he could amuse himself with
Ní raibh ach Kamala daor agus luachmhar dó
Only Kamala had been dear and valuable to him
ach an raibh sí fós luachmhar dó?
but was she still valuable to him?
An raibh sé fós ag teastáil uaithi?
Did he still need her?
Nó an raibh sí fós ag teastáil uaidh?
Or did she still need him?
Nár imir siad cluiche gan deireadh?
Did they not play a game without an ending?
Ar ghá maireachtáil chuige seo?
Was it necessary to live for this?
Ní hea, níor ghá!
No, it was not necessary!
Sansara an t-ainm a bhí ar an gcluiche seo
The name of this game was Sansara
cluiche do pháistí a d'fhéadfadh a bheith taitneamhach a imirt uair amháin
a game for children which was perhaps enjoyable to play once
b'fhéidir go bhféadfaí é a imirt faoi dhó
maybe it could be played twice
b'fhéidir go bhféadfá é a imirt deich n-uaire
perhaps you could play it ten times
ach ar cheart duit é a imirt go brách?
but should you play it for ever and ever?
Ansin, bhí a fhios ag Siddhartha go raibh an cluiche thart
Then, Siddhartha knew that the game was over

bhí a fhios aige nach bhféadfadh sé é a imirt níos mó
he knew that he could not play it any more
Rith shivers thar a chorp agus taobh istigh de
Shivers ran over his body and inside of him
bhraith sé go raibh rud éigin bás
he felt that something had died

An lá ar fad sin, shuigh sé faoin gcrann mango
That entire day, he sat under the mango-tree
bhí sé ag smaoineamh ar a athair
he was thinking of his father
bhí sé ag smaoineamh ar Govinda
he was thinking of Govinda
agus bhí sé ag smaoineamh ar Gotama
and he was thinking of Gotama
An raibh air iad a fhágáil le bheith ina Kamaswami?
Did he have to leave them to become a Kamaswami?
Bhí sé ina shuí ansin nuair a thit an oíche
He was still sitting there when the night had fallen
fuair sé radharc ar na réalta, agus smaoinigh sé leis féin
he caught sight of the stars, and thought to himself
"Seo mé i mo shuí faoi mo chrann mango i mo ghairdín pléisiúir"
"Here I'm sitting under my mango-tree in my pleasure-garden"
Rinne sé aoibh beag air féin
He smiled a little to himself
an raibh sé fíor-riachtanach gairdín a bheith agat?
was it really necessary to own a garden?
nach cluiche amaideach é?
was it not a foolish game?
an raibh gá aige le crann mango a bheith aige?
did he need to own a mango-tree?
Chuir sé deireadh leis seo freisin
He also put an end to this
fuair sé seo bás freisin i dó
this also died in him

D'eirigh sé agus d'iarr sé slán leis an gcrann mango
He rose and bid his farewell to the mango-tree
thairg sé slán leis an ngairdín pléisiúir
he bid his farewell to the pleasure-garden
Ós rud é go raibh sé gan bia an lá seo, bhraith sé ocras láidir
Since he had been without food this day, he felt strong hunger
ocus do smuainigh sé ar a thigh sa chathair
and he thought of his house in the city
smaoinigh sé ar a seomra agus a leaba
he thought of his chamber and bed
smaoinigh sé ar an mbord agus na béilí air
he thought of the table with the meals on it
Rinne sé aoibh go tuirseach, chroith sé é féin, agus d'iarr sé slán leis na rudaí seo
He smiled tiredly, shook himself, and bid his farewell to these things
San uair chéanna den oíche, d'fhág Siddhartha a ghairdín
In the same hour of the night, Siddhartha left his garden
d'fhág sé an chathair agus níor tháinig sé ar ais riamh
he left the city and never came back

Ar feadh i bhfad, bhí daoine ag lorg Kamaswami dó
For a long time, Kamaswami had people look for him
cheap siad gur thit sé isteach i lámha na robálaithe
they thought he had fallen into the hands of robbers
Ní raibh aon lorg ag Kamala air
Kamala had no one look for him
ní raibh sí iontas ar a imithe
she was not astonished by his disappearance
Ní raibh sí ag súil leis i gcónaí?
Did she not always expect it?
Nár Samana é?
Was he not a Samana?
fear a bhí sa bhaile anois, pilgrim
a man who was at home nowhere, a pilgrim
bhraith sí é seo an uair dheireanach a bhí siad le chéile
she had felt this the last time they had been together

bhí sí sásta ainneoin phian an chaillteanais ar fad
she was happy despite all the pain of the loss
bhí sí sásta go raibh sí leis uair dheireanach
she was happy she had been with him one last time
bhí sí sásta gur tharraing sí é chomh affectionately chun a croí
she was happy she had pulled him so affectionately to her heart
bhí sí sásta gur bhraith sí go hiomlán seilbh agus treáite aige
she was happy she had felt completely possessed and penetrated by him
Nuair a fuair sí an nuacht, chuaigh sí go dtí an fhuinneog
When she received the news, she went to the window
ag an bhfuinneog bhí éan annamh ag canadh aici
at the window she held a rare singing bird
coinníodh an t-éan faoi chuing i gcliabhán órga
the bird was held captive in a golden cage
D'oscail sí doras an chliabháin
She opened the door of the cage
thóg sí an t-éan amach agus lig sé eitilt
she took the bird out and let it fly
Ar feadh i bhfad, bhí sí ag súil leis
For a long time, she gazed after it
Ón lá seo amach, ní bhfuair sí níos mó cuairteoirí
From this day on, she received no more visitors
agus choinnigh sí a teach faoi ghlas
and she kept her house locked
Ach tar éis roinnt ama, tháinig sí ar an eolas go raibh sí ag iompar clainne
But after some time, she became aware that she was pregnant
bhí sí ag iompar clainne ón uair dheireanach a bhí sí le Siddhartha
she was pregnant from the last time she was with Siddhartha

In aice leis an Abhainn
By the River

Siddhartha shiúil tríd an bhforaois
Siddhartha walked through the forest
bhí sé i bhfad ón gcathair cheana féin
he was already far from the city
agus ní raibh a fhios aige ach rud amháin
and he knew nothing but one thing
ní raibh aon dul ar ais dó
there was no going back for him
bhí deireadh leis an saol a mhair sé le blianta fada
the life that he had lived for many years was over
bhí blas an tsaoil seo ar fad air
he had tasted all of this life
bhí sucked sé gach rud as an saol
he had sucked everything out of this life
go dtí go raibh sé disgusted leis
until he was disgusted with it
bhí an t-éan amhránaíochta a shamhlaigh sé marbh
the singing bird he had dreamt of was dead
agus bhí an t-éan ina chroí marbh freisin
and the bird in his heart was dead too
bhí sé i bhfostú go domhain i Sansara
he had been deeply entangled in Sansara
bhí sé tar éis disgust agus bás a chur isteach ina chorp
he had sucked up disgust and death into his body
mar sucks spúinse suas uisce go dtí go bhfuil sé lán
like a sponge sucks up water until it is full
bhí sé lán de ainnis agus bás
he was full of misery and death
ní raibh aon rud fágtha sa saol seo a mheallfadh é
there was nothing left in this world which could have attracted him
d'fhéadfadh aon rud áthas nó sólás a thabhairt dó
nothing could have given him joy or comfort

ba mhian leis go paiseanta gan aon eolas a bheith aige air féin a thuilleadh
he passionately wished to know nothing about himself anymore
bhí sé ag iarraidh scíthe a bheith aige agus a bheith marbh
he wanted to have rest and be dead
ba mhian leis go mbeadh bolta tintreach ann chun é a bhualadh marbh!
he wished there was a lightning-bolt to strike him dead!
Mura raibh ann ach tíogair chun é a chaitheamh!
If there only was a tiger to devour him!
Mura mbeadh ann ach fíon nimhiúil a mhaolódh a chiall
If there only was a poisonous wine which would numb his senses
fíon a thug dearmad agus codladh air
a wine which brought him forgetfulness and sleep
fíon nach ndúiseoidh sé uaidh
a wine from which he wouldn't awake from
An raibh aon sórt filth fós ann nár chuir sé salach air féin leis?
Was there still any kind of filth he had not soiled himself with?
an raibh peacadh nó gníomh amaideach nár dhein sé?
was there a sin or foolish act he had not committed?
an raibh uafás an anama nach raibh a fhios aige?
was there a dreariness of the soul he didn't know?
an raibh aon rud nár thug sé air féin?
was there anything he had not brought upon himself?
An raibh sé indéanta ar chor ar bith a bheith beo?
Was it still at all possible to be alive?
An raibh sé indéanta análú isteach arís agus arís eile?
Was it possible to breathe in again and again?
An bhféadfadh sé análú amach fós?
Could he still breathe out?
an raibh sé in ann ocras a iompróidh?
was he able to bear hunger?

an raibh aon bhealach a ithe arís?
was there any way to eat again?
an raibh seans ann codladh arís?
was it possible to sleep again?
an bhféadfadh sé codladh le bean arís?
could he sleep with a woman again?
nach raibh an timthriall seo ídithe féin?
had this cycle not exhausted itself?
nár tugadh rudaí chun críche?
were things not brought to their conclusion?

Shroich Siddhartha an abhainn mhór san fhoraois
Siddhartha reached the large river in the forest
ba í an abhainn chéanna a thrasnaigh sé nuair a bhí sé fós ina fhear óg
it was the same river he crossed when he had still been a young man
ba í an abhainn chéanna a thrasnaigh sé ó bhaile Gotama
it was the same river he crossed from the town of Gotama
chuimhnigh sé ar fhear farantóireachta a thug thar an abhainn é
he remembered a ferryman who had taken him over the river
In aice leis an abhainn stad sé, agus go hesitantly sheas sé ag an mbruach
By this river he stopped, and hesitantly he stood at the bank
Bhí tuirse agus ocras tar éis lagú air
Tiredness and hunger had weakened him
"Cad ba cheart dom siúl ar do?"
"what should I walk on for?"
"Cén sprioc a bhí fágtha le dul?"
"to what goal was there left to go?"
Ní raibh, ní raibh aon spriocanna níos mó
No, there were no more goals
ní raibh fágtha ach fonn pianmhar chun an aisling seo a mhilleadh
there was nothing left but a painful yearning to shake off this dream

bhí fonn air an seanfhíon seo a chaitheamh amach
he yearned to spit out this stale wine
theastaigh uaidh deireadh a chur leis an saol trua agus náireach seo
he wanted to put an end to this miserable and shameful life
crann cnó cócó lúbtha thar bhruach na habhann
a coconut-tree bent over the bank of the river
Siddhartha chlaon i gcoinne a trunk lena ghualainn
Siddhartha leaned against its trunk with his shoulder
ghlac sé leis an trunk le lámh amháin
he embraced the trunk with one arm
agus d'fhéach sé síos ar an uisce glas
and he looked down into the green water
rith an t-uisce faoi
the water ran under him
d'fhéach sé síos agus fuair sé é féin a bheith líonta go hiomlán leis an mian a scaoileadh saor
he looked down and found himself to be entirely filled with the wish to let go
theastaigh uaidh báthadh sna huiscí seo
he wanted to drown in these waters
léirigh an t-uisce folús scanrúil ar ais air
the water reflected a frightening emptiness back at him
d'fhreagair an t-uisce an fholmhú uafásach ina anam
the water answered to the terrible emptiness in his soul
Sea, bhí an deireadh sroichte aige
Yes, he had reached the end
Ní raibh aon rud fágtha dó, ach amháin é féin a dhíbirt
There was nothing left for him, except to annihilate himself
theastaigh uaidh an teip inar mhúnlaigh sé a shaol a bhriseadh
he wanted to smash the failure into which he had shaped his life
bhí sé ag iarraidh a shaol a chaitheamh os comhair na ndéithe a bhí ag gáire go magadh

he wanted to throw his life before the feet of mockingly laughing gods
Ba é seo an urlacan mór a bhí sé longed do; bás
This was the great vomiting he had longed for; death
an smideadh go píosaí den fhoirm fuath aige
the smashing to bits of the form he hated
Bíodh sé ina bhia d'éisc agus crogaill
Let him be food for fishes and crocodiles
Siddhartha an madra, a lunatic
Siddhartha the dog, a lunatic
corp lofa agus lofa; anam lagaithe agus mí-úsáide!
a depraved and rotten body; a weakened and abused soul!
gearrfar é go giotán leis na deamhan
let him be chopped to bits by the daemons
Agus aghaidh shaobhadh air, d'fhan sé isteach san uisce
With a distorted face, he stared into the water
chonaic sé an frithchaitheamh ar a aghaidh agus spit air
he saw the reflection of his face and spat at it
Agus é tuirseach domhain, thóg sé a lámh amach as stoc an chrainn
In deep tiredness, he took his arm away from the trunk of the tree
iompaigh sé beagán, d'fhonn ligean dó féin titim díreach síos
he turned a bit, in order to let himself fall straight down
d'fhonn báthadh ar deireadh san abhainn
in order to finally drown in the river
Agus a shúile dúnta, shleamhnaigh sé i dtreo an bháis
With his eyes closed, he slipped towards death
Ansin, as ceantair iargúlta dá anam, tháinig fuaim spreagtha
Then, out of remote areas of his soul, a sound stirred up
fuaim a tháinig as an aimsir atá caite dá shaol atá anois traochta
a sound stirred up out of past times of his now weary life
Focal uatha a bhí ann, siolla aonair
It was a singular word, a single syllable

gan smaoineamh labhair sé an guth leis féin
without thinking he spoke the voice to himself
slurred sé tús agus deireadh gach paidreacha de na Brahmans
he slurred the beginning and the end of all prayers of the Brahmans
labhair sé an t-Om naofa
he spoke the holy Om
"go bhfuil an rud foirfe" nó "an críochnú"
"that what is perfect" or "the completion"
Agus i láthair na huaire thuig sé an amaideacht a ghníomhartha
And in the moment he realized the foolishness of his actions
bhain fuaim Om le cluas Siddhartha
the sound of Om touched Siddhartha's ear
go tobann dhúisigh a spiorad díomhaoin
his dormant spirit suddenly woke up
Siddhartha bhí ionadh go domhain
Siddhartha was deeply shocked
chonaic sé mar seo a bhí rudaí leis
he saw this was how things were with him
bhí sé chomh doomed sin go raibh sé in ann bás a lorg
he was so doomed that he had been able to seek death
bhí a shlí caillte aige chomh mór sin gur mhian leis an deireadh
he had lost his way so much that he wished the end
go raibh mian linbh in ann fás ann
the wish of a child had been able to grow in him
bhí sé ag iarraidh scíthe a fháil trína chorp a mhilleadh!
he had wished to find rest by annihilating his body!
an agony ar fad le déanaí
all the agony of recent times
gach réadú sobering a chruthaigh a shaol
all sobering realizations that his life had created
an éadóchas ar fad a bhraith sé
all the desperation that he had felt

níor thug na rudaí seo faoi deara an nóiméad seo
these things did not bring about this moment
nuair a tháinig an Om isteach ina Chonaic tháinig sé ar an eolas faoi féin
when the Om entered his consciousness he became aware of himself
thuig sé a ainnise agus a earráid
he realized his misery and his error
Óm! labhair sé leis féin
Om! he spoke to himself
Óm! agus arís bhí a fhios aige faoi Brahman
Om! and again he knew about Brahman
Óm! bhí a fhios aige faoi indestructibility na beatha
Om! he knew about the indestructibility of life
Óm! bhí a fhios aige faoi gach rud diaga, rud a bhí dearmad déanta aige
Om! he knew about all that is divine, which he had forgotten
Ach ní raibh anseo ach nóiméad a lasadh os a chomhair
But this was only a moment that flashed before him
Faoi bhun an chrainn cnó cócó, thit Siddhartha
By the foot of the coconut-tree, Siddhartha collapsed
bhuail tuirse é
he was struck down by tiredness
mumbling "Om", chuir sé a cheann ar an fhréamh an chrainn
mumbling "Om", he placed his head on the root of the tree
agus chuaidh sé i gcodladh trom
and he fell into a deep sleep
Bhí a chodladh go domhain, agus gan aisling
Deep was his sleep, and without dreams
ar feadh i bhfad ní raibh a leithéid de chodladh ar eolas aige níos mó
for a long time he had not known such a sleep any more

Nuair a dhúisigh sé tar éis go leor uaireanta an chloig, bhraith sé amhail is dá mbeadh deich mbliana imithe
When he woke up after many hours, he felt as if ten years had passed

chuala sé an t-uisce ag sileadh go ciúin
he heard the water quietly flowing
ní raibh a fhios aige cá raibh sé
he did not know where he was
agus ní raibh a fhios aige cé a thug anseo é
and he did not know who had brought him here
d'oscail sé a shúile agus d'fhéach sé le ionadh
he opened his eyes and looked with astonishment
bhí crainn agus an spéir os a chionn
there were trees and the sky above him
chuimhnigh sé cá raibh sé agus conas a fuair sé anseo
he remembered where he was and how he got here
Ach thóg sé tamall fada chuige seo
But it took him a long while for this
bhí an chuma ar an am atá caite dó amhail is dá mbeadh sé clúdaithe le veil
the past seemed to him as if it had been covered by a veil
gan teorainn i gcéin, gan teorainn i bhfad ar shiúl, gan teorainn gan brí
infinitely distant, infinitely far away, infinitely meaningless
Ní raibh a fhios aige ach go raibh a shaol roimhe sin tréigthe
He only knew that his previous life had been abandoned
ba chuma leis an saol atá caite aige mar incarnation an-sean, roimhe seo
this past life seemed to him like a very old, previous incarnation
bhraith an saol atá caite seo mar réamh-bhreith dá chuid féin faoi láthair
this past life felt like a pre-birth of his present self
lán de disgust agus wretchedness, bhí sé ar intinn aige a chaitheamh ar a shaol
full of disgust and wretchedness, he had intended to throw his life away
tháinig sé ar a chiall cois abhainn, faoi chrann cnó cócó
he had come to his senses by a river, under a coconut-tree
bhí an focal naofa "Om" ar a liopaí

the holy word "Om" was on his lips
bhí sé tar éis titim ina chodladh agus bhí sé tar éis éirí suas anois
he had fallen asleep and had now woken up
bhí sé ag féachaint ar an domhan mar fhear nua
he was looking at the world as a new man
Go ciúin, labhair sé an focal "Om" leis féin
Quietly, he spoke the word "Om" to himself
an "Om" a bhí sé ag labhairt nuair a thit sé ina chodladh
the "Om" he was speaking when he had fallen asleep
bhraith a chodladh mar rud ar bith níos mó ná aithris fada machnaimh ar "Om"
his sleep felt like nothing more than a long meditative recitation of "Om"
Bhí a chodladh ar fad ag smaoineamh ar "Om"
all his sleep had been a thinking of "Om"
submergence agus iomlán ag dul isteach i "Om"
a submergence and complete entering into "Om"
a ag dul isteach sa perfected agus críochnaithe
a going into the perfected and completed
Cad codladh iontach a bhí ann!
What a wonderful sleep this had been!
ní raibh sé riamh chomh suaimhneach as a chodladh
he had never before been so refreshed by sleep
B'fhéidir, bhí sé bás i ndáiríre
Perhaps, he really had died
b'fhéidir gur báthadh é agus gur rugadh arís é i gcorp nua?
maybe he had drowned and was reborn in a new body?
Ach ní hea, bhí a fhios aige féin agus cé hé féin
But no, he knew himself and who he was
bhí a lámha agus a chosa ar eolas aige
he knew his hands and his feet
bhí fhios aige an áit a luigh sé
he knew the place where he lay
bhí a fhios aige seo ina bhrollach
he knew this self in his chest

Siddhartha an eccentric, an ceann aisteach
Siddhartha the eccentric, the weird one
ach bhí an Siddhartha seo a chlaochlú mar sin féin
but this Siddhartha was nevertheless transformed
bhí sé aisteach go maith quieuit agus awake
he was strangely well rested and awake
agus bhí sé áthasach agus fiosrach
and he was joyful and curious

Siddhartha straightened suas agus d'fhéach sé timpeall
Siddhartha straightened up and looked around
ansin chonaic sé duine ina shuí os a chomhair
then he saw a person sitting opposite to him
manach i gúna buí le ceann bearrtha
a monk in a yellow robe with a shaven head
bhí sé ina shuí i riocht pondering
he was sitting in the position of pondering
Chonaic sé an fear, nach raibh aon ghruaig ar a cheann ná féasóg
He observed the man, who had neither hair on his head nor a beard
ní fada a chonaic sé é nuair a d'aithin sé an manach seo
he had not observed him for long when he recognised this monk
ba é Govinda, cara a óige
it was Govinda, the friend of his youth
Govinda, a bhí i ndiaidh a dhídean a ghlacadh leis an Búda ardaitheach
Govinda, who had taken his refuge with the exalted Buddha
Cosúil le Siddhartha, bhí Govinda tar éis dul in aois freisin
Like Siddhartha, Govinda had also aged
ach fós rug a aghaidh na gnéithe céanna
but his face still bore the same features
léirigh a aghaidh fós díograis agus dílseacht
his face still expressed zeal and faithfulness
d'fhéadfaí tú a fheiceáil go raibh sé fós ag cuardach, ach timidly

you could see he was still searching, but timidly
Mhothaigh Govinda a radharc, d'oscail sé a shúile, agus d'fhéach sé air
Govinda sensed his gaze, opened his eyes, and looked at him
Chonaic Siddhartha nár aithin Govinda é
Siddhartha saw that Govinda did not recognise him
Bhí Govinda sásta é a fháil ina dhúiseacht
Govinda was happy to find him awake
de réir dealraimh, bhí sé ina shuí anseo le fada an lá
apparently, he had been sitting here for a long time
bhí sé ag fanacht air dúiseacht
he had been waiting for him to wake up
d'fhan sé, cé nach raibh aithne aige air
he waited, although he did not know him
"Tá mé i mo chodladh" a dúirt Siddhartha
"I have been sleeping" said Siddhartha
"Conas a fuair tú anseo?"
"How did you get here?"
"Tá tú i do chodladh" d'fhreagair Govinda
"You have been sleeping" answered Govinda
"Ní maith a bheith i do chodladh in áiteanna mar sin"
"It is not good to be sleeping in such places"
"tá cosáin anseo ag nathracha agus ag ainmhithe na foraoise"
"snakes and the animals of the forest have their paths here"
"Tá mé, a dhuine uasail, ina leantóir ar an Gotama ardaitheach"
"I, oh sir, am a follower of the exalted Gotama"
"Bhí mé ar oilithreacht ar an gcosán seo"
"I was on a pilgrimage on this path"
"Chonaic mé tú i do luí agus i do chodladh in áit a bhfuil sé contúirteach a chodladh"
"I saw you lying and sleeping in a place where it is dangerous to sleep"
"Dá bhrí sin, rinne mé iarracht tú a dhúiseacht"
"Therefore, I sought to wake you up"
"ach chonaic mé go raibh do chodladh an-domhain"

"but I saw that your sleep was very deep"
"mar sin d'fhan mé taobh thiar de mo ghrúpa"
"so I stayed behind from my group"
"agus shuigh mé leat go dtí gur dhúisigh tú"
"and I sat with you until you woke up"
"Agus ansin, mar sin is cosúil, tá mé tar éis titim i mo chodladh mé féin"
"And then, so it seems, I have fallen asleep myself"
"Thit mé, a bhí ag iarraidh do chodladh a chosaint, i mo chodladh"
"I, who wanted to guard your sleep, fell asleep"
"Go dona, rinne mé freastal ort"
"Badly, I have served you"
"Chuir tuirse orm"
"tiredness had overwhelmed me"
"Ach ós rud é go bhfuil tú i mo dhúiseacht, lig dom dul suas le mo dheartháireacha"
"But since you're awake, let me go to catch up with my brothers"
"Gabhaim buíochas leat, Samana, as faire amach thar mo chodladh" a dúirt Siddhartha
"I thank you, Samana, for watching out over my sleep" spoke Siddhartha
"Tá sibh cairdiúil, a lucht leanúna an ardteiste"
"You're friendly, you followers of the exalted one"
"Anois is féidir leat dul go dtí iad"
"Now you may go to them"
"Tá mé ag dul, a dhuine uasail. Go mbeifeá i gcónaí i ndeashláinte"
"I'm going, sir. May you always be in good health"
"Gabhaim buíochas leat, Samana"
"I thank you, Samana"
Rinne Govinda beannú agus dúirt "Slán"
Govinda made the gesture of a salutation and said "Farewell"
"Slán, Govinda" a dúirt Siddhartha
"Farewell, Govinda" said Siddhartha

Stad an manach amhail is gur bhuail tintreach é
The monk stopped as if struck by lightning
"Cead dom a fhiafraí, a dhuine uasail, cá bhfuil a fhios agat m'ainm?"
"Permit me to ask, sir, from where do you know my name?"
Aoibh Siddhartha, "Tá aithne agam ort, a Govinda, ó bothán d'athar"
Siddhartha smiled, "I know you, oh Govinda, from your father's hut"
"Agus tá aithne agam ort ó scoil na Brahmans"
"and I know you from the school of the Brahmans"
"agus tá aithne agam ort as na tairgí"
"and I know you from the offerings"
"Agus tá aithne agam ort ónár shiúlóid go dtí na Samanas"
"and I know you from our walk to the Samanas"
"agus tá aithne agam ort ón uair a ghlac tú tearmann leis an té ardaithe"
"and I know you from when you took refuge with the exalted one"
"Tá tú Siddhartha," exclaimed Govinda os ard, "Anois, aithním tú"
"You're Siddhartha," Govinda exclaimed loudly, "Now, I recognise you"
"Ní thuigim conas nach raibh mé in ann tú a aithint ar an bpointe boise"
"I don't comprehend how I couldn't recognise you right away"
"Siddhartha, is mór an t-áthas orm tú a fheiceáil arís"
"Siddhartha, my joy is great to see you again"
"Tugann sé áthas orm freisin, a fheiceann tú arís" labhair Siddhartha
"It also gives me joy, to see you again" spoke Siddhartha
"Is tú garda mo chodladh"
"You've been the guard of my sleep"
"arís, gabhaim buíochas leat as seo"
"again, I thank you for this"
"ach ní bheadh garda ar bith ag teastáil uaim"

"but I wouldn't have required any guard"
"Cá bhfuil tú ag dul go dtí, a chara?"
"Where are you going to, oh friend?"
"Níl mé ag dul áit ar bith," d'fhreagair Govinda
"I'm going nowhere," answered Govinda
"Bímid manach ag taisteal i gcónaí"
"We monks are always travelling"
"aon uair nach é séasúr na báistí é, bogaimid ó áit amháin go háit eile"
"whenever it is not the rainy season, we move from one place to another"
"Mairimid de réir rialacha na dteagasc a thugtar dúinn"
"we live according to the rules of the teachings passed on to us"
"Glacaimid déirce, agus ansin bogaimid ar aghaidh"
"we accept alms, and then we move on"
"Tá sé i gcónaí mar seo"
"It is always like this"
"Ach tú, Siddhartha, áit a bhfuil tú ag dul go dtí?"
"But you, Siddhartha, where are you going to?"
"dom féin tá sé mar atá sé leat"
"for me it is as it is with you"
"Níl mé ag dul aon áit; níl mé ach ag taisteal"
"I'm going nowhere; I'm just travelling"
"Tá mé ar oilithreacht freisin"
"I'm also on a pilgrimage"
Labhair Govinda "Deir tú go bhfuil tú ar oilithreacht, agus creidim thú"
Govinda spoke "You say you're on a pilgrimage, and I believe you"
"Ach, logh dom, OH Siddhartha, ní gá duit breathnú cosúil le oilithrigh"
"But, forgive me, oh Siddhartha, you do not look like a pilgrim"
"Tá tú ag caitheamh éadaí fear saibhir"
"You're wearing a rich man's garments"

"tá bróga duine uasal oirirc á caitheamh agat"
"you're wearing the shoes of a distinguished gentleman"
"agus ní gruaig oilithrigh í do chuid gruaige, le cumhrán cumhráin"
"and your hair, with the fragrance of perfume, is not a pilgrim's hair"
"níl gruaig Samana ort"
"you do not have the hair of a Samana"
"tá an ceart agat, a stór"
"you are right, my dear"
"Tá rudaí breathnaithe go maith agat"
"you have observed things well"
"Feicfidh do shúile fonn gach rud"
"your keen eyes see everything"
"Ach ní dúirt mé leat gur Samana mé"
"But I haven't said to you that I was a Samana"
"Dúirt mé go bhfuil mé ar oilithreacht"
"I said I'm on a pilgrimage"
"Agus mar sin é, táim ar oilithreacht"
"And so it is, I'm on a pilgrimage"
"Tá tú ar oilithreacht" a dúirt Govinda
"You're on a pilgrimage" said Govinda
"Ach is beag duine a rachadh ar oilithreacht ina leithéid d'éadaí"
"But few would go on a pilgrimage in such clothes"
"is beag a chuirfeadh a leithéid de bhróga"
"few would pilger in such shoes"
"agus is beag oilithrigh a bhfuil gruaig mar sin"
"and few pilgrims have such hair"
"Níor bhuail mé riamh a leithéid d'oilithreach"
"I have never met such a pilgrim"
"agus is oilithreach mé le blianta fada"
"and I have been a pilgrim for many years"
"Creidim thú, a Ghobhainn daor"
"I believe you, my dear Govinda"
"Ach anois, inniu, bhuail tú oilithreach díreach mar seo"

"But now, today, you've met a pilgrim just like this"
"oilithreach ag caitheamh bróga agus éadaí den chineál seo"
"a pilgrim wearing these kinds of shoes and garment"
"Cuimhnigh, a stór, nach bhfuil saol na láithrithe síoraí"
"Remember, my dear, the world of appearances is not eternal"
"Is rud ar bith ach ár gcuid bróga agus baill éadaigh"
"our shoes and garments are anything but eternal"
"níl ár gcuid gruaige agus ár gcorp síoraí ach an oiread"
"our hair and bodies are not eternal either"
Tá éadaí fear saibhir á chaitheamh agam"
I'm wearing a rich man's clothes"
"Chonaic tú seo ceart go leor"
"you've seen this quite right"
"Tá mé ag caitheamh leo, mar is fear saibhir mé"
"I'm wearing them, because I have been a rich man"
"Agus tá mé ag caitheamh mo chuid gruaige mar na daoine saolta agus lustful"
"and I'm wearing my hair like the worldly and lustful people"
"toisc go bhfuil mé ar cheann acu"
"because I have been one of them"
"Agus cad atá tú anois, Siddhartha?" D'iarr Govinda
"And what are you now, Siddhartha?" Govinda asked
"Níl a fhios agam é, díreach cosúil leatsa"
"I don't know it, just like you"
"Ba dhuine saibhir mé, agus anois ní fear saibhir mé a thuilleadh"
"I was a rich man, and now I am not a rich man anymore"
"Agus cad a bheidh mé amárach, níl a fhios agam"
"and what I'll be tomorrow, I don't know"
"Tá do saibhreas caillte agat?" a d'fhiafraigh Govinda
"You've lost your riches?" asked Govinda
"Chaill mé mo shaibhreas, nó chaill siad mé"
"I've lost my riches, or they have lost me"
"Tharla mo shaibhreas ar bhealach éigin sleamhnú uaim"
"My riches somehow happened to slip away from me"
"Tá roth na léirithe fisiceacha ag casadh go tapa, Govinda"

"The wheel of physical manifestations is turning quickly, Govinda"
"Cá bhfuil Siddhartha an Brahman?"
"Where is Siddhartha the Brahman?"
"Cá bhfuil Siddhartha an Samana?"
"Where is Siddhartha the Samana?"
"Cá bhfuil Siddhartha an fear saibhir?"
"Where is Siddhartha the rich man?"
"Athraíonn rudaí neamhshíoraí go tapa, a Govinda, tá a fhios agat é"
"Non-eternal things change quickly, Govinda, you know it"
D'fhéach Govinda ar chara a óige ar feadh i bhfad
Govinda looked at the friend of his youth for a long time
d'fhéach sé air agus amhras ina shúile
he looked at him with doubt in his eyes
Ina dhiaidh sin, thug sé beannacht dó a d'úsáidfeadh duine ar dhuine uasail
After that, he gave him the salutation which one would use on a gentleman
agus chuaigh sé ar a bhealach, agus lean sé dá oilithreacht
and he went on his way, and continued his pilgrimage
Le aghaidh miongháire, faire Siddhartha air fhágáil
With a smiling face, Siddhartha watched him leave
grá aige fós, an fear dílis, fearúil
he loved him still, this faithful, fearful man
conas nach bhféadfadh sé grá a bheith aige do gach duine agus gach rud sa nóiméad seo?
how could he not have loved everybody and everything in this moment?
san uair glórmhar tar éis a chodladh iontach, líonadh le Om!
in the glorious hour after his wonderful sleep, filled with Om!
An draíocht, a tharla taobh istigh de dó ina chodladh
The enchantment, which had happened inside of him in his sleep
ba é an draíocht seo gach rud a raibh grá aige dó
this enchantment was everything that he loved

bhí sé lán le lúcháir ar gach rud a chonaic sé
he was full of joyful love for everything he saw
go díreach ba é seo a bhreoiteacht roimhe seo
exactly this had been his sickness before
ní raibh sé in ann grá a thabhairt do dhuine ar bith nó rud ar bith
he had not been able to love anybody or anything
Le aghaidh miongháire, faire Siddhartha an manach ag fágáil
With a smiling face, Siddhartha watched the leaving monk

Bhí an codladh neartaithe dó go mór
The sleep had strengthened him a lot
ach chuir ocras pian mhór air
but hunger gave him great pain
faoin am seo ní raibh ith sé ar feadh dhá lá
by now he had not eaten for two days
bhí amanna fada caite nuair a d'fhéadfadh sé cur i gcoinne an ocrais sin
the times were long past when he could resist such hunger
Le brón, agus fós le gáire freisin, smaoinigh sé ar an am sin
With sadness, and yet also with a smile, he thought of that time
Sna laethanta sin, mar sin chuimhnigh sé, bhí boasted sé de thrí rudaí a Kamala
In those days, so he remembered, he had boasted of three things to Kamala
bhí sé in ann trí éacht uasal gan sárú a dhéanamh
he had been able to do three noble and undefeatable feats
bhí sé in ann troscadh, fanacht, agus smaoineamh
he was able to fast, wait, and think
Ba iad seo a shealúchais; a chumhacht agus a neart
These had been his possessions; his power and strength
i mblianta gnóthacha, saothairiúla a óige, bhí na trí éacht seo foghlamtha aige
in the busy, laborious years of his youth, he had learned these three feats

Agus anois, bhí a chuid feats tréigthe air
And now, his feats had abandoned him
ní raibh aon cheann dá chleachtaí aige níos mó
none of his feats were his any more
ná troscadh, ná fanacht, ná smaoineamh
neither fasting, nor waiting, nor thinking
thug sé suas iad le haghaidh na rudaí is wretched
he had given them up for the most wretched things
cad é a imíonn is tapúla?
what is it that fades most quickly?
lust sensual, an saol maith, agus saibhreas!
sensual lust, the good life, and riches!
Bhí a shaol aisteach go deimhin
His life had indeed been strange
Agus anois, mar sin bhí an chuma, bhí sé i ndáiríre a childlike duine
And now, so it seemed, he had really become a childlike person
Shíl Siddhartha faoina staid
Siddhartha thought about his situation
Bhí an smaoineamh deacair dó anois
Thinking was hard for him now
níor mhothaigh sé i ndáiríre cosúil le smaoineamh
he did not really feel like thinking
ach chuir sé iachall air féin smaoineamh
but he forced himself to think
"**Is fusa go léir na rudaí básaithe seo a shleamhnaigh uaim**"
"all these most easily perishing things have slipped from me"
"**arís, tá mé i mo sheasamh anseo faoin ngrian anois**"
"again, now I'm standing here under the sun"
"**Tá mé i mo sheasamh anseo díreach cosúil le leanbh beag**"
"I am standing here just like a little child"
"**Is liomsa tada, níl aon chumais agam**"
"nothing is mine, I have no abilities"
"**níl aon rud a d'fhéadfainn a thabhairt faoi**"
"there is nothing I could bring about"

"Níor fhoghlaim mé rud ar bith ó mo shaol"
"I have learned nothing from my life"
"Cé chomh iontach seo ar fad!"
"How wondrous all of this is!"
"Is iontach an rud é nach bhfuil mé óg a thuilleadh"
"it's wondrous that I'm no longer young"
"Tá mo chuid gruaige leath liath cheana féin agus tá mo neart ag dul in olcas"
"my hair is already half gray and my strength is fading"
"agus anois tá mé ag tosú arís ag an tús, mar leanbh!"
"and now I'm starting again at the beginning, as a child!"
Arís, bhí air aoibh gháire chun é féin
Again, he had to smile to himself
Sea, bhí a chinniúint aisteach!
Yes, his fate had been strange!
Bhí rudaí ag dul síos an cnoc leis
Things were going downhill with him
agus anois bhí sé arís os comhair an domhain nocht agus dúr
and now he was again facing the world naked and stupid
Ach ní fhéadfadh sé a bhraitheann brónach faoi seo
But he could not feel sad about this
ní hea, bhraith sé fiú an áiteamh mór gáire a dhéanamh
no, he even felt a great urge to laugh
bhraith sé gríosú gáire a dhéanamh faoi féin
he felt an urge to laugh about himself
bhraith sé fonn gáire a dhéanamh faoin saol aisteach, amaideach seo
he felt an urge to laugh about this strange, foolish world
"Tá rudaí ag dul síos an cnoc leat!" ar seisean leis féin
"Things are going downhill with you!" he said to himself
agus gáire sé faoina chás
and he laughed about his situation
agus é á rá aige tharla sé ag amharc ar an abhainn
as he was saying it he happened to glance at the river
agus chonaic sé freisin an abhainn ag dul síos an cnoc
and he also saw the river going downhill

bhí sé ag canadh agus a bheith sásta faoi gach rud
it was singing and being happy about everything
Thaitin sé seo leis, agus go cineálta aoibh sé ar an abhainn
He liked this, and kindly he smiled at the river
Nárbh í seo an abhainn ina raibh sé ar intinn aige é féin a bháthadh?
Was this not the river in which he had intended to drown himself?
san aimsir chaite, céad bliain ó shin
in past times, a hundred years ago
nó ar shamhlaigh sé seo?
or had he dreamed this?
"Go hiontach go deimhin bhí mo shaol" a cheap sé
"Wondrous indeed was my life" he thought
"Chuir mo shaol slí iontach"
"my life has taken wondrous detours"
"Mar ghasúr, níor dhéileáil mé ach le déithe agus le tairiscintí"
"As a boy, I only dealt with gods and offerings"
"Mar óige, níor dhéileáil mé ach le asceticism"
"As a youth, I only dealt with asceticism"
"Chaith mé mo chuid ama ag smaoineamh agus ag machnamh"
"I spent my time in thinking and meditation"
"Bhí mé ag cuardach Brahman
"I was searching for Brahman
"Agus adhradh mé an síoraí san Atman"
"and I worshipped the eternal in the Atman"
"Ach mar fhear óg, lean mé na penitents"
"But as a young man, I followed the penitents"
"Bhí cónaí orm san fhoraois agus d'fhulaing mé teas agus sioc"
"I lived in the forest and suffered heat and frost"
"Is ann a d'fhoghlaim mé conas ocras a shárú"
"there I learned how to overcome hunger"
"agus mhúin mé mo chorp a bheith marbh"

"and I taught my body to become dead"
"Go hiontach, go luath ina dhiaidh sin, tháinig léargas i dtreo orm"
"Wonderfully, soon afterwards, insight came towards me"
"léargas i bhfoirm theagasc an Búda mhóir"
"insight in the form of the great Buddha's teachings"
"Bhraith mé an t-eolas ar aontacht an domhain"
"I felt the knowledge of the oneness of the world"
"Bhraith mé é ag dul timpeall orm mar mo chuid fola féin"
"I felt it circling in me like my own blood"
"Ach bhí orm freisin an Búda a fhágáil agus an t-eolas iontach"
"But I also had to leave Buddha and the great knowledge"
"Chuaigh mé agus d'fhoghlaim mé ealaín an ghrá le Kamala"
"I went and learned the art of love with Kamala"
"D'fhoghlaim mé trádáil agus gnó le Kamaswami"
"I learned trading and business with Kamaswami"
"Chuir mé airgead amú, agus chuir mé amú arís é"
"I piled up money, and wasted it again"
"D'fhoghlaim mé grá do mo bholg agus do mo chiall a shásamh"
"I learned to love my stomach and please my senses"
"Bhí orm blianta fada a chaitheamh ag cailleadh mo spioraid"
"I had to spend many years losing my spirit"
"agus b'éigean dom smaoineamh a dhífhoghlaim arís"
"and I had to unlearn thinking again"
"tá dearmad déanta agam ar an aontacht"
"there I had forgotten the oneness"
"Nach bhfuil sé díreach mar a bhí mé iompaithe go mall ó fear go leanbh"?
"Isn't it just as if I had turned slowly from a man into a child"?
"ó smaointeoir go duine leanbh"
"from a thinker into a childlike person"
"Agus fós, bhí an cosán seo an-mhaith"
"And yet, this path has been very good"

"agus fós, níl an t-éan i mo bhrollach bás"
"and yet, the bird in my chest has not died"
"Cén cosán a bhí anseo!"
"what a path has this been!"
"Bhí orm dul tríd an oiread sin stupidity"
"I had to pass through so much stupidity"
"Bhí orm dul tríd an oiread sin vice"
"I had to pass through so much vice"
"Bhí orm an oiread sin earráidí a dhéanamh"
"I had to make so many errors"
"Bhí an oiread sin doicheall agus díomá orm"
"I had to feel so much disgust and disappointment"
"Bhí orm é seo go léir a dhéanamh le bheith i mo leanbh arís"
"I had to do all this to become a child again"
"agus ansin d'fhéadfainn tosú arís"
"and then I could start over again"
"Ach ba é an bealach ceart é a dhéanamh"
"But it was the right way to do it"
"Deir mo chroí tá leis agus mo shúile gáire air"
"my heart says yes to it and my eyes smile to it"
"Bhí orm dul i dtaithí ar éadóchas"
"I've had to experience despair"
"B'éigean dom dul i bhfochair na smaointe is amaideach ar fad"
"I've had to sink down to the most foolish of all thoughts"
"Bhí orm smaoineamh ar smaointe an fhéinmharaithe"
"I've had to think to the thoughts of suicide"
"ach ansin a bheadh mé in ann taithí a fháil ar ghrásta diaga"
"only then would I be able to experience divine grace"
"ach ansin a chuala mé Om arís"
"only then could I hear Om again"
"ach ansin a bheadh mé in ann codladh i gceart agus dúiseacht arís"
"only then would I be able to sleep properly and awake again"
"Bhí orm a bheith i mo amadán, Atman a fháil i dom arís"

"I had to become a fool, to find Atman in me again"
"Bhí orm peaca, a bheith in ann maireachtáil arís"
"I had to sin, to be able to live again"
"Cá háit eile a dtiocfadh mo chosán chugam?"
"Where else might my path lead me to?"
"Tá sé amaideach, an cosán seo, bogann sé ina lúb"
"It is foolish, this path, it moves in loops"
"b'fhéidir go bhfuil sé ag dul timpeall i gciorcal"
"perhaps it is going around in a circle"
"Lig an cosán seo nuair is maith leis"
"Let this path go where it likes"
"Cá háit a dtéann an cosán seo, ba mhaith liom é a leanúint"
"where ever this path goes, I want to follow it"
bhraith sé áthas rollta cosúil le tonnta ina cófra
he felt joy rolling like waves in his chest
d'fhiafraigh sé dá chroidhe, "cá bhfuair tú an sonas so?"
he asked his heart, "from where did you get this happiness?"
"An dtagann sé, b'fhéidir, as an codladh fada maith sin?"
"does it perhaps come from that long, good sleep?"
"an codladh a chuir an oiread sin maitheasa orm"
"the sleep which has done me so much good"
"nó an dtagann sé ón bhfocal Om, a dúirt mé?"
"or does it come from the word Om, which I said?"
"Nó a thagann sé as an bhfíric go bhfuil mé éalú?"
"Or does it come from the fact that I have escaped?"
"an dtagann an sonas seo ó sheasamh mar leanbh faoin spéir?"
"does this happiness come from standing like a child under the sky?"
"Ó cé chomh maith é a theith"
"Oh how good is it to have fled"
"Tá sé iontach a bheith saor!"
"it is great to have become free!"
"Cé chomh glan agus álainn atá an t-aer anseo"
"How clean and beautiful the air here is"
"Is maith an t-aer a análú"

"the air is good to breath"
"nuair a rith mé ar shiúl ó gach rud smelled ointments"
"where I ran away from everything smelled of ointments"
"spíosraí, fíon, farasbarr, sloth"
"spices, wine, excess, sloth"
"Conas is fuath liom an saol seo de na saibhir"
"How I hated this world of the rich"
"Is fuath liom iad siúd a revel i bia fíneáil agus na gamblers!"
"I hated those who revel in fine food and the gamblers!"
"Is fuath liom mé féin as fanacht sa saol uafásach seo chomh fada!
"I hated myself for staying in this terrible world for so long!
"Tá mé díothach, nimhe, agus céasadh mé féin"
"I have deprived, poisoned, and tortured myself"
"Tá sean agus olc déanta agam féin!"
"I have made myself old and evil!"
"Ní dhéanfaidh mé go deo arís na rudaí a thaitin liom a dhéanamh"
"No, I will never again do the things I liked doing so much"
"Ní bheidh mé deude féin isteach ag smaoineamh go raibh Siddhartha ciallmhar!"
"I won't delude myself into thinking that Siddhartha was wise!"
"Ach tá an rud amháin seo déanta go maith agam"
"But this one thing I have done well"
"Is maith liom, ní mór dom é seo a mholadh"
"this I like, this I must praise"
"Is maith liom go bhfuil deireadh anois leis an bhfuath sin i mo choinne"
"I like that there is now an end to that hatred against myself"
"Tá deireadh leis an saol amaideach agus dreary sin!"
"there is an end to that foolish and dreary life!"
"Molaim thú, a Siddhartha, tar éis an oiread sin blianta d'amaideas"
"I praise you, Siddhartha, after so many years of foolishness"

"Bhí smaoineamh agat arís"
"you have once again had an idea"
"Chuala tú an t-éan i do bhrollach ag canadh"
"you have heard the bird in your chest singing"
"agus lean tú amhrán an éin!"
"and you followed the song of the bird!"
leis na smaointe seo a mhol sé é féin
with these thoughts he praised himself
fuair sé áthas ann féin arís
he had found joy in himself again
éist sé go aisteach lena bholg rumbling leis an ocras
he listened curiously to his stomach rumbling with hunger
bhí píosa fulaingthe agus ainnise tar éis blaiseadh agus sceith a chur air
he had tasted and spat out a piece of suffering and misery
le blianta beaga anuas agus le déanaí, seo mar a mhothaigh sé
in these recent times and days, this is how he felt
d'ith sé suas go pointe an éadóchais agus an bháis é
he had devoured it up to the point of desperation and death
bhí an chaoi ar tharla gach rud go maith
how everything had happened was good
d'fhéadfadh sé a bheith tar éis fanacht i bhfad níos faide le Kamaswami
he could have stayed with Kamaswami for much longer
d'fhéadfadh sé a bheith déanta níos mó airgid, agus ansin é a chur amú
he could have made more money, and then wasted it
d'fhéadfadh sé a bholg a líonadh agus a anam bás a fháil le tart
he could have filled his stomach and let his soul die of thirst
d'fhéadfadh sé a bheith ina chónaí sa ifreann bog upholstered i bhfad níos faide
he could have lived in this soft upholstered hell much longer
mura dtarlódh sé sin, leanfadh sé an saol seo
if this had not happened, he would have continued this life

nóiméad an dóchais agus an éadóchais iomlán
the moment of complete hopelessness and despair
an nóiméad ba mhór nuair a crochadh sé thar na huiscí rushing
the most extreme moment when he hung over the rushing waters
an nóiméad a bhí sé réidh chun é féin a mhilleadh
the moment he was ready to destroy himself
an nóiméad a bhraith sé an éadóchas agus disgust domhain
the moment he had felt this despair and deep disgust
níor ghéill sé dó
he had not succumbed to it
bhí an t-éan fós beo tar éis an tsaoil
the bird was still alive after all
ba é seo an fáth a bhraith sé áthas agus gáire
this was why he felt joy and laughed
ba é seo an fáth a raibh a aghaidh ag miongháire go geal faoina ghruaig
this was why his face was smiling brightly under his hair
a chuid gruaige a bhí iompaithe liath anois
his hair which had now turned gray
"Is maith," a cheap sé, "blas a fháil ar gach rud duit féin"
"It is good," he thought, "to get a taste of everything for oneself"
"gach rud a theastaíonn uait a bheith ar eolas"
"everything which one needs to know"
"Ní bhaineann lust don domhan agus saibhreas leis na rudaí maithe"
"lust for the world and riches do not belong to the good things"
"Tá sé seo foghlamtha agam mar leanbh cheana féin"
"I have already learned this as a child"
"Tá aithne agam air le fada"
"I have known it for a long time"
"ach ní raibh taithí agam air go dtí seo"
"but I hadn't experienced it until now"

"Agus anois go bhfuil taithí agam air tá a fhios agam é"
"And now that I I've experienced it I know it"
"Ní hamháin i mo chuimhne é, ach i mo shúile, mo chroí agus mo bholg"
"I don't just know it in my memory, but in my eyes, heart, and stomach"
"Is maith liom é seo a fhios!"
"it is good for me to know this!"

Ar feadh i bhfad, rinne sé machnamh ar a chlaochlú
For a long time, he pondered his transformation
d'éist sé leis an éan, agus é ag canadh le háthas
he listened to the bird, as it sang for joy
Nach bhfuair an t-éan seo bás ann?
Had this bird not died in him?
nár bhraith sé bás an éin seo?
had he not felt this bird's death?
Ní hea, fuair rud éigin eile ón taobh istigh dó bás
No, something else from within him had died
fuair rud éigin a raibh fonn air bás a fháil bás
something which yearned to die had died
Nárbh é seo a bhíodh ar intinn aige a mharú?
Was it not this that he used to intend to kill?
Nárbh é a chuid féin beag, eaglach, bródúil a fuair bás?
Was it not his his small, frightened, and proud self that had died?
bhí sé ag wrestling leis féin ar feadh na mblianta sin
he had wrestled with his self for so many years
an t-é féin a thug an ruaig air anois is arís
the self which had defeated him again and again
an féin a bhí ar ais arís tar éis gach marú
the self which was back again after every killing
an féin a chuir cosc ar lúcháir agus ar bhraith eagla?
the self which prohibited joy and felt fear?
Nárbh é seo an duine féin a tháinig chun báis faoi dheireadh inniu?
Was it not this self which today had finally come to its death?

anseo san fhoraois, cois na habhann álainn seo
here in the forest, by this lovely river
Nach mar gheall ar an mbás seo a bhí sé anois mar leanbh?
Was it not due to this death, that he was now like a child?
chomh lán le muinín agus áthas, gan eagla
so full of trust and joy, without fear
Anois fuair Siddhartha tuairim éigin freisin cén fáth ar throid sé é féin go neamhbhalbh
Now Siddhartha also got some idea of why he had fought this self in vain
bhí a fhios aige cén fáth nach bhféadfadh sé a throid féin mar Brahman
he knew why he couldn't fight his self as a Brahman
Choinnigh an iomarca eolais siar é
Too much knowledge had held him back
an iomarca véarsaí naofa, rialacha íobartach, agus féin-theilgthe
too many holy verses, sacrificial rules, and self-castigation
choinnigh na nithe seo go léir siar é
all these things held him back
an oiread sin á dhéanamh agus ag déanamh a dhíchill don sprioc sin!
so much doing and striving for that goal!
bhí sé lán d'arrogance
he had been full of arrogance
bhí sé i gcónaí ar an smartest
he was always the smartest
bhí sé i gcónaí ag obair is mó
he was always working the most
bhí sé i gcónaí céim amháin chun tosaigh ar gach ceann eile
he had always been one step ahead of all others
bhí sé i gcónaí ar an eolas agus spioradálta
he was always the knowing and spiritual one
measadh i gcónaí é an sagart nó an duine ciallmhar
he was always considered the priest or wise one

bhí cúlaithe aige féin le bheith ina shagart, arrogance, agus spioradáltacht
his self had retreated into being a priest, arrogance, and spirituality
ansin shuigh sé go daingean agus d'fhás an t-am ar fad
there it sat firmly and grew all this time
agus cheap sé go bhféadfadh sé é a mharú le troscadh
and he had thought he could kill it by fasting
Anois chonaic sé a shaol mar a bhí sé
Now he saw his life as it had become
chonaic sé go raibh an guth rúnda ceart
he saw that the secret voice had been right
ní bheadh aon mhúinteoir riamh in ann a shlánú a thabhairt
no teacher would ever have been able to bring about his salvation
Dá bhrí sin, bhí air dul amach ar an domhan
Therefore, he had to go out into the world
b'éigean dó é féin a chailleadh le lust agus cumhacht
he had to lose himself to lust and power
b'éigean dó é féin a chailleadh ar mhná agus ar airgead
he had to lose himself to women and money
b'éigean dó a bheith ina cheannaí, ina chearrbhachas dísle, ina óltóir
he had to become a merchant, a dice-gambler, a drinker
agus b'éigean dó a bheith ina dhuine sanntach
and he had to become a greedy person
bhí air seo a dhéanamh go dtí go raibh an sagart agus Samana ann marbh
he had to do this until the priest and Samana in him was dead
Mar sin, b'éigean dó leanúint ar aghaidh leis na blianta gránna seo
Therefore, he had to continue bearing these ugly years
bhí air an disgust agus an teagasc a iompar
he had to bear the disgust and the teachings
b'éigean dó an t-uafás a bhain le saol duairc agus amú a fhulaingt

he had to bear the pointlessness of a dreary and wasted life
bhí air é a thabhairt i gcrích go dtí a deireadh searbh
he had to conclude it up to its bitter end
bhí air seo a dhéanamh go dtí go bhféadfadh an lustful bás freisin Siddhartha
he had to do this until Siddhartha the lustful could also die
Bhí sé tar éis bás a fháil agus bhí Siddhartha nua tar éis éirí as a chodladh
He had died and a new Siddhartha had woken up from the sleep
d'fhásfadh an Siddhartha nua seo in aois freisin
this new Siddhartha would also grow old
bheadh air bás a fháil sa deireadh freisin
he would also have to die eventually
Bhí Siddhartha fós marfach, mar atá gach foirm fhisiceach
Siddhartha was still mortal, as is every physical form
Ach inniu bhí sé óg agus leanbh agus é lán de áthas
But today he was young and a child and full of joy
Shíl sé na smaointe seo dó féin
He thought these thoughts to himself
éist sé le gáire ar a bholg
he listened with a smile to his stomach
d'éist sé go buíoch le beacha buama
he listened gratefully to a buzzing bee
Go suairc, d'fhéach sé isteach san abhainn rushing
Cheerfully, he looked into the rushing river
níor thaitin uisce riamh leis chomh mór leis an gceann seo
he had never before liked a water as much as this one
níor bhraith sé riamh an guth chomh láidir sin
he had never before perceived the voice so stronger
níor thuig sé riamh parabal an uisce ghluaisteach chomh láidir sin
he had never understood the parable of the moving water so strongly
níor thug sé faoi deara riamh cé chomh álainn a bhog an abhainn

he had never before noticed how beautifully the river moved
Dhealraigh sé dó, amhail is dá mbeadh an abhainn rud éigin speisialta a insint dó
It seemed to him, as if the river had something special to tell him
rud nach raibh a fhios aige go fóill, a bhí fós ag fanacht air
something he did not know yet, which was still awaiting him
San abhainn seo, bhí sé beartaithe ag Siddhartha é féin a bháthadh
In this river, Siddhartha had intended to drown himself
san abhainn seo a bhí an sean, tuirseach, éadóchasach Siddhartha báite inniu
in this river the old, tired, desperate Siddhartha had drowned today
Ach bhraith an Siddhartha nua grá domhain don uisce rushing seo
But the new Siddhartha felt a deep love for this rushing water
agus chinn sé ar a shon féin, gan é a fhágáil go han-luath
and he decided for himself, not to leave it very soon

An Fear Farantóireachta
The Ferryman

"De réir an abhainn ba mhaith liom fanacht," a cheap Siddhartha
"By this river I want to stay," thought Siddhartha
"Is í an abhainn chéanna a thrasnaigh mé i bhfad ó shin"
"it is the same river which I have crossed a long time ago"
"Bhí mé ar mo bhealach chuig na daoine cosúil le leanaí"
"I was on my way to the childlike people"
"Thug fear farantóireachta cairdiúil mé trasna na habhann"
"a friendly ferryman had guided me across the river"
"sé an ceann ba mhaith liom dul go dtí"
"he is the one I want to go to"
"ag tosú amach óna bhothán, thug mo chosán go dtí saol nua mé"
"starting out from his hut, my path led me to a new life"
"cosán a d'fhás sean agus atá marbh anois"
"a path which had grown old and is now dead"
"Tosóidh mo chosán láithreach ansin freisin!"
"my present path shall also take its start there!"
Go réidh, d'fhéach sé isteach san uisce rushing
Tenderly, he looked into the rushing water
d'fhéach sé isteach sna línte glasa trédhearcacha a tharraing an t-uisce
he looked into the transparent green lines the water drew
bhí na línte criostail uisce saibhir i rúin
the crystal lines of water were rich in secrets
chonaic sé péarlaí geala ag éirí as an domhain
he saw bright pearls rising from the deep
boilgeoga ciúine aeir ar snámh ar an dromchla frithchaiteach
quiet bubbles of air floating on the reflecting surface
gorm na spéire léirithe sna boilgeoga
the blue of the sky depicted in the bubbles
d'fhéach an abhainn air le míle súl
the river looked at him with a thousand eyes
bhí súile glasa agus súile bána ar an abhainn

the river had green eyes and white eyes
bhí súile criostail agus súile spéir-ghorma ar an abhainn
the river had crystal eyes and sky-blue eyes
thaitin an t-uisce seo go mór leis, chuir sé an-áthas air
he loved this water very much, it delighted him
bhí sé buíoch den uisce
he was grateful to the water
Ina chroí chuala sé an guth ag caint
In his heart he heard the voice talking
"Is breá an uisce seo! Fan in aice leis!"
"Love this water! Stay near it!"
"Foghlaim ón uisce!" d'órduigh a ghuth é
"Learn from the water!" his voice commanded him
Ó sea, bhí sé ag iarraidh foghlaim uaidh
Oh yes, he wanted to learn from it
theastaigh uaidh éisteacht leis an uisce
he wanted to listen to the water
An té a thuigfeadh rúin an uisce seo
He who would understand this water's secrets
thuigfeadh sé go leor rudaí eile freisin
he would also understand many other things
seo mar a dhealraigh sé dó
this is how it seemed to him
Ach as rúin uile na habhann, ní fhaca sé inniu ach ceann amháin
But out of all secrets of the river, today he only saw one
bhain an rún seo lena anam
this secret touched his soul
rith an t-uisce seo agus rith sé, gan staonadh
this water ran and ran, incessantly
rith an t-uisce, ach mar sin féin bhí sé i gcónaí ann
the water ran, but nevertheless it was always there
bhí an t-uisce mar an gcéanna i gcónaí, i gcónaí
the water always, at all times, was the same
agus ag an am céanna bhí sé nua i ngach nóiméad
and at the same time it was new in every moment

an té a thiocfadh leis seo bheadh sé iontach
he who could grasp this would be great
ach níor thuigeas ná níor thuig sé é
but he didn't understand or grasp it
níor mhothaigh sé ach tuairim éigin faoi chorraíl
he only felt some idea of it stirring
bhí sé cosúil le cuimhne i bhfad i gcéin, guthanna diaga
it was like a distant memory, a divine voices

D'ardaigh Siddhartha mar a d'éirigh an t-ocras ina chorp dofhulaingthe
Siddhartha rose as the workings of hunger in his body became unbearable
I daze shiúil sé níos faide ar shiúl ón gcathair
In a daze he walked further away from the city
shiúil sé suas an abhainn ar feadh an chosáin le bruach
he walked up the river along the path by the bank
d'éist sé le sruth an uisce
he listened to the current of the water
éist sé leis an ocras rumbling ina chorp
he listened to the rumbling hunger in his body
Nuair a shroich sé an bád farantóireachta, bhí an bád díreach ag teacht
When he reached the ferry, the boat was just arriving
an fear farantóireachta céanna a d'iompair an Samana óg trasna na habhann tráth
the same ferryman who had once transported the young Samana across the river
sheas sé sa bhád agus d'aithin Siddhartha é
he stood in the boat and Siddhartha recognised him
bhí sé go mór in aois freisin
he had also aged very much
bhí ionadh ar an mbád farantóireachta fear chomh galánta sin a fheiceáil ag siúl de shiúl na gcos
the ferryman was astonished to see such an elegant man walking on foot
"Ar mhaith leat a bhád farantóireachta dom thar?" d'iarr sé

"Would you like to ferry me over?" he asked
thug sé isteach ina bhád é agus bhrúigh sé den bhruach é
he took him into his boat and pushed it off the bank
"Is álainn an saol atá roghnaithe agat duit féin" a dúirt an paisinéir
"It's a beautiful life you have chosen for yourself" the passenger spoke
"Caithfidh sé a bheith go hálainn maireachtáil leis an uisce seo gach lá"
"It must be beautiful to live by this water every day"
"agus caithfidh sé a bheith go hálainn a bheith ag turasóireacht air ar an abhainn"
"and it must be beautiful to cruise on it on the river"
Le gáire, bhog an fear a bhí ag an maidí rámha ó thaobh go taobh
With a smile, the man at the oar moved from side to side
"Tá sé chomh hálainn agus a deir tú, a dhuine uasail"
"It is as beautiful as you say, sir"
"Ach nach bhfuil gach saol agus gach obair álainn?"
"But isn't every life and all work beautiful?"
"D'fhéadfadh sé seo a bheith fíor" fhreagair Siddhartha
"This may be true" replied Siddhartha
"Ach tá mé in éad leat do do shaol"
"But I envy you for your life"
"Ah, ní fada go stopfá ag baint sult as"
"Ah, you would soon stop enjoying it"
"Ní obair ar bith é seo do dhaoine ag caitheamh éadaí mín"
"This is no work for people wearing fine clothes"
Siddhartha gáire ag an breathnóireacht
Siddhartha laughed at the observation
"Uair roimhe seo, breathnaíodh orm inniu mar gheall ar mo chuid éadaí"
"Once before, I have been looked upon today because of my clothes"
"Breathnaíodh mé le hiontas"
"I have been looked upon with distrust"

"**Is núis iad dom**"
"they are a nuisance to me"
"**Nach maith leat, a fheara farantóireachta, glacadh leis na héadaí seo**"
"Wouldn't you, ferryman, like to accept these clothes"
"**Mar ní mór go mbeadh a fhios agat, níl airgead agam chun do tháille a íoc**"
"because you must know, I have no money to pay your fare"
"**Tá tú ag magadh, a dhuine uasail,** gáire an ferryman
"You're joking, sir," the ferryman laughed
"**Níl mé ag magadh, a chara**"
"I'm not joking, friend"
"**uair sula mbeidh tú tar éis mé a iompar trasna an uisce seo i do bhád**"
"once before you have ferried me across this water in your boat"
"**Rinne tú é ar son luach saothair maith gníomhais**"
"you did it for the immaterial reward of a good deed"
"**Fairigh mé trasna na habhann agus glac mo chuid éadaigh air**"
"ferry me across the river and accept my clothes for it"
"**Agus an bhfuil sé ar intinn agat, a dhuine uasail, leanúint ar aghaidh ag taisteal gan éadaí?**"
"And do you, sir, intent to continue travelling without clothes?"
"**Ah, an chuid is mó ar fad ní ba mhaith liom leanúint ar aghaidh ag taisteal ar chor ar bith**"
"Ah, most of all I wouldn't want to continue travelling at all"
"**B'fhearr liom go dtugfá sean-éadach loinnir dom**"
"I would rather you gave me an old loincloth"
"**Ba mhaith liom é dá gcoimeádfá mé leat mar do chúntóir**"
"I would like it if you kept me with you as your assistant"
"**nó in áit, ba mhaith liom dá nglacfadh tú liom mar d'oiliúnaí**"
"or rather, I would like if you accepted me as your trainee"

"mar gheall ar dtús beidh orm foghlaim conas an bád a láimhseáil"
"because first I'll have to learn how to handle the boat"
Ar feadh i bhfad, d'fhéach an fear farantóireachta ar an strainséir
For a long time, the ferryman looked at the stranger
bhí sé ag cuardach ina chuimhne don fhear aisteach seo
he was searching in his memory for this strange man
"Anois aithním thú," a dúirt sé faoi dheireadh
"Now I recognise you," he finally said
"Ag am amháin, chodail tú i mo bhothán"
"At one time, you've slept in my hut"
"bhí sé seo i bhfad ó shin, b'fhéidir níos mó ná fiche bliain"
"this was a long time ago, possibly more than twenty years"
"agus tá tú curtha trasna na habhann liom"
"and you've been ferried across the river by me"
"An lá sin scar muid cosúil le cairde maithe"
"that day we parted like good friends"
"Nach Samana thú?"
"Haven't you been a Samana?"
"Ní féidir liom smaoineamh ar d'ainm a thuilleadh"
"I can't think of your name anymore"
"Siddhartha is ainm dom, agus bhí mé i mo Samana"
"My name is Siddhartha, and I was a Samana"
"Bhí mé fós i Samana nuair a chonaic tú mé an uair dheireanach"
"I had still been a Samana when you last saw me"
"Fáilte romhat mar sin, Siddhartha. Vasudeva is ainm dom"
"So be welcome, Siddhartha. My name is Vasudeva"
"Beidh tusa, mar sin tá súil agam, mar aoi agam inniu freisin"
"You will, so I hope, be my guest today as well"
"agus b'fhéidir go gcodlaíonn tú i mo bhothán"
"and you may sleep in my hut"
"agus b'fhéidir go ndéarfá liom, cá bhfuil tú ag teacht"
"and you may tell me, where you're coming from"

"agus b'fhéidir go n-inseoidh tú dom cén fáth a bhfuil na héadaí áille seo chomh núis duit"
"and you may tell me why these beautiful clothes are such a nuisance to you"
Bhí lár na habhann sroichte acu
They had reached the middle of the river
Bhrúigh Vasudeva an mada le níos mó neart
Vasudeva pushed the oar with more strength
d'fhonn an sruth a shárú
in order to overcome the current
D'oibrigh sé go socair, le arm brawny
He worked calmly, with brawny arms
bhí a shúile socraithe isteach ar aghaidh an bháid
his eyes were fixed in on the front of the boat
Siddhartha shuigh agus faire air
Siddhartha sat and watched him
chuimhnigh sé ar a chuid ama mar Samana
he remembered his time as a Samana
chuimhnigh sé ar an ngrá don fhear seo a d'éirigh ina chroí
he remembered how love for this man had stirred in his heart
Le buíochas, ghlac sé le cuireadh Vasudeva
Gratefully, he accepted Vasudeva's invitation
Nuair a shroich siad an bruach, chabhraigh sé leis an bád a cheangal de na cuaillí
When they had reached the bank, he helped him to tie the boat to the stakes
ina dhiaidh sin, d'iarr an fear farantóireachta air dul isteach sa bhothán
after this, the ferryman asked him to enter the hut
thairg sé arán agus uisce dó, agus d'ith Siddhartha go fonnmhar
he offered him bread and water, and Siddhartha ate with eager pleasure
agus d'ith sé le fonn freisin na torthaí mango a thairg Vasudeva dó

and he also ate with eager pleasure of the mango fruits
Vasudeva offered him

Ina dhiaidh sin, bhí sé beagnach am an luí na gréine
Afterwards, it was almost the time of the sunset
shuigh siad ar log ag an mbanc
they sat on a log by the bank
D'inis Siddhartha don fhear farantóireachta cén áit ar tháinig sé ar dtús
Siddhartha told the ferryman about where he originally came from
d'inis sé dó faoina shaol mar a chonaic sé inniu é
he told him about his life as he had seen it today
ar an mbealach a chonaic sé é san uair an éadóchais
the way he had seen it in that hour of despair
mhair scéal a shaoil go mall san oíche
the tale of his life lasted late into the night
Vasudeva éist le aird mhór
Vasudeva listened with great attention
Ag éisteacht go cúramach, lig sé gach rud isteach ina intinn
Listening carefully, he let everything enter his mind
áit bhreithe agus óige, an fhoghlaim sin ar fad
birthplace and childhood, all that learning
gach cuardach, gach áthas, gach anacair
all that searching, all joy, all distress
Bhí sé seo ar cheann de na buanna is mó an farantóireachta
This was one of the greatest virtues of the ferryman
cosúil le ach cúpla, bhí a fhios aige conas a bheith ag éisteacht
like only a few, he knew how to listen
níor ghá dó focal a labhairt
he did not have to speak a word
ach mhothaigh an cainteoir conas a lig Vasudeva a chuid focal isteach ina intinn
but the speaker sensed how Vasudeva let his words enter his mind
bhí a intinn ciúin, oscailte, agus ag fanacht

his mind was quiet, open, and waiting
níor chaill sé focal amháin
he did not lose a single word
níor fhan sé le focal amháin le mífhoighne
he did not await a single word with impatience
níor chuir sé a mholadh ná a cháineadh
he did not add his praise or rebuke
ní raibh sé ach ag éisteacht, agus rud ar bith eile
he was just listening, and nothing else
Mhothaigh Siddhartha gur ádh mór é a admháil d'éisteoir den sórt sin
Siddhartha felt what a happy fortune it is to confess to such a listener
bhraith sé an t-ádh a adhlacadh ina chroí a shaol féin
he felt fortunate to bury in his heart his own life
d'adhlaic sé a lorg agus a fhulaingt féin
he buried his own search and suffering
d'inis sé scéal shaol Siddhartha
he told the tale of Siddhartha's life
nuair a labhair sé faoin gcrann cois na habhann
when he spoke of the tree by the river
nuair a labhair sé ar a titim domhain
when he spoke of his deep fall
nuair a labhair sé ar an Om naofa
when he spoke of the holy Om
nuair a labhair sé faoin gcaoi ar mhothaigh sé a leithéid de ghrá don abhainn
when he spoke of how he had felt such a love for the river
d'éist an fear farantóireachta leis na rudaí seo le dhá oiread airde
the ferryman listened to these things with twice as much attention
bhí sé gafa go hiomlán agus go hiomlán leis
he was entirely and completely absorbed by it
bhí sé ag éisteacht lena shúile dúnta
he was listening with his eyes closed

nuair a thit Siddhartha ina thost tharla ciúnas fada
when Siddhartha fell silent a long silence occurred
ansin labhair Vasudeva "Tá sé mar a shíl mé"
then Vasudeva spoke "It is as I thought"
"Labhair an abhainn leat"
"The river has spoken to you"
"Is í an abhainn do chara freisin"
"the river is your friend as well"
"Labhraíonn an abhainn leat freisin"
"the river speaks to you as well"
"Tá sé sin go maith, tá sé sin an-mhaith"
"That is good, that is very good"
"Fan liom, Siddhartha, mo chara"
"Stay with me, Siddhartha, my friend"
"Bhí bean agam"
"I used to have a wife"
"Bhí a leaba in aice liom"
"her bed was next to mine"
"ach fuair sí bás i bhfad ó shin"
"but she has died a long time ago"
"Le fada, tá mé i mo chónaí i m'aonar"
"for a long time, I have lived alone"
"Anois, beidh tú i do chónaí liom"
"Now, you shall live with me"
"tá go leor spáis agus bia ann don bheirt againn"
"there is enough space and food for both of us"
"Gabhaim buíochas leat," a dúirt Siddhartha
"I thank you," said Siddhartha
"Gabhaim buíochas leat agus glacaim"
"I thank you and accept"
"Agus gabhaim buíochas leat freisin as seo, Vasudeva"
"And I also thank you for this, Vasudeva"
"Gabhaim buíochas leat as éisteacht liom chomh maith"
"I thank you for listening to me so well"
"Is annamh a bhíonn daoine a bhfuil a fhios acu conas éisteacht"

"people who know how to listen are rare"
"Níor bhuail mé le duine singil a raibh a fhios aige chomh maith agus a dhéanann tú"
"I have not met a single person who knew it as well as you do"
"Beidh mé ag foghlaim ina leith seo uait freisin"
"I will also learn in this respect from you"
"Foghlaimfidh tú é," a dúirt Vasudeva
"You will learn it," spoke Vasudeva
"ach ní fhoghlaimfidh tú uaim é"
"but you will not learn it from me"
"Mhúin an abhainn dom éisteacht"
"The river has taught me to listen"
"foghlaimfidh tú éisteacht ón abhainn freisin"
"you will learn to listen from the river as well"
"Tá a fhios aige gach rud, an abhainn"
"It knows everything, the river"
"Is féidir gach rud a fhoghlaim ón abhainn"
"everything can be learned from the river"
"Féach, tá sé seo foghlamtha agat cheana féin ón uisce freisin"
"See, you've already learned this from the water too"
"Tá sé foghlamtha agat go bhfuil sé go maith dícheall a dhéanamh"
"you have learned that it is good to strive downwards"
"d'fhoghlaim tú dul faoi uisce agus doimhneacht a lorg"
"you have learned to sink and to seek depth"
"Tá an Siddhartha saibhir galánta ag éirí ina sheirbhíseach oarsman"
"The rich and elegant Siddhartha is becoming an oarsman's servant"
"Déantar an Brahman Siddhartha foghlamtha ina fhear farantóireachta"
"the learned Brahman Siddhartha becomes a ferryman"
"Tá sé seo curtha in iúl duit ag an abhainn freisin"
"this has also been told to you by the river"
"Foghlaimfidh tú an rud eile uaidh freisin"

"You'll learn the other thing from it as well"
Labhair Siddhartha tar éis sos fada
Siddhartha spoke after a long pause
"Cad iad na rudaí eile a fhoghlaimeoidh mé, Vasudeva?"
"What other things will I learn, Vasudeva?"
Vasudeva ardaigh. "Tá sé déanach," a dúirt sé
Vasudeva rose. "It is late," he said
agus mhol Vasudeva dul a chodladh
and Vasudeva proposed going to sleep
"Ní féidir liom an rud eile sin a rá leat, a chara"
"I can't tell you that other thing, oh friend"
"Foghlaimfidh tú an rud eile, nó b'fhéidir go bhfuil a fhios agat cheana féin"
"You'll learn the other thing, or perhaps you know it already"
"Féach, ní fear foghlamtha mé"
"See, I'm no learned man"
"Níl aon scil speisialta agam sa chaint"
"I have no special skill in speaking"
"Níl aon scil speisialta agam sa smaoineamh freisin"
"I also have no special skill in thinking"
"Ní féidir liom a dhéanamh ach éisteacht agus a bheith diaga"
"All I'm able to do is to listen and to be godly"
"Níor fhoghlaim mé aon rud eile"
"I have learned nothing else"
"Dá mbeinn in ann é a rá agus a mhúineadh, b'fhéidir gur duine ciallmhar mé"
"If I was able to say and teach it, I might be a wise man"
"Ach mar seo níl ionam ach fear farantóireachta"
"but like this I am only a ferryman"
"agus is é mo chúram daoine a bhádadh trasna na habhann"
"and it is my task to ferry people across the river"
"D'iompair mé na mílte duine"
"I have transported many thousands of people"
"agus dóibh go léir, ní raibh san abhainn agam ach constaic"
"and to all of them, my river has been nothing but an obstacle"

"**bhí sé rud a chuir isteach ar a gcuid taistil**"
"it was something that got in the way of their travels"
"**thaistil siad a lorg airgid agus gnó**"
"they travelled to seek money and business"
"**thaistil siad le haghaidh póstaí agus oilithreachtaí**"
"they travelled for weddings and pilgrimages"
"**agus bhí an abhainn ag cur bac ar a gcosán**"
"and the river was obstructing their path"
"**Ba é jab an fhir farantóireachta iad a fháil go tapa trasna an chonstaic sin**"
"the ferryman's job was to get them quickly across that obstacle"
"**Ach do roinnt i measc na mílte, cúpla, tá an abhainn stop a bheith ina chonstaic**"
"But for some among thousands, a few, the river has stopped being an obstacle"
"**Chuala siad a ghlór agus d'éist siad leis**"
"they have heard its voice and they have listened to it"
"**agus tá an abhainn naofa dóibh**"
"and the river has become sacred to them"
"**Éirigh sé naofa dóibh mar tá sé tar éis éirí naofa dom**"
"it become sacred to them as it has become sacred to me"
"**do anois, lig dúinn scíthe, Siddhartha**"
"for now, let us rest, Siddhartha"

D'fhan Siddhartha leis an mbád farantóireachta agus d'fhoghlaim sé an bád a oibriú
Siddhartha stayed with the ferryman and learned to operate the boat
nuair nach raibh aon rud le déanamh ag an mbád farantóireachta, d'oibrigh sé le Vasudeva sa réimse ríse
when there was nothing to do at the ferry, he worked with Vasudeva in the rice-field
bhailigh sé adhmad agus bhain sé na torthaí de na crainn bananaí
he gathered wood and plucked the fruit off the banana-trees

D'fhoghlaim sé maidí rámha a thógáil agus conas an bád a dheisiú
He learned to build an oar and how to mend the boat
d'fhoghlaim sé conas ciseáin a fhí agus d'aisíoc sé an bothán
he learned how to weave baskets and repaid the hut
agus bhí áthas air mar gheall ar gach rud a d'fhoghlaim sé
and he was joyful because of everything he learned
rith na laethanta agus na míonna go tapa
the days and months passed quickly
Ach níos mó ná mar a d'fhéadfadh Vasudeva a mhúineadh dó, bhí sé á mhúineadh ag an abhainn
But more than Vasudeva could teach him, he was taught by the river
Incessantly, d'fhoghlaim sé ón abhainn
Incessantly, he learned from the river
An chuid is mó ar fad, d'fhoghlaim sé éisteacht
Most of all, he learned to listen
d'fhoghlaim sé aird ghéar a thabhairt le croí ciúin
he learned to pay close attention with a quiet heart
d'fhoghlaim sé a choinneáil ag fanacht, anam oscailte
he learned to keep a waiting, open soul
d'fhoghlaim sé éisteacht gan paisean
he learned to listen without passion
d'fhoghlaim sé éisteacht gan toil
he learned to listen without a wish
d'fhoghlaim sé éisteacht gan breithiúnas
he learned to listen without judgement
d'fhoghlaim sé éisteacht gan tuairim
he learned to listen without an opinion

Ar bhealach cairdiúil, chónaigh sé taobh le taobh le Vasudeva
In a friendly manner, he lived side by side with Vasudeva
ó am go chéile mhalartaíonn siad roinnt focal
occasionally they exchanged some words
ansin, fadó, smaoinigh siad ar na focail
then, at length, they thought about the words

Ní raibh Vasudeva aon chara focal
Vasudeva was no friend of words
Is annamh a d'éirigh le Siddhartha é a chur ina luí air labhairt
Siddhartha rarely succeeded in persuading him to speak
"ar fhoghlaim tú freisin an rún sin ón abhainn?"
"did you too learn that secret from the river?"
"an rún nach bhfuil aon am?"
"the secret that there is no time?"
Líonadh aghaidh Vasudeva le aoibh gháire geal
Vasudeva's face was filled with a bright smile
"Sea, Siddhartha," labhair sé
"Yes, Siddhartha," he spoke
"D'fhoghlaim mé go bhfuil an abhainn i ngach áit ag an am céanna"
"I learned that the river is everywhere at once"
"tá sé ag an bhfoinse agus ag béal na habhann"
"it is at the source and at the mouth of the river"
"tá sé ag an eas agus ag an mbád farantóireachta"
"it is at the waterfall and at the ferry"
"tá sé ag na Rapids agus san fharraige"
"it is at the rapids and in the sea"
"tá sé sna sléibhte agus i ngach áit ag an am céanna"
"it is in the mountains and everywhere at once"
"agus d'fhoghlaim mé nach bhfuil ann ach an t-am láithreach don abhainn"
"and I learned that there is only the present time for the river"
"níl scáth an ama a chuaigh thart"
"it does not have the shadow of the past"
"agus níl scáth na todhchaí air"
"and it does not have the shadow of the future"
"An é seo cad atá i gceist agat?" d'iarr sé
"is this what you mean?" he asked
"Is é seo cad atá i gceist agam," a dúirt Siddhartha
"This is what I meant," said Siddhartha

"Agus nuair a bhí sé foghlamtha agam, d'fhéach mé ar mo shaol"
"And when I had learned it, I looked at my life"
"agus bhí mo shaol ina abhainn freisin"
"and my life was also a river"
"Ní raibh an buachaill Siddhartha scartha ach ón bhfear Siddhartha le scáth"
"the boy Siddhartha was only separated from the man Siddhartha by a shadow"
"agus scáth scartha an fear Siddhartha ón seanfhear Siddhartha"
"and a shadow separated the man Siddhartha from the old man Siddhartha"
"tá rudaí scartha le scáth, ní le rud éigin fíor"
"things are separated by a shadow, not by something real"
"Chomh maith leis sin, ní raibh breitheanna Siddhartha roimhe seo san am atá caite"
"Also, Siddhartha's previous births were not in the past"
"agus níl a bhás agus a fhilleadh ar Brahma amach anseo"
"and his death and his return to Brahma is not in the future"
"Ní raibh aon rud, ní bheidh aon rud, ach tá gach rud"
"nothing was, nothing will be, but everything is"
"tá gach rud ann agus tá sé i láthair"
"everything has existence and is present"
Labhair Siddhartha le eacstais
Siddhartha spoke with ecstasy
chuir an tsoilsiú seo an-áthas air
this enlightenment had delighted him deeply
"Ní raibh an t-am ar fad ag fulaingt?"
"was not all suffering time?"
"Nach cineál ama a bhí i ngach cineál cráite?"
"were not all forms of tormenting oneself a form of time?"
"Nach raibh gach rud crua agus naimhdeach mar gheall ar an am?"
"was not everything hard and hostile because of time?"

"Nach bhfuil gach rud olc a shárú nuair a overcomes duine am?"
"is not everything evil overcome when one overcomes time?"
"Chomh luath agus a fhágann am an intinn, an bhfuil fulaingt fhágáil freisin?"
"as soon as time leaves the mind, does suffering leave too?"
Labhair Siddhartha le gliondar ecstatic
Siddhartha had spoken in ecstatic delight
ach rinne Vasudeva miongháire air agus chrom sé ar an daingniú
but Vasudeva smiled at him brightly and nodded in confirmation
go ciúin Chlaon sé agus scuab sé a lámh thar ghualainn Siddhartha ar
silently he nodded and brushed his hand over Siddhartha's shoulder
agus ansin chuaidh sé ar ais go dtí a chuid oibre
and then he turned back to his work

Agus d'iarr Siddhartha Vasudeva arís am eile
And Siddhartha asked Vasudeva again another time
bhí an abhainn díreach tar éis a sreabhadh a mhéadú i aimsir na báistí
the river had just increased its flow in the rainy season
agus rinne sé torann cumhachtach
and it made a powerful noise
"Nach bhfuil sé amhlaidh, a chara, tá go leor guthanna san abhainn?"
"Isn't it so, oh friend, the river has many voices?"
"Nach é guth rí agus laochra?"
"Hasn't it the voice of a king and of a warrior?"
"Nach é guth tarbh agus éin na hoíche?"
"Hasn't it the voice of of a bull and of a bird of the night?"
"Nach é guth mná ag breith agus ag osna?"
"Hasn't it the voice of a woman giving birth and of a sighing man?"
"agus nach bhfuil sé chomh maith míle guthanna eile?"

"and does it not also have a thousand other voices?"
"Is mar a deir tú go bhfuil sé," Chlaon Vasudeva
"it is as you say it is," Vasudeva nodded
"Tá guthanna na créatúir go léir ina ghlór"
"all voices of the creatures are in its voice"
"Agus an bhfuil a fhios agat ..." lean Siddhartha
"And do you know..." Siddhartha continued
"Cén focal a labhraíonn sé nuair a éiríonn leat gach guthanna a chloisteáil ag an am céanna?"
"what word does it speak when you succeed in hearing all of voices at once?"
Go sona sásta, bhí aghaidh Vasudeva ag gáire
Happily, Vasudeva's face was smiling
chrom sé anonn go Siddhartha agus labhair an tOm naofa ina chluas
he bent over to Siddhartha and spoke the holy Om into his ear
Agus ba é seo an rud féin a bhí Siddhartha ag éisteacht freisin
And this had been the very thing which Siddhartha had also been hearing

am i ndiaidh a chéile, d'éirigh a aoibh gháire níos cosúla le fear an bhád farantóireachta
time after time, his smile became more similar to the ferryman's
d'éirigh a aoibh gháire beagnach díreach chomh geal leis an bhfear farantóireachta
his smile became almost just as bright as the ferryman's
bhí sé beagnach díreach chomh críochnúil glowing le aoibhneas
it was almost just as thoroughly glowing with bliss
shining as míle wrinkles beag
shining out of thousand small wrinkles
díreach cosúil le aoibh gháire linbh
just like the smile of a child
díreach cosúil le aoibh gháire seanfhear
just like the smile of an old man

Cheap go leor taistealaithe, nuair a chonaic siad an bheirt farantóireachta, gur deartháireacha iad
Many travellers, seeing the two ferrymen, thought they were brothers
Go minic, shuigh siad sa tráthnóna le chéile ag an mbanc
Often, they sat in the evening together by the bank
ní dúirt siad faic agus d'éist an bheirt leis an uisce
they said nothing and both listened to the water
an t-uisce, nach raibh uisce dóibh
the water, which was not water to them
ní uisce a bhí ann, ach guth na beatha
it wasn't water, but the voice of life
guth a bhfuil ann agus a bhfuil de shíor ag teacht chun cinn
the voice of what exists and what is eternally taking shape
tharla sé ó am go chéile gur smaoinigh an bheirt ar an rud céanna
it happened from time to time that both thought of the same thing
smaoinigh siad ar chomhrá ón lá roimhe
they thought of a conversation from the day before
smaoinigh siad ar dhuine dá lucht siúil
they thought of one of their travellers
smaoinigh siad ar an mbás agus ar a n-óige
they thought of death and their childhood
chuala siad an abhainn ag insint an rud céanna dóibh
they heard the river tell them the same thing
an bheirt sásta faoin bhfreagra céanna ar an gceist chéanna
both delighted about the same answer to the same question
Bhí rud éigin faoin dá bhád farantóireachta a cuireadh ar aghaidh chuig daoine eile
There was something about the two ferrymen which was transmitted to others
ba rud é a bhraith go leor den lucht siúil
it was something which many of the travellers felt
d'fhéachfadh lucht siúil ó am go chéile ar aghaidheanna na mbád farantóireachta

travellers would occasionally look at the faces of the ferrymen
agus ansin d'inis siad scéal a saoil
and then they told the story of their life
d'admhaigh siad gach cineál rudaí olc
they confessed all sorts of evil things
agus d'iarr siad sólás agus comhairle
and they asked for comfort and advice
ó am go chéile d'iarr duine cead fanacht oíche
occasionally someone asked for permission to stay for a night
bhí siad ag iarraidh éisteacht leis an abhainn freisin
they also wanted to listen to the river
Tharla sé freisin gur tháinig daoine aisteach
It also happened that curious people came
dúradh leo go raibh beirt fhear ciallmhar
they had been told that there were two wise men
nó gur dúradh leo go raibh beirt fhealltóirí ann
or they had been told there were two sorcerers
Chuir na daoine aisteach go leor ceisteanna
The curious people asked many questions
ach ní bhfuair siad freagraí ar a gcuid ceisteanna
but they got no answers to their questions
ní bhfuaireadar feall ná fir chríonna
they found neither sorcerers nor wise men
ní bhfuair siad ach beirt sheanfhear cairdiúil, a raibh an chuma orthu go raibh siad balbh
they only found two friendly little old men, who seemed to be mute
is cosúil go raibh siad beagán aisteach san fhoraois leo féin
they seemed to have become a bit strange in the forest by themselves
Agus rinne na daoine aisteach gáire faoin méid a bhí cloiste acu
And the curious people laughed about what they had heard
dúirt siad go raibh daoine coitianta amaideach ag scaipeadh ráflaí folamha

they said common people were foolishly spreading empty rumours

Chuaigh na blianta thart, agus níor chomhaireamh aon duine iad
The years passed by, and nobody counted them
Ansin, tráth amháin, tháinig manaigh isteach ar oilithreacht
Then, at one time, monks came by on a pilgrimage
bhí siad ina leanúna de Gotama, an Búda
they were followers of Gotama, the Buddha
d'iarr siad a bheith ar aiseag trasna na habhann
they asked to be ferried across the river
dúirt siad leo go raibh deifir orthu dul ar ais chuig a múinteoir críonna
they told them they were in a hurry to get back to their wise teacher
bhí an scéal scaipthe go raibh an t-ardaithe tinn marfach
news had spread the exalted one was deadly sick
is gearr go bhfaigheadh sé bás deiridh an duine
he would soon die his last human death
d'fhonn a bheith ar cheann leis an slánú
in order to become one with the salvation
Níorbh fhada go dtáinig tréad nua manach
It was not long until a new flock of monks came
bhí siad ar a n-oilithreacht freisin
they were also on their pilgrimage
labhair an chuid is mó den lucht siúil ar rud ar bith seachas Gotama
most of the travellers spoke of nothing other than Gotama
ba é an bás a bhí le déanamh aige ná gach a smaoinigh siad air
his impending death was all they thought about
dá mbeadh cogadh ann, díreach mar a bheadh mórán ag taisteal
if there had been war, just as many would travel
díreach mar a thiocfadh mórán chun coróine rí
just as many would come to the coronation of a king

bhailigh siad cosúil le seangáin i sluaite
they gathered like ants in droves
tháinig siad, cosúil le bheith tarraingthe ar aghaidh ag seal draíochta
they flocked, like being drawn onwards by a magic spell
chuaigh siad go dtí an áit a raibh an Búda mór ag fanacht lena bhás
they went to where the great Buddha was awaiting his death
bhí an ceann foirfe de ré le bheith ina dhuine leis an ghlóir
the perfected one of an era was to become one with the glory
Go minic, smaoinigh Siddhartha sna laethanta sin ar an bhfear ciallmhar a bhí ag fáil bháis
Often, Siddhartha thought in those days of the dying wise man
an múinteoir mór a raibh a ghuth ag adhradh náisiúin
the great teacher whose voice had admonished nations
an té a dhúisigh na céadta míle
the one who had awoken hundreds of thousands
fear ar chuala sé a ghuth chomh maith tráth
a man whose voice he had also once heard
múinteoir a raibh a aghaidh naofa feicthe aige uair amháin le meas
a teacher whose holy face he had also once seen with respect
Go cineálta, smaoinigh sé air
Kindly, he thought of him
chonaic sé a chonair chun foirfeachta roimh a shúile
he saw his path to perfection before his eyes
agus chuimhnigh sé le gáire ar na focail sin a dúirt sé leis
and he remembered with a smile those words he had said to him
nuair a bhí sé ina fhear óg agus labhair sé leis an duine ardaitheach
when he was a young man and spoke to the exalted one
Bhí siad, mar sin ba chosúil dó, focail bródúil agus luachmhar

They had been, so it seemed to him, proud and precious words
le gáire, chuimhnigh sé ar na focail
with a smile, he remembered the the words
bhí a fhios aige nach raibh aon rud ina sheasamh idir Gotama agus é féin
he knew that there was nothing standing between Gotama and him any more
bhí sé seo ar eolas aige le fada an lá cheana féin
he had known this for a long time already
cé nach raibh sé fós in ann glacadh lena theagasc
though he was still unable to accept his teachings
ní raibh aon teagasc duine fíor-chuardach
there was no teaching a truly searching person
D'fhéadfadh duine a bhí ag iarraidh a fháil go fírinneach, glacadh leis
someone who truly wanted to find, could accept
Ach d'fhéadfadh an té a fuair an freagra aon teagasc a cheadú
But he who had found the answer could approve of any teaching
gach cosán, gach sprioc, bhí siad go léir mar an gcéanna
every path, every goal, they were all the same
ní raibh aon rud ina sheasamh idir é agus na mílte eile go léir níos mó
there was nothing standing between him and all the other thousands any more
na mílte a chónaigh i sin cad atá síoraí
the thousands who lived in that what is eternal
na mílte a breathed cad is diaga
the thousands who breathed what is divine

Ar cheann de na laethanta seo, chuaigh Kamala chuige freisin
On one of these days, Kamala also went to him
ba ghnách léi a bheith ar an gcúirtéis is áille
she used to be the most beautiful of the courtesans

I bhfad ó shin, bhí sí imithe ar scor óna saol roimhe sin
A long time ago, she had retired from her previous life
thug sí a gairdín do na manaigh Gotama mar bhronntanas
she had given her garden to the monks of Gotama as a gift
bhí sí tar éis a dhídean sa teagasc
she had taken her refuge in the teachings
bhí sí i measc cairde agus bhronntóirí na n-oilithreach
she was among the friends and benefactors of the pilgrims
bhí sí in éineacht le Siddhartha, an buachaill
she was together with Siddhartha, the boy
Siddhartha an buachaill a bhí a mac
Siddhartha the boy was her son
bhí sí imithe ar a bealach mar gheall ar an scéala go raibh Gotama gar do bhás
she had gone on her way due to the news of the near death of Gotama
bhí sí in éadaí simplí agus ar scór
she was in simple clothes and on foot
agus bhí sí lena mac beag
and she was With her little son
bhí sí ag siubhal cois na habhann
she was travelling by the river
ach bhí an buachaill tar éis fás tuirseach go luath
but the boy had soon grown tired
theastaigh uaidh dul ar ais abhaile
he desired to go back home
theastaigh uaidh scíth a ligean agus ithe
he desired to rest and eat
d'éirigh sé easumhal agus thosaigh sé ag whining
he became disobedient and started whining
Ba mhinic a bhíodh ar Kamala sos a ghlacadh leis
Kamala often had to take a rest with him
bhí sé de nós aige an rud a bhí uaidh a fháil
he was accustomed to getting what he wanted
bhí uirthi é a bheathú agus a chompord a chur air
she had to feed him and comfort him

bhí uirthi scold dó as a iompar
she had to scold him for his behaviour
Níor thuig sé cén fáth go raibh air dul ar an oilithreacht traochta seo
He did not comprehend why he had to go on this exhausting pilgrimage
ní raibh a fhios aige cén fáth go raibh air dul go dtí áit anaithnid
he did not know why he had to go to an unknown place
bhí a fhios aige cén fáth go raibh air strainséir naofa ag fáil bháis a fheiceáil
he did know why he had to see a holy dying stranger
"Mar sin, cad má fuair sé bás?" rinne sé gearán
"So what if he died?" he complained
cén fáth gur chóir go mbeadh sé seo buartha dó?
why should this concern him?
Bhí na hoilithrigh ag fáil cóngarach do bhád farantóireachta Vasudeva
The pilgrims were getting close to Vasudeva's ferry
Siddhartha beag arís iachall ar a mháthair chun sosa
little Siddhartha once again forced his mother to rest
Bhí Kamala tar éis éirí tuirseach freisin
Kamala had also become tired
agus an buachaill ag coganta banana, chrom sí síos ar an talamh
while the boy was chewing a banana, she crouched down on the ground
dhún sí a súile le beagán agus scíthe
she closed her eyes a bit and rested
Ach go tobann, labhair sí scread caoineadh
But suddenly, she uttered a wailing scream
d'fhéach an buachaill uirthi agus í in eagla
the boy looked at her in fear
chonaic sé go raibh a aghaidh tar éis fás pale ó horror
he saw her face had grown pale from horror
agus as faoina gúna, theith nathair bheag dubh

and from under her dress, a small, black snake fled
nathair ag a raibh Kamala bite
a snake by which Kamala had been bitten
Go deifir, rith siad araon ar feadh an chosáin, chun daoine a bhaint amach
Hurriedly, they both ran along the path, to reach people
fuair siad in aice leis an mbád farantóireachta agus thit Kamala
they got near to the ferry and Kamala collapsed
ní raibh sí in ann dul níos faide
she was not able to go any further
thosaigh an buachaill ag caoineadh go truaigh
the boy started crying miserably
níor cuireadh isteach ar a chuid caoineadh ach nuair a phóg sé a mháthair
his cries were only interrupted when he kissed his mother
chuaigh sí freisin lena screams glórach chun cabhair a fháil
she also joined his loud screams for help
scread sí go dtí gur shroich an fhuaim cluasa Vasudeva
she screamed until the sound reached Vasudeva's ears
Tháinig Vasudeva go tapa agus thóg sé an bhean ar a arm
Vasudeva quickly came and took the woman on his arms
thug sé isteach sa bhád í agus rith an buachaill léi
he carried her into the boat and the boy ran along
luath agus shroich siad an both, áit a sheas Siddhartha ag an sorn
soon they reached the hut, where Siddhartha stood by the stove
ní raibh sé ach ag lasadh na tine
he was just lighting the fire
D'fhéach sé suas agus chonaic sé aghaidh an ghasúir ar dtús
He looked up and first saw the boy's face
chuir sé rud éigin i gcuimhne dó go hiontach
it wondrously reminded him of something
cosúil le rabhadh chun cuimhneamh ar rud éigin a raibh dearmad déanta aige

like a warning to remember something he had forgotten
Ansin chonaic sé Kamala, a d'aithin sé láithreach
Then he saw Kamala, whom he instantly recognised
luigh sí gan aithne i armas an fhir farantóireachta
she lay unconscious in the ferryman's arms
anois bhí fhios aige gurbh é a mhac féin é
now he knew that it was his own son
a mhac a raibh a aghaidh ina mheabhrúchán rabhaidh dó
his son whose face had been such a warning reminder to him
agus an croí corraithe ina cófra
and the heart stirred in his chest
Bhí créacht Kamala nite, ach bhí sé iompaithe dubh cheana féin
Kamala's wound was washed, but had already turned black
agus bhí a corp ata
and her body was swollen
tugadh uirthi potion leighis a ól
she was made to drink a healing potion
Bhí a Chonaic ar ais agus luigh sí ar leaba Siddhartha ar
Her consciousness returned and she lay on Siddhartha's bed
Sheas Siddhartha thar Kamala, a raibh an oiread sin grá aige dó
Siddhartha stood over Kamala, who he used to love so much
Dhealraigh sé cosúil le aisling di
It seemed like a dream to her
le gáire, d'fhéach sí ar aghaidh a cara
with a smile, she looked at her friend's face
go mall thuig sí a cás
slowly she realized her situation
chuimhnigh sí go raibh sí bite
she remembered she had been bitten
ocus do ghlaoidh si go fonnmhar ar a mac
and she timidly called for her son
"Tá sé leat, ná bí buartha," a dúirt Siddhartha
"He's with you, don't worry," said Siddhartha
D'fhéach Kamala isteach ina shúile

Kamala looked into his eyes
Labhair sí le teanga throm, pairilis ag an nimh
She spoke with a heavy tongue, paralysed by the poison
"Tá tú tar éis éirí sean, a stór," a dúirt sí
"You've become old, my dear," she said
"Tá tú éirithe liath," a dúirt sí
"you've become gray," she added
"Ach tá tú cosúil leis an Samana óg, a tháinig gan éadaí"
"But you are like the young Samana, who came without clothes"
"Tá tú cosúil leis an Samana a tháinig isteach i mo ghairdín le cosa dusty"
"you're like the Samana who came into my garden with dusty feet"
"Tá tú i bhfad níos cosúla dó ná mar a bhí tú nuair a d'fhág tú mé"
"You are much more like him than you were when you left me"
"I súile, tá tú cosúil leis, Siddhartha"
"In the eyes, you're like him, Siddhartha"
"Faraor, tá mé tar éis dul in aois freisin"
"Alas, I have also grown old"
"An bhféadfá fós mé a aithint?"
"could you still recognise me?"
Siddhartha aoibh, "láithreach, d'aithin mé tú, Kamala, mo daor"
Siddhartha smiled, "Instantly, I recognised you, Kamala, my dear"
Léirigh Kamala a buachaill
Kamala pointed to her boy
"Ar aithin tú é chomh maith?"
"Did you recognise him as well?"
"Tá sé do mhac," dheimhnigh sí
"He is your son," she confirmed
Tháinig mearbhall ar a súile agus thit stoptar
Her eyes became confused and fell shut

An buachaill wept agus Siddhartha thóg sé ar a ghlúine
The boy wept and Siddhartha took him on his knees
lig sé dó gol agus Peted a chuid gruaige
he let him weep and petted his hair
ag amharc aghaidh an linbh, tháinig paidir Brahman chun a intinn
at the sight of the child's face, a Brahman prayer came to his mind
paidir a d'fhoghlaim sé i bhfad ó shin
a prayer which he had learned a long time ago
am nuair a bhí sé ina ghasúr beag féin
a time when he had been a little boy himself
Go mall, le guth amhránaíochta, thosaigh sé ag labhairt
Slowly, with a singing voice, he started to speak
óna am atá thart agus óna óige, tháinig na focail ag sileadh chuige
from his past and childhood, the words came flowing to him
Agus leis an amhrán sin, tháinig an buachaill ar a suaimhneas
And with that song, the boy became calm
ní raibh sé ach anois agus ansin ag rá sob
he was only now and then uttering a sob
agus faoi dheireadh thit sé ina chodladh
and finally he fell asleep
Chuir Siddhartha ar leaba Vasudeva é
Siddhartha placed him on Vasudeva's bed
Vasudeva sheas ag an sorn agus bruite rís
Vasudeva stood by the stove and cooked rice
Siddhartha thug dó le breathnú, a d'fhill sé le gáire
Siddhartha gave him a look, which he returned with a smile
"Beidh sí bás," a dúirt Siddhartha go ciúin
"She'll die," Siddhartha said quietly
Bhí a fhios ag Vasudeva go raibh sé fíor, agus Chlaon sé
Vasudeva knew it was true, and nodded
thar a aghaidh cairdiúil rith solas tine an sorn
over his friendly face ran the light of the stove's fire

arís eile, d'fhill Kamala ar Chonaic
once again, Kamala returned to consciousness
chuir pian na nimhe a aghaidh as a riocht
the pain of the poison distorted her face
Léigh súile Siddhartha an fhulaingt ar a béal
Siddhartha's eyes read the suffering on her mouth
as a leicne pale d'fhéadfadh sé a fheiceáil go raibh sí ag fulaingt
from her pale cheeks he could see that she was suffering
Go ciúin, léigh sé an pian ina súile
Quietly, he read the pain in her eyes
go haireach, ag fanacht, a intinn a bheith ar cheann léi ag fulaingt
attentively, waiting, his mind become one with her suffering
Mhothaigh Kamala é agus d'fhéach sí lena súile
Kamala felt it and her gaze sought his eyes
Ag féachaint air, labhair sí
Looking at him, she spoke
"Feicim anois go bhfuil do shúile athraithe freisin"
"Now I see that your eyes have changed as well"
"Tá siad tar éis éirí go hiomlán difriúil"
"They've become completely different"
"Cad é a aithním fós ionatsa atá Siddhartha?
"what do I still recognise in you that is Siddhartha?
"Is tusa, agus ní tusa"
"It's you, and it's not you"
Siddhartha dúirt rud ar bith, go ciúin d'fhéach sé ar a súile
Siddhartha said nothing, quietly his eyes looked at hers
"Tá sé bainte amach agat?" d'iarr sí
"You have achieved it?" she asked
"Tá an tsíocháin aimsithe agat?"
"You have found peace?"
Rinne sé aoibh agus chuir sé a lámh uirthi
He smiled and placed his hand on hers
"Tá mé á fheiceáil" a dúirt sí
"I'm seeing it" she said

"Gheobhaidh mise síocháin freisin"
"I too will find peace"
"Tá tú fuair sé," labhair Siddhartha i cogar
"You have found it," Siddhartha spoke in a whisper
Níor stop Kamala ag féachaint isteach ina shúile
Kamala never stopped looking into his eyes
Shíl sí faoina hoilithreacht go Gotama
She thought about her pilgrimage to Gotama
an oilithreacht a theastaigh uaithi a ghlacadh
the pilgrimage which she wanted to take
d'fhonn aghaidh an té atá foirfe a fheiceáil
in order to see the face of the perfected one
d'fhonn a shíocháin a análú
in order to breathe his peace
ach bhí sí le fáil anois in áit eile
but she had now found it in another place
agus cheap sí go raibh sé seo go maith freisin
and this she thought that was good too
bhí sé chomh maith agus dá bhfaca sí an ceann eile
it was just as good as if she had seen the other one
Theastaigh uaithi é seo a insint dó
She wanted to tell this to him
ach níor ghéill a teanga dá toil a thuilleadh
but her tongue no longer obeyed her will
Gan labhairt, d'fhéach sí air
Without speaking, she looked at him
chonaic sé an saol ag imeacht óna súile
he saw the life fading from her eyes
líon an phian deiridh a súile agus chuir sé síos orthu
the final pain filled her eyes and made them grow dim
rith an crith deiridh trína géaga
the final shiver ran through her limbs
dhún a mhéar a eyelids
his finger closed her eyelids

Ar feadh i bhfad, shuigh sé agus d'fhéach sé ar a aghaidh go síochánta marbh

For a long time, he sat and looked at her peacefully dead face
Ar feadh i bhfad, chonaic sé a béal
For a long time, he observed her mouth
a béal tuirseach, sean, leis na liopaí, a bhí éirithe tanaí
her old, tired mouth, with those lips, which had become thin
chuimhnigh sé ar úsáid sé an béal seo a chur i gcomparáid le fige úr scáinte
he remembered he used to compare this mouth with a freshly cracked fig
bhí sé seo in earrach na mblianta aige
this was in the spring of his years
Ar feadh i bhfad, shuigh sé agus léigh an aghaidh pale
For a long time, he sat and read the pale face
léigh sé na wrinkles tuirseach
he read the tired wrinkles
líon sé é féin leis an radharc seo
he filled himself with this sight
chonaic sé a aghaidh féin ar an modh céanna
he saw his own face in the same manner
chonaic sé go raibh a aghaidh díreach chomh bán
he saw his face was just as white
chonaic sé go raibh a aghaidh díreach chomh scortha amach
he saw his face was just as quenched out
ag an am céanna chonaic sé a aghaidh agus a cuid óg
at the same time he saw his face and hers being young
a n-aghaidh le liopaí dearga agus súile fiery
their faces with red lips and fiery eyes
an mothú go bhfuil an dá rud fíor ag an am céanna
the feeling of both being real at the same time
an mothú ar eternity líonadh go hiomlán gach gné dá bheith
the feeling of eternity completely filled every aspect of his being
san uair seo bhraith sé níos doimhne ná mar a bhraith sé riamh
in this hour he felt more deeply than than he had ever felt before

bhraith sé an indestructibility de gach saol
he felt the indestructibility of every life
bhraith sé an eternity de gach nóiméad
he felt the eternity of every moment
Nuair a d'ardaigh sé, d'ullmhaigh Vasudeva rís dó
When he rose, Vasudeva had prepared rice for him
Ach ní raibh Siddhartha ithe an oíche sin
But Siddhartha did not eat that night
Sa stábla sheas a ngabhar
In the stable their goat stood
d'ullmhaigh an bheirt sheanfhear leapacha tuí dóibh féin
the two old men prepared beds of straw for themselves
Vasudeva a leagtar é féin síos a chodladh
Vasudeva laid himself down to sleep
Ach chuaigh Siddhartha taobh amuigh agus shuigh os comhair an botháin
But Siddhartha went outside and sat before the hut
éist sé leis an abhainn, timpeallaithe ag an am atá caite
he listened to the river, surrounded by the past
bhí sé i dteagmháil léi agus timpeallaithe ag gach tráth dá shaol ag an am céanna
he was touched and encircled by all times of his life at the same time
ó am go chéile d'éirigh sé agus chuaigh sé go dtí doras an botháin
occasionally he rose and he stepped to the door of the hut
éist sé an raibh an buachaill ina chodladh
he listened whether the boy was sleeping

sula bhféadfaí an ghrian a fheiceáil, tháinig Vasudeva amach as an stábla
before the sun could be seen, Vasudeva came out of the stable
shiúil sé anonn go dtí a chara
he walked over to his friend
"Níor chodail tú," ar seisean
"You haven't slept," he said
"Ní hea, Vasudeva. Shuigh mé anseo"

"No, Vasudeva. I sat here"
"Bhí mé ag éisteacht leis an abhainn"
"I was listening to the river"
"Dúirt an abhainn go leor liom"
"the river has told me a lot"
"Líon sé go mór mé le smaoineamh leighis na haontachta"
"it has deeply filled me with the healing thought of oneness"
"Tá taithí agat ag fulaingt, Siddhartha"
"You've experienced suffering, Siddhartha"
"Ach ní fheicim go bhfuil brón isteach i do chroí"
"but I see no sadness has entered your heart"
"Níl, a stór, conas ba chóir dom a bheith brónach?"
"No, my dear, how should I be sad?"
"Mise, a bhí saibhir agus sásta"
"I, who have been rich and happy"
"Tá mé níos saibhre agus níos sona anois"
"I have become even richer and happier now"
"Tá mo mhac tugtha dom"
"My son has been given to me"
"Beidh fáilte romhat ag do mhac freisin"
"Your son shall be welcome to me as well"
"Ach anois, Siddhartha, a ligean ar a fháil a bheith ag obair"
"But now, Siddhartha, let's get to work"
"tá go leor le déanamh"
"there is much to be done"
"Fuair Kamala bás ar an leaba chéanna ar a bhfuair mo bhean bás"
"Kamala has died on the same bed on which my wife had died"
"Tógfaimid carn sochraide Kamala ar an gcnoc"
"Let us build Kamala's funeral pile on the hill"
"an cnoc ar a bhfuil carn sochraide mo mhnaoi"
"the hill on which I my wife's funeral pile is"
Cé go raibh an buachaill fós ina chodladh, thóg siad carn na sochraide
While the boy was still asleep, they built the funeral pile

An Mac
The Son

Timid agus ag gol, d'fhreastail an buachaill ar shochraid a mháthar
Timid and weeping, the boy had attended his mother's funeral
gruama agus cúthail, d'éist sé le Siddhartha
gloomy and shy, he had listened to Siddhartha
Beannaigh Siddhartha dó mar mhac
Siddhartha greeted him as his son
chuir sé fáilte roimhe ag a áit i mbothán Vasudeva
he welcomed him at his place in Vasudeva's hut
Pale, shuigh sé ar feadh mórán laethanta ag cnoc na marbh
Pale, he sat for many days by the hill of the dead
ní raibh sé ag iarraidh a ithe
he did not want to eat
níor fhéach sé ar éinne
he did not look at anyone
níor oscail sé a chroí
he did not open his heart
bhuail sé a chinniúint le friotaíocht agus séanadh
he met his fate with resistance and denial
Siddhartha spared a thabhairt dó ceachtanna
Siddhartha spared giving him lessons
agus lig sé dó a dhéanamh mar ba mhaith leis
and he let him do as he pleased
Siddhartha onóir a mhac caoineadh
Siddhartha honoured his son's mourning
thuig sé nach raibh aithne ag a mhac air
he understood that his son did not know him
thuig sé nach bhféadfadh sé grá a thabhairt dó mar athair
he understood that he could not love him like a father
Go mall, thuig sé freisin gur buachaill pampered a bhí san aon bhliain déag d'aois
Slowly, he also understood that the eleven-year-old was a pampered boy
chonaic sé gur buachaill máthar é

he saw that he was a mother's boy
chonaic sé go raibh sé tar éis fás suas i nósanna na ndaoine saibhre
he saw that he had grown up in the habits of rich people
bhí sé i dtaithí ar bia míne agus leaba bog
he was accustomed to finer food and a soft bed
bhí sé de nós aige orduithe a thabhairt do sheirbhísigh
he was accustomed to giving orders to servants
go tobann ní fhéadfadh an leanbh caoineadh a bheith sásta le saol i measc strainséirí
the mourning child could not suddenly be content with a life among strangers
Thuig Siddhartha nach mbeadh an leanbh pampered toilteanach i mbochtaineacht
Siddhartha understood the pampered child would not willingly be in poverty
Níor chuir sé iallach air na rudaí seo a dhéanamh
He did not force him to do these these things
Rinne Siddhartha go leor tascanna don ghasúr
Siddhartha did many chores for the boy
shábháil sé an píosa is fearr den bhéile dó i gcónaí
he always saved the best piece of the meal for him
Go mall, bhí sé ag súil le bua a fháil air, le foighne cairdiúil
Slowly, he hoped to win him over, by friendly patience
Saibhir agus sásta, bhí sé ag glaoch air féin, nuair a tháinig an buachaill chuige
Rich and happy, he had called himself, when the boy had come to him
Ó shin i leith bhí roinnt ama caite
Since then some time had passed
ach d'fhan an buachaill ina strainséir agus i diúscairt gruama
but the boy remained a stranger and in a gloomy disposition
léirigh sé croí bródúil díomuallach
he displayed a proud and stubbornly disobedient heart
níor theastaigh uaidh aon obair a dhéanamh
he did not want to do any work

níor thug sé urraim do na sean-fhir
he did not pay his respect to the old men
ghoid sé ó chrainn torthaí Vasudeva
he stole from Vasudeva's fruit-trees
níor thug a mhac sonas agus síocháin dó
his son had not brought him happiness and peace
thug an buachaill fulaingt agus imní air
the boy had brought him suffering and worry
go mall thosaigh Siddhartha seo a thuiscint
slowly Siddhartha began to understand this
Ach bhí grá aige dó beag beann ar an fhulaingt a thug sé air
But he loved him regardless of the suffering he brought him
b'fhearr leis fulaingt agus imní an ghrá ná sonas agus áthas gan an buachaill
he preferred the suffering and worries of love over happiness and joy without the boy
ó nuair a bhí Siddhartha óg sa bhothán bhí scoilt na hoibre ag na seanfhir
from when young Siddhartha was in the hut the old men had split the work
Ghlac Vasudeva post an fhir farantóireachta arís
Vasudeva had again taken on the job of the ferryman
agus Siddhartha, d'fhonn a bheith in éineacht lena mhac, rinne an obair sa bothán agus sa pháirc
and Siddhartha, in order to be with his son, did the work in the hut and the field

ar feadh míonna fada d'fhan Siddhartha lena mhac a thuiscint
for long months Siddhartha waited for his son to understand him
d'fhan sé go nglacfadh sé a ghrá
he waited for him to accept his love
agus d'fhan sé lena mhac b'fhéidir a ghrá a chómhalartú
and he waited for his son to perhaps reciprocate his love
Ar feadh míonna fada d'fhan Vasudeva, ag breathnú
For long months Vasudeva waited, watching

d'fhan sé agus dubhairt sé faic
he waited and said nothing
Lá amháin, cráite Siddhartha óg a athair go mór
One day, young Siddhartha tormented his father very much
bhí an dá bhabhla ríse briste aige
he had broken both of his rice-bowls
Thóg Vasudeva a chara ar leataobh agus labhair leis
Vasudeva took his friend aside and talked to him
"Pardún dom," a dúirt sé le Siddhartha
"Pardon me," he said to Siddhartha
"ó chroí cairdiúil, tá mé ag caint leat"
"from a friendly heart, I'm talking to you"
"Feicim go bhfuil tú ag crá féin"
"I'm seeing that you are tormenting yourself"
"Feicim go bhfuil tú i mbrón"
"I'm seeing that you're in grief"
"Tá do mhac, a stór, ag cur imní ort"
"Your son, my dear, is worrying you"
"agus tá sé ag cur imní orm freisin"
"and he is also worrying me"
"Tá an t-éan óg sin i dtaithí ar shaol difriúil"
"That young bird is accustomed to a different life"
"tá sé cleachta le maireachtáil i nead eile"
"he is used to living in a different nest"
"Níor rith sé, cosúil leatsa, ón saibhreas agus ón gcathair"
"he has not, like you, run away from riches and the city"
"ní raibh sé náire agus tuirseach leis an saol i Sansara"
"he was not disgusted and fed up with the life in Sansara"
"bhí air na rudaí seo go léir a dhéanamh in aghaidh a thoile"
"he had to do all these things against his will"
"b'éigean dó é seo go léir a fhágáil ina dhiaidh"
"he had to leave all this behind"
"D'iarr mé ar an abhainn, a chara"
"I asked the river, oh friend"
"Is iomaí uair a d'iarr mé an abhainn"
"many times I have asked the river"

"**Ach gáire an abhainn faoi seo ar fad**"
"But the river laughs at all of this"
"**Déanann sé gáire fúm agus déanann sé gáire fút**"
"it laughs at me and it laughs at you"
"**Tá an abhainn ar crith le gáire ar ár n-amaideacht**"
"the river is shaking with laughter at our foolishness"
"**Ba mhaith le huisce a bheith páirteach san uisce mar is mian leis an óige a bheith páirteach leis an óige**"
"Water wants to join water as youth wants to join youth"
"**Níl do mhac san áit a bhfuil rath air**"
"your son is not in the place where he can prosper"
"**Ba cheart duitse freisin fiafraí den abhainn**"
"you too should ask the river"
"**Ba chóir duit éisteacht leis freisin!**"
"you too should listen to it!"
Ag streachailt, d'fhéach Siddhartha isteach ina aghaidh cairdiúil
Troubled, Siddhartha looked into his friendly face
d'fhéach sé ar an iliomad wrinkles ina raibh cheerfulness incessant
he looked at the many wrinkles in which there was incessant cheerfulness
"**Conas a d'fhéadfadh liom scaradh leis?**" **a dúirt sé go ciúin, náire**
"How could I part with him?" he said quietly, ashamed
"**Tabhair dom níos mó ama, a stór**"
"Give me some more time, my dear"
"**Féach, tá mé ag troid ar a son**"
"See, I'm fighting for him"
"**Tá mé ag iarraidh a chroí a bhuachan**"
"I'm seeking to win his heart"
"**Le grá agus le foighne cairdiúil tá sé ar intinn agam é a ghabháil**"
"with love and with friendly patience I intend to capture it"
"**Lá amháin, labhróidh an abhainn leis freisin**"
"One day, the river shall also talk to him"

"deirtear air freisin"
"he also is called upon"
Tháinig rath níos teo ar aoibh gháire Vasudeva
Vasudeva's smile flourished more warmly
"Ó sea, tugtar air freisin"
"Oh yes, he too is called upon"
"tá sé freisin den bheatha shíoraí"
"he too is of the eternal life"
"Ach an bhfuil a fhios againn, tusa agus mise, cad a iarrtar air a dhéanamh?"
"But do we, you and me, know what he is called upon to do?"
"tá a fhios againn cén cosán le déanamh agus cad iad na gníomhartha atá le déanamh"
"we know what path to take and what actions to perform"
"Tá a fhios againn cén pian a chaithfidh muid a fhulaingt"
"we know what pain we have to endure"
"ach an bhfuil a fhios aige na rudaí seo?"
"but does he know these things?"
"Ní ceann beag, beidh a phian"
"Not a small one, his pain will be"
"Tar éis an tsaoil, tá a chroí bródúil agus crua"
"after all, his heart is proud and hard"
"Caithfidh daoine mar seo a bheith ag fulaingt agus ag earráid go leor"
"people like this have to suffer and err a lot"
"caithfidh siad mórán éagóir a dhéanamh"
"they have to do much injustice"
"agus tá ualach an mhór-pheacaidh orra féin"
"and they have burden themselves with much sin"
"Inis dom, mo daor," d'iarr sé de Siddhartha
"Tell me, my dear," he asked of Siddhartha
"Nach bhfuil tú ag cur smacht ar thógáil do mhic?"
"you're not taking control of your son's upbringing?"
"Ní gá duit iallach air, buille air, nó pionós a ghearradh air?"
"You don't force him, beat him, or punish him?"
"Ní hea, Vasudeva, ní dhéanaim aon cheann de na rudaí seo"

"No, Vasudeva, I don't do any of these things"
"Bhí a fhios agam é. Ní chuireann tú iallach air"
"I knew it. You don't force him"
"Ní bhuaileann tú é agus ní thugann tú orduithe dó"
"you don't beat him and you don't give him orders"
"mar tá a fhios agat go bhfuil bogacht níos láidre ná crua"
"because you know softness is stronger than hard"
"Tá a fhios agat go bhfuil uisce níos láidre ná carraigeacha"
"you know water is stronger than rocks"
"Agus tá a fhios agat go bhfuil grá níos láidre ná fórsa"
"and you know love is stronger than force"
"An-mhaith, molaim thú as seo"
"Very good, I praise you for this"
"Ach nach bhfuil dul amú ort ar bhealach éigin?"
"But aren't you mistaken in some way?"
"Nach gceapann tú go bhfuil tú ag cur iachall air?"
"don't you think that you are forcing him?"
"Nach bhfuil tú b'fhéidir pionós a ghearradh air ar bhealach eile?"
"don't you perhaps punish him a different way?"
"Nach bhfuil tú geimhle air le do ghrá?"
"Don't you shackle him with your love?"
"Ná bhraitheann tú níos lú ná gach lá?"
"Don't you make him feel inferior every day?"
"Nach ndéanann do chineáltas agus do fhoighne é níos deacra dó?"
"doesn't your kindness and patience make it even harder for him?"
"Nach bhfuil tú iallach a chur air chun cónaí i bothán le dhá sean-itheann bananaí?"
"aren't you forcing him to live in a hut with two old banana-eaters?"
"Fir aosta a bhfuil fiú rís ina íogaireacht dóibh"
"old men to whom even rice is a delicacy"
"Fir aosta nach féidir a smaointe a bheith aige"
"old men whose thoughts can't be his"

"Fir aosta a bhfuil a gcroí sean agus ciúin"
"old men whose hearts are old and quiet"
"Fir aosta a bhuaileann a gcroí ar luas difriúil ná a chroí"
"old men whose hearts beat in a different pace than his"
"Nach bhfuil iachall agus pionós a ghearradh air seo go léir?""
"Isn't he forced and punished by all this?""
Trína chéile, d'fhéach Siddhartha go talamh
Troubled, Siddhartha looked to the ground
Go ciúin, d'iarr sé, "Cad a cheapann tú ba chóir dom a dhéanamh?"
Quietly, he asked, "What do you think should I do?"
Labhair Vasudeva, "Beir isteach sa chathair é"
Vasudeva spoke, "Bring him into the city"
"tabhair isteach i dteach a mháthar é"
"bring him into his mother's house"
"Beidh seirbhísigh fós thart, tabhair dóibh é"
"there'll still be servants around, give him to them"
"Agus mura bhfuil seirbhísigh ar bith ann, tabhair chuig múinteoir é"
"And if there aren't any servants, bring him to a teacher"
"ach ná tabhair go dtí múinteoir é ar mhaithe le teagasc"
"but don't bring him to a teacher for teachings' sake"
"tabhair chuig múinteoir é ionas go mbeidh sé i measc leanaí eile"
"bring him to a teacher so that he is among other children"
"agus tabhair chun an tsaoghail é féin"
"and bring him to the world which is his own"
"Nár smaoinigh tú riamh air seo?"
"have you never thought of this?"
"Tá tú ag feiceáil isteach i mo chroí," labhair Siddhartha go brónach
"you're seeing into my heart," Siddhartha spoke sadly
"Is minic a smaoinigh mé air seo"
"Often, I have thought of this"
"ach conas is féidir liom é a chur isteach sa saol seo?"

"but how can I put him into this world?"
"Nach éireoidh sé aimhréidh?"
"Won't he become exuberant?"
"Nach gcaillfidh sé é féin chun pléisiúir agus cumhachta?"
"won't he lose himself to pleasure and power?"
"Nach ndéanfaidh sé botúin uile a athar arís?"
"won't he repeat all of his father's mistakes?"
"Nach mbeidh sé b'fhéidir dul amú go hiomlán i Sansara?"
"won't he perhaps get entirely lost in Sansara?"
Go geal, las aoibh an fhir farantóireachta suas
Brightly, the ferryman's smile lit up
go bog, bhain sé lámh Siddhartha ar
softly, he touched Siddhartha's arm
"Fiafraigh den abhainn faoi, mo chara!"
"Ask the river about it, my friend!"
"Éist an abhainn gáire faoi!"
"Hear the river laugh about it!"
"An gcreidfeá i ndáiríre go ndearna tú do chuid gníomhartha amaideach?
"Would you actually believe that you had committed your foolish acts?
"chun do mhac a shaoradh ó iad a thiomnú freisin"
"in order to spare your son from committing them too"
"Agus an bhféadfá ar dhóigh ar bith do mhac a chosaint ar Sansara?"
"And could you in any way protect your son from Sansara?"
"Conas a d'fhéadfá é a chosaint ó Sansara?"
"How could you protect him from Sansara?"
"Trí theagasc, paidir, comhairle?"
"By means of teachings, prayer, admonition?"
"A stór, an bhfuil dearmad iomlán déanta agat ar an scéal sin?"
"My dear, have you entirely forgotten that story?"
"an scéal ina bhfuil an oiread sin ceachtanna"
"the story containing so many lessons"
"an scéal faoi Siddhartha, mac Brahman"

"the story about Siddhartha, a Brahman's son"
"An scéal a d'inis tú dom uair amháin anseo ar an bpointe seo?"
"the story which you once told me here on this very spot?"
"Cé a choinnigh an Samana Siddhartha sábháilte ó Sansara?"
"Who has kept the Samana Siddhartha safe from Sansara?"
"Cé a choinnigh é ó pheaca, saint, agus amaideacht?"
"who has kept him from sin, greed, and foolishness?"
"An raibh deabhóid reiligiúnach a athar in ann é a choinneáil slán?
"Were his father's religious devotion able to keep him safe?
"An raibh rabhaidh a mhúinteora in ann é a choinneáil slán?"
"were his teacher's warnings able to keep him safe?"
"An bhféadfadh a chuid eolais féin é a choinneáil slán?"
"could his own knowledge keep him safe?"
"An raibh a chuardach féin in ann é a choinneáil slán?"
"was his own search able to keep him safe?"
"Cén t-athair a bhí in ann a mhac a chosaint?"
"What father has been able to protect his son?"
"Cén t-athair a d'fhéadfadh a mhac a choinneáil ó a shaol a chaitheamh dó féin?"
"what father could keep his son from living his life for himself?"
"Cén múinteoir a bhí in ann a mhac léinn a chosaint?"
"what teacher has been able to protect his student?"
"Cén múinteoir a stopann a mhac léinn ón saol a shalú?"
"what teacher can stop his student from soiling himself with life?"
"Cé a d'fhéadfadh stop a chur air ó ualach é féin le ciontacht?"
"who could stop him from burdening himself with guilt?"
"cé a d'fhéadfadh stop a chur leis an deoch searbh a ól dó féin?"
"who could stop him from drinking the bitter drink for himself?"

"cé a d'fhéadfadh stop a chur air ó aimsiú a chonair dó féin?"
"who could stop him from finding his path for himself?"
"Ar cheap tú go bhféadfaí duine ar bith a shábháil ón gcosán seo?"
"did you think anybody could be spared from taking this path?"
"Ar cheap tú go mb'fhéidir go mbeadh do mhac beag spártha?"
"did you think that perhaps your little son would be spared?"
"Ar cheap tú go bhféadfadh do ghrá é sin go léir a dhéanamh?"
"did you think your love could do all that?"
"Ar cheap tú go bhféadfadh do ghrá é a choinneáil ó fhulaingt"
"did you think your love could keep him from suffering"
"Ar cheap tú go bhféadfadh do ghrá é a chosaint ó phian agus ó díomá?
"did you think your love could protect him from pain and disappointment?
"D'fhéadfá bás a fháil deich n-uaire dó"
"you could die ten times for him"
"ach ní fhéadfá aon chuid dá chinniúint a ghlacadh ort féin"
"but you could take no part of his destiny upon yourself"
Ní raibh an oiread sin focal labhartha ag Vasudeva riamh roimhe seo
Never before, Vasudeva had spoken so many words
Kindly, Siddhartha buíochas leis
Kindly, Siddhartha thanked him
chuaigh sé trioblóideach isteach sa bothán
he went troubled into the hut

níor fhéad sé codladh ar feadh i bhfad
he could not sleep for a long time
Ní raibh aon rud ráite ag Vasudeva leis nár smaoinigh sé agus nárbh eol dó cheana
Vasudeva had told him nothing he had not already thought and known

Ach ba eolas é seo nach bhféadfadh sé gníomhú air
But this was a knowledge he could not act upon
ba láidre ná eolas a ghrá don bhuachaill
stronger than knowledge was his love for the boy
ba threise ná eolas a chaoineadh
stronger than knowledge was his tenderness
níos láidre ná eolas bhí eagla air é a chailleadh
stronger than knowledge was his fear to lose him
ar chaill sé a chroí an oiread sin le rud éigin?
had he ever lost his heart so much to something?
an raibh grá aige do dhuine ar bith chomh dall sin?
had he ever loved any person so blindly?
ar fhulaing sé riamh ar son duine mar sin nár éirigh leis?
had he ever suffered for someone so unsuccessfully?
an ndearna sé a leithéid d'íobairtí riamh do dhuine ar bith agus go raibh sé chomh míshásta fós?
had he ever made such sacrifices for anyone and yet been so unhappy?
Ní fhéadfadh Siddhartha heed comhairle a charad
Siddhartha could not heed his friend's advice
níor fhéad sé an buachaill a thabhairt suas
he could not give up the boy
Lig sé don bhuachaill orduithe a thabhairt dó
He let the boy give him orders
lig sé dó neamhaird a dhéanamh air
he let him disregard him
Dúirt sé rud ar bith agus d'fhan
He said nothing and waited
laethúil, rinne sé iarracht ar streachailt na cairdis
daily, he attempted the struggle of friendliness
chuir sé tús le cogadh ciúin na foighne
he initiated the silent war of patience
Dúirt Vasudeva freisin rud ar bith agus d'fhan sé
Vasudeva also said nothing and waited
Máistrí foighne a bhí iontu araon
They were both masters of patience

uair amháin chuir aghaidh an ghasúir go mór Kamala i gcuimhne dó
one time the boy's face reminded him very much of Kamala
Go tobann bhí ar Siddhartha smaoineamh ar rud éigin a dúirt Kamala uair amháin
Siddhartha suddenly had to think of something Kamala had once said
"Ní féidir leat grá" a dúirt sí leis
"You cannot love" she had said to him
agus bhí sé aontaithe léi
and he had agreed with her
agus bhí comparáid déanta aige le réalta
and he had compared himself with a star
agus rinne sé na daoine leanbhúla a chur i gcomparáid le duilleoga ag titim
and he had compared the childlike people with falling leaves
ach mar sin féin, bhí cúisí tugtha aige sa líne sin freisin
but nevertheless, he had also sensed an accusation in that line
Go deimhin, ní raibh sé in ann grá a dhéanamh riamh
Indeed, he had never been able to love
ní raibh sé riamh in ann é féin a chaitheamh go hiomlán ar dhuine eile
he had never been able to devote himself completely to another person
ní raibh sé in ann dearmad a dhéanamh air féin
he had never been able to to forget himself
níor éirigh leis gníomhartha amaideacha a dhéanamh ar son grá duine eile
he had never been able to commit foolish acts for the love of another person
ag an am sin bhí an chuma air a shocrú dó ó na daoine childlike
at that time it seemed to set him apart from the childlike people
Ach ó shin i leith a bhí a mhac anseo, bíonn Siddhartha ina dhuine cosúil le leanbh freisin

But ever since his son was here, Siddhartha also become a childlike person
bhí sé ag fulaingt ar mhaithe le duine eile
he was suffering for the sake of another person
bhí grá aige do dhuine eile
he was loving another person
bhí sé caillte i ngrá do dhuine eile
he was lost to a love for someone else
bhí sé ina amadán de bharr an ghrá
he had become a fool on account of love
Anois mhothaigh sé freisin an paisin ba láidre agus is aisteach de gach
Now he too felt the strongest and strangest of all passions
d'fhulaing sé an paisean seo go trua
he suffered from this passion miserably
agus mar sin féin bhí sé i áthas
and he was nevertheless in bliss
mar sin féin rinneadh é a athnuachan ar aon bhealach amháin
he was nevertheless renewed in one respect
bhí sé saibhrithe ag an rud amháin seo
he was enriched by this one thing
Mhothaigh sé go han-mhaith gur paisean a bhí sa ghrá dall seo dá mhac
He sensed very well that this blind love for his son was a passion
bhí a fhios aige gur rud an-daonna a bhí ann
he knew that it was something very human
bhí fhios aige gurbh é Sansara a bhí ann
he knew that it was Sansara
bhí a fhios aige go raibh sé ina fhoinse murky, uiscí dorcha
he knew that it was a murky source, dark waters
ach bhraith sé nach raibh sé worthless, ach is gá
but he felt it was not worthless, but necessary
tháinig sé as an croílár a bheith féin
it came from the essence of his own being

B'éigean an sásamh seo a mhaslú freisin
This pleasure also had to be atoned for
b'éigean an phian seo a fhulaingt freisin
this pain also had to be endured
b'éigean na gníomhartha amaideacha seo a dhéanamh freisin
these foolish acts also had to be committed
Tríd seo go léir lig an mac dó a ghníomhartha amaideach
Through all this, the son let him commit his foolish acts
do leig sé cúirt dó as a ghean
he let him court for his affection
lig sé é féin a uirísliú gach lá
he let him humiliate himself every day
thug sé isteach i meon a mhic
he gave in to the moods of his son
ní raibh rud ar bith ag a athair a chuirfeadh áthas air
his father had nothing which could have delighted him
agus sé rud ar bith a bhí eagla ar an buachaill
and he nothing that the boy feared
Fear maith a bhí ann, an t-athair seo
He was a good man, this father
fear maith, cineálta, bog a bhí ann
he was a good, kind, soft man
b'fhéidir gur fear an-dhiadhúil é
perhaps he was a very devout man
b'fhéidir gur naomh a bhí ann, a cheap an buachaill
perhaps he was a saint, the boy thought
ach níorbh fhéidir leis na tréithe seo go léir an buachaill a bhuachan
but all these attributes could not win the boy over
Bhí sé leamh ag an athair seo, a choimeád i bpríosún é
He was bored by this father, who kept him imprisoned
príosúnach sa bhothán trua seo dá chuid
a prisoner in this miserable hut of his
bhí sé leamh de gach dána a fhreagairt le gáire

he was bored of him answering every naughtiness with a smile
ní raibh sé buíoch as maslaí a d'fhreagair cairdiúlacht
he didn't appreciate insults being responded to by friendliness
níor thaitin leis an bhfíor-thaithneamh ar ais i gcineáltas
he didn't like viciousness returned in kindness
ba é an rud seo féin an cleas fuath ar an sean-sneak
this very thing was the hated trick of this old sneak
Is mó go mór a thaitin leis an mbuachaill dá mba rud é gur bhagair sé é
Much more the boy would have liked it if he had been threatened by him
bhí sé ag iarraidh mí-úsáid a bhaint as
he wanted to be abused by him

Tháinig lá nuair a bhí a dhóthain ag Siddhartha óg
A day came when young Siddhartha had had enough
tháinig pléasctha amach cad a bhí ar a intinn
what was on his mind came bursting forth
agus d'iompaigh sé go hoscailte i gcoinne a athar
and he openly turned against his father
Bhí tasc tugtha ag Siddhartha dó
Siddhartha had given him a task
bhí sé ráite aige dó adhmad scuab a bhailiú
he had told him to gather brushwood
Ach níor fhág an buachaill an bothán
But the boy did not leave the hut
i n-easumhalacht agus i n-iongantas, d'fhan sé san áit a raibh sé
in stubborn disobedience and rage, he stayed where he was
thumped sé ar an talamh lena chosa
he thumped on the ground with his feet
scoilt sé a dhorn agus scread sé i pléascadh cumhachtach
he clenched his fists and screamed in a powerful outburst
scread sé a fhuath agus a dhíspeagadh isteach in aghaidh a athar
he screamed his hatred and contempt into his father's face

"Faigh an scuab-adhmaid duit féin!" a scairt sé, cúradh ar an béal
"Get the brushwood for yourself!" he shouted, foaming at the mouth
"Ní mise do sheirbhíseach"
"I'm not your servant"
"Tá a fhios agam nach mbuailfeá mé, ní leomhfá"
"I know that you won't hit me, you wouldn't dare"
"Tá a fhios agam go bhfuil tú i gcónaí ag iarraidh pionós a ghearradh orm"
"I know that you constantly want to punish me"
"Ba mhaith leat mé a chur síos le do dhiadhacht reiligiúnda agus do indulgence"
"you want to put me down with your religious devotion and your indulgence"
"Ba mhaith leat mé a bheith cosúil leat"
"You want me to become like you"
"Ba mhaith leat mé a bheith díreach chomh diaga, bog, agus ciallmhar mar atá tú"
"you want me to be just as devout, soft, and wise as you"
"Ach ní dhéanfaidh mé é, ach tú a chur ag fulaingt"
"but I won't do it, just to make you suffer"
"B'fhearr liom a bheith i mo robálaí mórbhealaigh ná a bheith chomh bog leat"
"I would rather become a highway-robber than be as soft as you"
"B'fhearr liom a bheith i mo dhúnmharfóir ná a bheith chomh críonna leat"
"I would rather be a murderer than be as wise as you"
"B'fhearr liom dul go hIfreann, ná a bheith cosúil leat!"
"I would rather go to hell, than to become like you!"
"Is fuath liom tú, ní tusa m'athair
"I hate you, you're not my father
"Fiú má chodail tú le mo mháthair deich n-uaire, ní tú m'athair!"

"even if you've slept with my mother ten times, you are not my father!"
Bhí fearg agus brón bruite anonn air
Rage and grief boiled over in him
cúradh sé ar a athair i céad focal borb agus olc
he foamed at his father in a hundred savage and evil words
Ansin rith an buachaill ar shiúl isteach san fhoraois
Then the boy ran away into the forest
bhí sé déanach san oíche nuair a d'fhill an buachaill
it was late at night when the boy returned
Ach an mhaidin dár gcionn, bhí sé imithe
But the next morning, he had disappeared
Rud a bhí imithe freisin ná ciseán beag
What had also disappeared was a small basket
an ciseán inar choimeád na fir farantóireachta na boinn chopair agus airgid sin
the basket in which the ferrymen kept those copper and silver coins
na boinn a fuair siad mar tháille
the coins which they received as a fare
Bhí an bád imithe freisin
The boat had also disappeared
Chonaic Siddhartha an bád ina luí ag an mbruach eile
Siddhartha saw the boat lying by the opposite bank
Siddhartha bhí shivering le grief
Siddhartha had been shivering with grief
bhain na hóráidí rátúcháin a rinne an buachaill leis
the ranting speeches the boy had made touched him
"Caithfidh mé é a leanúint," a dúirt Siddhartha
"I must follow him," said Siddhartha
"Ní féidir le leanbh dul tríd an bhforaois ina aonar, beidh sé bás"
"A child can't go through the forest all alone, he'll perish"
"Caithfidh muid rafta a thógáil, Vasudeva, chun dul thar an uisce"
"We must build a raft, Vasudeva, to get over the water"

"Tógfaimid rafta" a dúirt Vasudeva
"We will build a raft" said Vasudeva
"tógfaimid é chun ár mbád a fháil ar ais"
"we will build it to get our boat back"
"Ach ní rithfidh tú i ndiaidh do linbh, a chara"
"But you shall not run after your child, my friend"
"ní leanbh é níos mó"
"he is no child anymore"
"Tá a fhios aige conas dul timpeall"
"he knows how to get around"
"Tá sé ag lorg an chosáin go dtí an chathair"
"He's looking for the path to the city"
"agus tá an ceart aige, ná déan dearmad air sin"
"and he is right, don't forget that"
"Tá sé ag déanamh an rud a theip ort féin a dhéanamh"
"he's doing what you've failed to do yourself"
"tá sé ag tabhairt aire dó féin"
"he's taking care of himself"
"Tá sé ag cur a chúrsa dó féin"
"he's taking his course for himself"
"Ara, Siddhartha, feicim tú ag fulaingt"
"Alas, Siddhartha, I see you suffering"
"Ach tá tú ag fulaingt pian ar mhaith le duine gáire"
"but you're suffering a pain at which one would like to laugh"
"Tá pian ort agus beidh tú ag gáire go luath"
"you're suffering a pain at which you'll soon laugh yourself"
Níor fhreagair Siddhartha a chara
Siddhartha did not answer his friend
Bhí an tua ina lámha aige cheana féin
He already held the axe in his hands
agus thosaigh sé ar rafta bambú a dhéanamh
and he began to make a raft of bamboo
Chuidigh Vasudeva leis na cána a cheangal le rópaí féir
Vasudeva helped him to tie the canes together with ropes of grass

Nuair a thrasnaigh siad an abhainn chuaigh siad i bhfad óna gcúrsa
When they crossed the river they drifted far off their course
tharraing siad an rafta suas an abhainn ar an mbruach eile
they pulled the raft upriver on the opposite bank
"Cén fáth ar thóg tú an tua?" a d'fhiafraigh Siddhartha
"Why did you take the axe along?" asked Siddhartha
"B'fhéidir gur cailleadh rámh ár mbád"
"It might have been possible that the oar of our boat got lost"
Ach bhí a fhios ag Siddhartha cad a bhí ag smaoineamh ar a chara
But Siddhartha knew what his friend was thinking
Shíl sé gur chaith an buachaill an mada uaidh
He thought, the boy would have thrown away the oar
d'fhonn díoltas de shaghas éigin a fháil
in order to get some kind of revenge
agus d'fhonn iad a choinneáil ó leanúint air
and in order to keep them from following him
Agus go deimhin, ní raibh aon ramhán fágtha sa bhád
And in fact, there was no oar left in the boat
Luaigh Vasudeva go bun an bháid
Vasudeva pointed to the bottom of the boat
agus d'fhéach sé ar a chara le gáire
and he looked at his friend with a smile
aoibh sé amhail is dá mbeadh sé ag iarraidh rud éigin a rá
he smiled as if he wanted to say something
"Nach bhfeiceann tú cad atá do mhac ag iarraidh a insint duit?"
"Don't you see what your son is trying to tell you?"
"Nach bhfeiceann tú nach bhfuil sé ag iarraidh go leanfaí é?"
"Don't you see that he doesn't want to be followed?"
Ach ní dúirt sé seo i bhfocail
But he did not say this in words
Thosaigh sé ag déanamh raimh nua
He started making a new oar

Ach Siddhartha tairiscint slán a fhágáil, a chuardach le haghaidh an rith-away
But Siddhartha bid his farewell, to look for the run-away
Níor chuir Vasudeva bac air ó bheith ag lorg a linbh
Vasudeva did not stop him from looking for his child

Bhí Siddhartha ag siúl tríd an bhforaois le fada an lá
Siddhartha had been walking through the forest for a long time
shíl sé go raibh a chuardach useless
the thought occurred to him that his search was useless
Bhí an buachaill i bhfad chun tosaigh agus bhí an chathair bainte amach aige cheana féin
Either the boy was far ahead and had already reached the city
nó go gceilfeadh sé é féin uaidh
or he would conceal himself from him
lean sé ag smaoineamh ar a mhac
he continued thinking about his son
fuair sé amach nach raibh sé buartha dá mhac
he found that he was not worried for his son
bhí a fhios aige go domhain istigh nár cailleadh é
he knew deep inside that he had not perished
agus ní raibh sé in aon chontúirt san fhoraois
nor was he in any danger in the forest
Mar sin féin, rith sé gan stad
Nevertheless, he ran without stopping
ní raibh sé ag rith chun é a shábháil
he was not running to save him
bhí sé ag rith chun a mhian a shásamh
he was running to satisfy his desire
theastaigh uaidh b'fhéidir é a fheiceáil arís
he wanted to perhaps see him one more time
Agus rith sé suas go dtí díreach taobh amuigh den chathair
And he ran up to just outside of the city
Nuair a, in aice na cathrach, shroich sé bóthar leathan
When, near the city, he reached a wide road
stop sé, ag an mbealach isteach ar an álainn pléisiúir-gairdín

he stopped, by the entrance of the beautiful pleasure-garden
an gairdín a bhíodh le Kamala
the garden which used to belong to Kamala
an gairdín ina bhfaca sé í don chéad uair
the garden where he had seen her for the first time
nuair a bhí sí ina suí ina sedan-chathaoirleach
when she was sitting in her sedan-chair
D'ardaigh an t-am atá caite suas ina anam
The past rose up in his soul
arís, chonaic sé é féin ina sheasamh ann
again, he saw himself standing there
Samana óg, féasógach, nocht
a young, bearded, naked Samana
bhí a chuid gruaige lán de dheannach
his hair hair was full of dust
Ar feadh i bhfad, sheas Siddhartha ann
For a long time, Siddhartha stood there
d'fhéach sé tríd an geata oscailte isteach sa ghairdín
he looked through the open gate into the garden
chonaic sé manaigh i róbaí buí ag siúl i measc na gcrann álainn
he saw monks in yellow robes walking among the beautiful trees
Ar feadh i bhfad, sheas sé ann, pondering
For a long time, he stood there, pondering
chonaic sé íomhánna agus d'éist sé le scéal a shaoil
he saw images and listened to the story of his life
Ar feadh i bhfad, sheas sé ann ag féachaint ar na manaigh
For a long time, he stood there looking at the monks
chonaic sé Siddhartha óg ina n-áit
he saw young Siddhartha in their place
chonaic sé Kamala óg ag siúl i measc na gcrann arda
he saw young Kamala walking among the high trees
Is léir go bhfaca sé é féin ag fáil bia agus dí ag Kamala
Clearly, he saw himself being served food and drink by Kamala

chonaic sé é féin ag fáil a chéad phóg uaithi
he saw himself receiving his first kiss from her
chonaic sé é féin ag breathnú siar go bródúil agus go dímheasúil ar a shaol mar Brahman
he saw himself looking proudly and disdainfully back on his life as a Brahman
chonaic sé é féin ag cur tús lena shaol saolta, go bródúil agus lán dúil
he saw himself beginning his worldly life, proudly and full of desire
Chonaic sé Kamaswami, na seirbhísigh, na orgies
He saw Kamaswami, the servants, the orgies
chonaic sé na gamblers leis na dísle
he saw the gamblers with the dice
chonaic sé éan-amhrán Kamala sa chliabhán
he saw Kamala's song-bird in the cage
mhair sé tríd seo go léir arís
he lived through all this again
análú sé Sansara agus bhí arís sean agus tuirseach
he breathed Sansara and was once again old and tired
bhraith sé an disgust agus an fonn chun é féin a scrios arís
he felt the disgust and the wish to annihilate himself again
agus do leighiseadh arís é ag an Óm naomhtha
and he was healed again by the holy Om
ar feadh i bhfad bhí sheas Siddhartha ag an geata
for a long time Siddhartha had stood by the gate
thuig sé go raibh a mhian amaideach
he realised his desire was foolish
thuig sé gurbh é an t-amaideacht a thug air dul suas go dtí an áit seo
he realized it was foolishness which had made him go up to this place
thuig sé nach bhféadfadh sé cabhrú lena mhac
he realized he could not help his son
agus do thuig sé ná raibh cead cloiginn aige
and he realized that he was not allowed to cling to him

bhraith sé an grá don teitheadh go domhain ina chroí
he felt the love for the run-away deeply in his heart
bhraith an grá dá mhac mar chréacht
the love for his son felt like a wound
ach níor tugadh an chréacht seo dó chun an scian a chasadh inti
but this wound had not been given to him in order to turn the knife in it
b'éigean don chréacht a bheith ina bláth
the wound had to become a blossom
agus b'éigean a chréacht a lasadh
and his wound had to shine
Níor bhláth ná lasadh an chréacht seo fós chuir sé brón air
That this wound did not blossom or shine yet made him sad
In ionad an sprioc inmhianaithe, bhí folmhú
Instead of the desired goal, there was emptiness
bhí tarraingthe folamhas air anseo, agus go brónach shuigh sé síos
emptiness had drawn him here, and sadly he sat down
bhraith sé rud éigin ag fáil bháis ina chroí
he felt something dying in his heart
bhí folmhú aige agus ní fhaca sé áthas ar bith níos mó
he experienced emptiness and saw no joy any more
ní raibh aon sprioc le haidhm a dhéanamh air
there was no goal for which to aim for
Shuigh sé caillte i smaoinimh agus d'fhan
He sat lost in thought and waited
Seo a d'fhoghlaim sé cois na habhann
This he had learned by the river
ag fanacht, ag foighne, ag éisteacht go haireach
waiting, having patience, listening attentively
Agus shuigh sé agus éist, i deannaigh an bhóthair
And he sat and listened, in the dust of the road
d'éist sé lena chroí, ag bualadh go tuirseach agus go brónach
he listened to his heart, beating tiredly and sadly
agus d'fhan sé le guth

and he waited for a voice
Go leor uair an chloig cuachta sé, ag éisteacht
Many an hour he crouched, listening
ní fhaca sé íomhánna a thuilleadh
he saw no images any more
thit sé isteach i bhfolús agus lig sé féin titim
he fell into emptiness and let himself fall
ní fheicfeadh sé cosán ar bith os a chomhair
he could see no path in front of him
Agus nuair a bhraith sé an chréacht ar lasadh, labhair sé go ciúin an Om
And when he felt the wound burning, he silently spoke the Om
líon sé é féin le hOm
he filled himself with Om
Chonaic na manaigh sa ghairdín é
The monks in the garden saw him
Bhí deannach ag bailiú ar a ghruaig liath
dust was gathering on his gray hair
Ós rud é go raibh sé cuachta ar feadh roinnt uaireanta an chloig, chuir duine de na manaigh dhá bhananaí os a chomhair
since he crouched for many hours, one of monks placed two bananas in front of him
Ní fhaca an sean-fhear é
The old man did not see him

Ón staid uaigneach seo, dúisíodh é le lámh ag baint lena ghualainn
From this petrified state, he was awoken by a hand touching his shoulder
Ar an toirt, d'aithin sé an teagmháil tairisceana bashful seo
Instantly, he recognised this tender bashful touch
Lean Vasudeva é agus d'fhan sé
Vasudeva had followed him and waited
fuair sé a chéadfaí arís agus d'ardaigh sé chun beannú do Vasudeva

he regained his senses and rose to greet Vasudeva
d'fhéach sé isteach ar aghaidh cairdiúil Vasudeva
he looked into Vasudeva's friendly face
d'fhéach sé isteach ar an wrinkles beag
he looked into the small wrinkles
a wrinkles bhí amhail is dá mba iad a líonadh le rud ar bith ach a aoibh gháire
his wrinkles were as if they were filled with nothing but his smile
d'fhéach sé isteach i súile sásta, agus ansin aoibh sé freisin
he looked into the happy eyes, and then he smiled too
Anois chonaic sé na bananaí ina luí os a chomhair
Now he saw the bananas lying in front of him
phioc sé suas na bananaí agus thug sé ceann don fhear farantóireachta
he picked the bananas up and gave one to the ferryman
Tar éis dóibh na bananaí a ithe, chuaigh siad go ciúin ar ais isteach san fhoraois
After eating the bananas, they silently went back into the forest
d'fhill siad abhaile ar an mbád farantóireachta
they returned home to the ferry
Níor labhair ceachtar acu faoi cad a tharla an lá sin
Neither one talked about what had happened that day
níor luaigh ceachtar acu ainm an ghasúir
neither one mentioned the boy's name
níor labhair aon duine mar gheall air ag rith uaidh
neither one spoke about him running away
níor labhair aon duine acu faoin chréacht
neither one spoke about the wound
Sa bothán, Siddhartha leagan síos ar a leaba
In the hut, Siddhartha lay down on his bed
tar éis tamaill tháinig Vasudeva chuige
after a while Vasudeva came to him
thairg sé babhla bainne cnó cócó dó
he offered him a bowl of coconut-milk

ach bhí sé ina chodladh cheana féin
but he was already asleep

Om

Ar feadh i bhfad lean an chréacht ag dó
For a long time the wound continued to burn
Bhí ar Siddhartha go leor taistealaithe a bhádaireacht trasna na habhann
Siddhartha had to ferry many travellers across the river
bhí mac nó iníon in éineacht le go leor den lucht siúil
many of the travellers were accompanied by a son or a daughter
agus ní fhaca sé aon duine acu gan éad leo
and he saw none of them without envying them
ní raibh sé in ann iad a fheiceáil gan smaoineamh ar a mhac caillte
he couldn't see them without thinking about his lost son
"Tá an t-ádh is binne ag na mílte"
"So many thousands possess the sweetest of good fortunes"
"cén fáth nach bhfuil an dea-fhortún seo agam freisin?"
"why don't I also possess this good fortune?"
"Tá clann ag fiú gadaithe agus robálaithe agus is breá leo iad"
"even thieves and robbers have children and love them"
"agus tá grá ag a bpáistí orthu"
"and they are being loved by their children"
"Tá grá ag a gclann go léir ach amháin domsa"
"all are loved by their children except for me"
cheap sé anois mar na daoine childlike, gan chúis
he now thought like the childlike people, without reason
bhí sé ar cheann de na daoine childlike
he had become one of the childlike people
d'fhéach sé ar dhaoine ar bhealach difriúil ná riamh
he looked upon people differently than before

bhí sé níos lú cliste agus níos lú bródúil as féin
he was less smart and less proud of himself
ach ina ionad sin, bhí sé níos teo agus níos aisteach
but instead, he was warmer and more curious
nuair a d'aistrigh sé taistealaithe, bhí baint níos mó aige ná riamh
when he ferried travellers, he was more involved than before
daoine cosúil le leanaí, fir ghnó, laochra, mná
childlike people, businessmen, warriors, women
ní raibh cuma choimhthíoch ar na daoine seo leis, mar ba ghnách leo
these people did not seem alien to him, as they used to
thuig sé iad agus roinn sé a saol
he understood them and shared their life
saol nach raibh treoraithe ag smaointe agus léargas
a life which was not guided by thoughts and insight
ach saol treoraithe ag molann agus mianta amháin
but a life guided solely by urges and wishes
bhraith sé cosúil leis an na daoine childlike
he felt like the the childlike people
bhí a chréacht deiridh á iompar aige
he was bearing his final wound
bhí sé beagnach foirfeachta
he was nearing perfection
ach bhí an chuma ar na daoine childlike fós cosúil lena dheartháireacha
but the childlike people still seemed like his brothers
a n-vanities, ní raibh a mhian le haghaidh seilbhe ridicly dó
their vanities, desires for possession were no longer ridiculous to him
d'éirigh siad intuigthe agus lovable
they became understandable and lovable
tháinig siad fiú fiú veneration dó
they even became worthy of veneration to him
Grá dall máthair dá leanbh
The blind love of a mother for her child

an bród dúr, dall ar athair conceited as a mhac amháin
the stupid, blind pride of a conceited father for his only son
mian dall, fhiáin mná óig, fholamh ar sheodra
the blind, wild desire of a young, vain woman for jewellery
a mian le radharcanna ómóis a fháil ó fhir
her wish for admiring glances from men
ní raibh na mianta simplí seo go léir ina smaointe leanbhúla
all of these simple urges were not childish notions
ach bhí siad an-láidir, beo, agus molann i réim
but they were immensely strong, living, and prevailing urges
chonaic sé daoine ag maireachtáil ar mhaithe lena n-áiteamh
he saw people living for the sake of their urges
chonaic sé daoine ag baint rudaí neamhchoitianta amach as a gcuid molann
he saw people achieving rare things for their urges
ag taisteal, ag stiúradh cogaí, ag fulaingt
travelling, conducting wars, suffering
d'fhulaing siad méid gan teorainn de fulaingt
they bore an infinite amount of suffering
agus d'fhéadfadh sé grá dóibh é, mar go bhfaca sé an saol
and he could love them for it, because he saw life
go raibh a bhfuil beo i ngach paisin
that what is alive was in each of their passions
go raibh an méid atá doscriosta ina n-áiteamh, an Brahman
that what is is indestructible was in their urges, the Brahman
b'fhiú grá agus meas a bheith ag na daoine seo orthu
these people were worthy of love and admiration
bhí sé tuillte acu as a ndílseacht dall agus a neart dall
they deserved it for their blind loyalty and blind strength
ní raibh aon rud a bhí in easnamh orthu
there was nothing that they lacked
Ní raibh aon rud ag Siddhartha a chuirfeadh os cionn an chuid eile é, ach amháin rud amháin
Siddhartha had nothing which would put him above the rest, except one thing
bhí rud beag fós aige nach raibh aige

there still was a small thing he had which they didn't
bhí an smaoineamh comhfhiosach aige ar aontacht an tsaoil ar fad
he had the conscious thought of the oneness of all life
ach bhí amhras ar Siddhartha fiú ar cheart an t-eolas seo a luacháil chomh hard sin
but Siddhartha even doubted whether this knowledge should be valued so highly
d'fhéadfadh sé a bheith ina smaoineamh childish de na daoine ag smaoineamh
it might also be a childish idea of the thinking people
bhí na daoine saolta ar chomhchéim leis na fir ciallmhar
the worldly people were of equal rank to the wise men
is cosúil go bhfuil ainmhithe níos fearr i gcásanna áirithe ná daoine freisin
animals too can in some moments seem to be superior to humans
tá siad níos fearr ina bhfeidhmíocht chrua gan staonadh ar a bhfuil riachtanach
they are superior in their tough, unrelenting performance of what is necessary
smaoineamh faoi bhláth go mall i Siddhartha
an idea slowly blossomed in Siddhartha
agus an smaoineamh ripened go mall i dó
and the idea slowly ripened in him
thosaigh sé a fheiceáil cad eagna a bhí i ndáiríre
he began to see what wisdom actually was
chonaic sé cad é sprioc a chuardach fada
he saw what the goal of his long search was
ní raibh sa chuardach aige ach ullmhacht an anama
his search was nothing but a readiness of the soul
ealaín rúnda chun smaoineamh gach nóiméad, agus é ag maireachtáil a shaol
a secret art to think every moment, while living his life
bhí sé an cumha oneness
it was the thought of oneness

a bheith in ann an aontacht a mhothú agus a ionanálú
to be able to feel and inhale the oneness
Go mall tháinig borradh ar an bhfeasacht seo ann
Slowly this awareness blossomed in him
bhí sé ag taitneamh ar ais air ó sheanaghaidh leanbh Vasudeva
it was shining back at him from Vasudeva's old, childlike face
comhchuibheas agus eolas ar fhoirfeacht síoraí an domhain
harmony and knowledge of the eternal perfection of the world
miongháire agus a bheith mar chuid den aontacht
smiling and to be part of the oneness
Ach bhí an chréacht dóite fós
But the wound still burned
longingly agus bitterly shíl Siddhartha ar a mhac
longingly and bitterly Siddhartha thought of his son
chothaigh sé a ghrá agus a chaoiniúlacht ina chroí
he nurtured his love and tenderness in his heart
lig sé don phian gnaw air
he allowed the pain to gnaw at him
rinne sé gach gníomh amaideach an ghrá
he committed all foolish acts of love
ní rachadh an lasair seo amach leis féin
this flame would not go out by itself

lá amháin dódh an chréacht go foréigneach
one day the wound burned violently
tiomáinte ag yearning, thrasnaigh Siddhartha an abhainn
driven by a yearning, Siddhartha crossed the river
d'éirigh sé as an mbád agus bhí sé sásta dul go dtí an chathair
he got off the boat and was willing to go to the city
bhí sé ag iarraidh a mhac a chuardach arís
he wanted to look for his son again
Shruth an abhainn go bog agus go ciúin
The river flowed softly and quietly
ba é an séasúr tirim a bhí ann, ach bhí a ghuth aisteach
it was the dry season, but its voice sounded strange

ba léir a chloisteáil go raibh an abhainn ag gáire
it was clear to hear that the river laughed
gáire sé go geal soiléir ar an tseanfhear farantóireachta
it laughed brightly and clearly at the old ferryman
Bent sé thar an uisce, d'fhonn a chloisteáil níos fearr fós
he bent over the water, in order to hear even better
agus chonaic sé a aghaidh léirithe sna huiscí ciúine ag gluaiseacht
and he saw his face reflected in the quietly moving waters
san aghaidh léirithe seo bhí rud éigin
in this reflected face there was something
rud a chuir i gcuimhne dó, ach bhí dearmad déanta aige
something which reminded him, but he had forgotten
agus é ag smaoineamh air, fuair sé é
as he thought about it, he found it
bhí an aghaidh seo cosúil le héadan eile a raibh aithne agus grá aige air
this face resembled another face which he used to know and love
ach bhíodh eagla air freisin ar an aghaidh seo
but he also used to fear this face
Bhí sé cosúil le aghaidh a athar, an Brahman
It resembled his father's face, the Brahman
chuimhnigh sé ar an gcaoi ar chuir sé iallach ar a athair é a ligean amach
he remembered how he had forced his father to let him go
chuimhnigh sé ar an gcaoi ar thairg sé slán leis
he remembered how he had bid his farewell to him
chuimhnigh sé ar an gcaoi a ndeachaigh sé agus níor tháinig sé ar ais riamh
he remembered how he had gone and had never come back
Nár fhulaing a athair an phian chéanna dó?
Had his father not also suffered the same pain for him?
Nárbh é pian a athar an phian atá Siddhartha ag fulaingt anois?
was his father's pain not the pain Siddhartha is suffering now?

Nárbh fhada ó fuair a athair bás?
Had his father not long since died?
an bhfuair sé bás gan a mhac a fheiceáil arís?
had he died without having seen his son again?
Nár ghá dó a bheith ag súil leis an gcinniúint chéanna dó féin?
Did he not have to expect the same fate for himself?
Nach greann i gciorcal cinniúint a bhí ann?
Was it not a comedy in a fateful circle?
Rinne an abhainn gáire faoi seo ar fad
The river laughed about all of this
tháinig gach rud ar ais nár fhulaing
everything came back which had not been suffered
tháinig gach rud ar ais nach raibh réitithe
everything came back which had not been solved
d'fhulaing an phian chéanna arís agus arís eile
the same pain was suffered over and over again
Chuaigh Siddhartha ar ais isteach sa bhád
Siddhartha went back into the boat
agus d'fhill sé ar ais go dtí an bothán
and he returned back to the hut
bhí sé ag smaoineamh ar a athair agus ar a mhac
he was thinking of his father and of his son
cheap sé go raibh sé ag gáire leis an abhainn
he thought of having been laughed at by the river
bhí sé ag teacht salach ar a chéile agus ag claonadh i dtreo an éadóchais
he was at odds with himself and tending towards despair
ach bhí sé tempted freisin chun gáire
but he was also tempted to laugh
d'fhéadfadh sé gáire air féin agus ar an domhan ar fad
he could laugh at himself and the entire world
Faraoir, ní raibh an chréacht faoi bhláth go fóill
Alas, the wound was not blossoming yet
bhí a chroí fós ag troid lena chinniúint
his heart was still fighting his fate

ní raibh aoibhneas agus bua ag taitneamh fós óna fhulaingt
cheerfulness and victory were not yet shining from his suffering
Mar sin féin, bhraith sé dóchas in éineacht leis an éadóchas
Nevertheless, he felt hope along with the despair
Nuair a d'fhill sé ar an mbothán mhothaigh sé fonn unfeatable a oscailt suas go Vasudeva
once he returned to the hut he felt an undefeatable desire to open up to Vasudeva
theastaigh uaidh gach rud a thaispeáint dó
he wanted to show him everything
bhí sé ag iarraidh gach rud a rá leis an máistir éisteachta
he wanted to say everything to the master of listening

Bhí Vasudeva ina shuí sa bhothán, ag fíodóireacht chiseán
Vasudeva was sitting in the hut, weaving a basket
Níor bhain sé úsáid as an mbád farantóireachta a thuilleadh
He no longer used the ferry-boat
bhí a shúile ag éirí lag
his eyes were starting to get weak
bhí a lámha agus a lámha ag dul i laige freisin
his arms and hands were getting weak as well
ní raibh ach áthas agus benevolence cheerful a aghaidh gan athrú
only the joy and cheerful benevolence of his face was unchanging
Siddhartha shuigh síos in aice leis an fear d'aois
Siddhartha sat down next to the old man
go mall, thosaigh sé ag caint faoi na rudaí nár labhair siad riamh faoi
slowly, he started talking about what they had never spoke about
d'inis sé dó faoina shiúlóid chun na cathrach
he told him of his walk to the city
d'inis sé dó faoin chréacht dhó
he told at him of the burning wound
d'inis sé dó go raibh éad air aithreacha sona a fheiceáil

he told him about the envy of seeing happy fathers
a chuid eolais ar an ainnise na mianta sin
his knowledge of the foolishness of such wishes
a throid futile i gcoinne a mhianta
his futile fight against his wishes
bhí sé in ann gach rud a rá, fiú na codanna is mó náire
he was able to say everything, even the most embarrassing parts
d'inis sé dó gach rud a d'inis sé dó
he told him everything he could tell him
thaisbeáin sé dó gach a bhféadfadh sé a thaisbeáint dó
he showed him everything he could show him
Chuir sé a chréacht i láthair dó
He presented his wound to him
d'inis sé dó freisin mar a theith sé inniu
he also told him how he had fled today
d'inis sé dó mar a d'aistrigh sé trasna an uisce
he told him how he ferried across the water
a childish run-away, sásta siúl go dtí an chathair
a childish run-away, willing to walk to the city
agus d'innis sé dó mar a bhí an abhainn ag gáire
and he told him how the river had laughed
labhair sé ar feadh i bhfad
he spoke for a long time
Vasudeva a bhí ag éisteacht le aghaidh ciúin
Vasudeva was listening with a quiet face
Thug éisteacht Vasudeva braistint níos láidre ná riamh do Siddhartha
Vasudeva's listening gave Siddhartha a stronger sensation than ever before
mhothaigh sé mar a chuaigh a phian agus a eagla anonn chuige
he sensed how his pain and fears flowed over to him
mhothaigh sé mar a shreabhadh a dhóchas rúnda os a chionn
he sensed how his secret hope flowed over him

Ba ionann a chréacht a thaispeáint don éisteoir seo agus é a shnámh san abhainn
To show his wound to this listener was the same as bathing it in the river
bheadh an abhainn fuaraithe créachta Siddhartha ar
the river would have cooled Siddhartha's wound
an éisteacht ciúin cooled créachta Siddhartha ar
the quiet listening cooled Siddhartha's wound
fuaraigh sé é go dtí go raibh sé ina cheann leis an abhainn
it cooled him until he become one with the river
Le linn dó a bheith fós ag labhairt, fós ag admháil agus ag admháil
While he was still speaking, still admitting and confessing
Mhothaigh Siddhartha níos mó agus níos mó nach raibh sé seo Vasudeva a thuilleadh
Siddhartha felt more and more that this was no longer Vasudeva
ní duine daonna a bhí ag éisteacht leis a thuilleadh
it was no longer a human being who was listening to him
bhí an t-éisteoir gan gluaiseacht seo ag sú a admháil isteach ann féin
this motionless listener was absorbing his confession into himself
bhí an éisteoir gan gluaiseacht seo cosúil le crann an bháisteach
this motionless listener was like a tree the rain
ba é an fear seo gan gluaiseacht an abhainn féin
this motionless man was the river itself
b'é Dia féin an fear gan gluaiseacht seo
this motionless man was God himself
ba é an fear motionless an síoraí féin
the motionless man was the eternal itself
Stop Siddhartha ag smaoineamh air féin agus ar a chréacht
Siddhartha stopped thinking of himself and his wound
ghlac an réadú seo ar charachtar athraithe Vasudeva seilbh air

this realisation of Vasudeva's changed character took possession of him
agus dá mhéad a chuaigh sé isteach ann, is ea is lú iontach a bhí sé
and the more he entered into it, the less wondrous it became
is mó a thuig sé go raibh gach rud in ord agus nádúrtha
the more he realised that everything was in order and natural
thuig sé go raibh Vasudeva mar seo cheana féin le fada an lá
he realised that Vasudeva had already been like this for a long time
níor aithin sé go fóill é
he had just not quite recognised it yet
Sea, bhí sé féin beagnach sroichte ag an stát céanna
yes, he himself had almost reached the same state
Mhothaigh sé, go raibh sé ag féachaint anois ar shean Vasudeva mar a fheiceann na daoine na déithe
He felt, that he was now seeing old Vasudeva as the people see the gods
agus bhraith sé nach bhféadfadh sé seo go deireanach
and he felt that this could not last
ina chroí, thosaigh sé ag tairiscint slán le Vasudeva
in his heart, he started bidding his farewell to Vasudeva
Le linn seo go léir, labhair sé gan staonadh
Throughout all this, he talked incessantly
Nuair a chríochnaigh sé ag caint, chas Vasudeva a shúile cairdiúil air
When he had finished talking, Vasudeva turned his friendly eyes at him
na súile a bhí tar éis fás beagán lag
the eyes which had grown slightly weak
ní dúirt sé rud ar bith, ach lig a ghrá ciúin agus cheerfulness Shinc
he said nothing, but let his silent love and cheerfulness shine
shoillsigh a thuiscint agus a eolas uaidh
his understanding and knowledge shone from him

Thóg sé lámh Siddhartha agus thug sé go dtí an suíochán ag an mbanc
He took Siddhartha's hand and led him to the seat by the bank
shuigh sé síos leis agus aoibh ar an abhainn
he sat down with him and smiled at the river
"Chuala tú gáire é," a dúirt sé
"You've heard it laugh," he said
"Ach níor chuala tú gach rud"
"But you haven't heard everything"
"Éistfimid, cloisfidh tú níos mó"
"Let's listen, you'll hear more"
Go bog sounded an abhainn, ag canadh i guthanna go leor
Softly sounded the river, singing in many voices
D'fhéach Siddhartha isteach san uisce
Siddhartha looked into the water
bhí íomhánna le feiceáil dó san uisce ag gluaiseacht
images appeared to him in the moving water
bhí a athair le feiceáil, uaigneach agus caoineadh ar a mhac
his father appeared, lonely and mourning for his son
bhí sé féin le feiceáil san uisce ag gluaiseacht
he himself appeared in the moving water
bhí sé á cheangal freisin leis an ngéibheann fonn ar a mhac i bhfad i gcéin
he was also being tied with the bondage of yearning to his distant son
chuma a mhac, uaigneach chomh maith
his son appeared, lonely as well
an buachaill, go greedily rushing feadh chúrsa dhó a mhianta óga
the boy, greedily rushing along the burning course of his young wishes
bhí gach duine ag déanamh a sprioc
each one was heading for his goal
bhí obsessed ag gach ceann acu leis an sprioc
each one was obsessed by the goal
bhí gach éinne ag fulaingt leis an tóir

each one was suffering from the pursuit
Sheinn an abhainn le guth fulaingthe
The river sang with a voice of suffering
longingly chan sé agus flowed i dtreo a sprioc
longingly it sang and flowed towards its goal
"An gcloiseann tú?" D'iarr Vasudeva le súil bhalbh
"Do you hear?" Vasudeva asked with a mute gaze
Chlaon Siddhartha sa fhreagra
Siddhartha nodded in reply
"Éist níos fearr!" a dúirt Vasudeva
"Listen better!" Vasudeva whispered
Rinne Siddhartha iarracht éisteacht níos fearr
Siddhartha made an effort to listen better
Bhí íomhá a athar le feiceáil
The image of his father appeared
chumasc a íomhá féin le híomhá a athar
his own image merged with his father's
an íomhá dá mhac chumasc lena íomhá
the image of his son merged with his image
Bhí íomhá Kamala le feiceáil freisin agus scaipeadh é
Kamala's image also appeared and was dispersed
agus íomhá Govinda, agus íomhánna eile
and the image of Govinda, and other images
agus na híomhánna go léir cumaiscthe lena chéile
and all the imaged merged with each other
na híomhánna go léir iompú isteach san abhainn
all the imaged turned into the river
a bheith ar an abhainn, chuaigh siad go léir le haghaidh an sprioc
being the river, they all headed for the goal
bhí cumha, mian, fulaingt ag sreabhadh le chéile
longing, desiring, suffering flowed together
agus bhí glór na habhann lán de mhian
and the river's voice sounded full of yearning
bhí glór na habhann lán de dhóchas
the river's voice was full of burning woe

bhí glór na habhann lán de dhúil mhíshásúil
the river's voice was full of unsatisfiable desire
Chun an sprioc, bhí an abhainn i gceannas
For the goal, the river was heading
Siddhartha chonaic an abhainn hurrying i dtreo a sprioc
Siddhartha saw the river hurrying towards its goal
abhainn dó féin agus a mhuintire agus na daoine go léir dá bhfaca sé riamh
the river of him and his loved ones and of all people he had ever seen
bhí deifir ar na tonnta agus na huiscí seo go léir
all of these waves and waters were hurrying
bhí siad go léir ag fulaingt i dtreo go leor spriocanna
they were all suffering towards many goals
an eas, an loch, na Rapids, an fharraige
the waterfall, the lake, the rapids, the sea
agus baineadh amach gach sprioc
and all goals were reached
agus bhí ceann nua ina dhiaidh sin ag gach sprioc
and every goal was followed by a new one
agus d'iompaigh an t-uisce go gal agus d'ardaigh go dtí an spéir
and the water turned into vapour and rose to the sky
iompaigh an t-uisce ina bháisteach agus dhoirteadh anuas ón spéir
the water turned into rain and poured down from the sky
d'iompaigh an t-uisce ina fhoinse
the water turned into a source
ansin d'iompaigh an fhoinse isteach i sruth
then the source turned into a stream
d'iompaigh an sruthán ina abhainn
the stream turned into a river
agus chuaigh an abhainn ar aghaidh arís
and the river headed forwards again
Ach bhí an guth longing athrú
But the longing voice had changed

D'éirigh sé as cuimse fós, lán de fhulaingt, ag cuardach
It still resounded, full of suffering, searching
ach chuaigh guthanna eile isteach san abhainn
but other voices joined the river
bhí guthanna áthais agus fulaingthe ann
there were voices of joy and of suffering
guthanna maithe agus olc, gáire agus cinn bhrónach
good and bad voices, laughing and sad ones
céad glór, míle glór
a hundred voices, a thousand voices
Siddhartha éist leis na guthanna seo go léir
Siddhartha listened to all these voices
Ní raibh ann anois ach éisteoir
He was now nothing but a listener
bhí sé dírithe go hiomlán ar éisteacht
he was completely concentrated on listening
bhí sé go hiomlán folamh anois
he was completely empty now
bhraith sé go raibh sé críochnaithe anois ag foghlaim conas éisteacht
he felt that he had now finished learning to listen
Go minic roimhe sin, bhí sé seo go léir cloiste aige
Often before, he had heard all this
bhí na glórtha iomadúla seo cloiste aige san abhainn
he had heard these many voices in the river
inniu bhí na guthanna san abhainn ag fuaimniú nua
today the voices in the river sounded new
Cheana féin, ní raibh sé in ann an iliomad guthanna a insint a thuilleadh
Already, he could no longer tell the many voices apart
ní raibh aon difríocht idir na guthanna sona agus na cinn ag gol
there was no difference between the happy voices and the weeping ones
bhí guthanna na bpáistí agus guthanna na bhfear amháin
the voices of children and the voices of men were one

bhain na guthanna seo go léir le chéile
all these voices belonged together
cumha na bliana agus gáire an té eolach
the lamentation of yearning and the laughter of the knowledgeable one
scread na feirge agus caoineadh na ndaoine atá ag fáil bháis
the scream of rage and the moaning of the dying ones
bhí gach rud amháin agus bhí gach rud fite fuaite
everything was one and everything was intertwined
bhí gach rud ceangailte agus bhfostú míle uair
everything was connected and entangled a thousand times
gach rud le chéile, gach guthanna, gach sprioc
everything together, all voices, all goals
gach dúil, gach fulaingt, gach pléisiúir
all yearning, all suffering, all pleasure
gach a raibh maith agus olc
all that was good and evil
seo go léir le chéile a bhí an domhan
all of this together was the world
Bhí sé ar fad le chéile ar an sreabhadh na n-imeachtaí
All of it together was the flow of events
ba cheol an tsaoil é ar fad
all of it was the music of life
nuair a bhí Siddhartha ag éisteacht go haireach leis an abhainn seo
when Siddhartha was listening attentively to this river
amhrán na míle guthanna
the song of a thousand voices
nuair nár éist sé leis an bhfulaingt ná leis an gáire
when he neither listened to the suffering nor the laughter
nuair nár cheangail sé a anam le haon ghuth ar leith
when he did not tie his soul to any particular voice
nuair a chuaigh sé a chuid féin isteach san abhainn
when he submerged his self into the river
ach nuair a chuala sé iad go léir chonaic sé an t-iomlán, an aontacht

but when he heard them all he perceived the whole, the oneness
ansin is é a bhí i amhrán mór na míle glórtha d'aon fhocal
then the great song of the thousand voices consisted of a single word
bhí an focal seo Om; na foirfeachta
this word was Om; the perfection

"An gcloiseann tú" a d'iarr gaze Vasudeva arís
"Do you hear" Vasudeva's gaze asked again
Go geal, bhí aoibh gháire Vasudeva ag taitneamh
Brightly, Vasudeva's smile was shining
bhí sé ar snámh go radiantach thar gach wrinkles a aghaidh d'aois
it was floating radiantly over all the wrinkles of his old face
ar an mbealach céanna a bhí an Om ar snámh san aer thar na guthanna na habhann
the same way the Om was floating in the air over all the voices of the river
Brightly bhí a aoibh gháire ag taitneamh, nuair a d'fhéach sé ar a chara
Brightly his smile was shining, when he looked at his friend
agus brightly an aoibh gháire céanna a bhí ag tosú anois a Shine ar aghaidh Siddhartha ar
and brightly the same smile was now starting to shine on Siddhartha's face
Bhí bláth ar a chréacht agus bhí a fhulaingt ag taitneamh
His wound had blossomed and his suffering was shining
bhí a chuid féin ag eitilt isteach san aontacht
his self had flown into the oneness
San uair seo, stop Siddhartha ag troid lena chinniúint
In this hour, Siddhartha stopped fighting his fate
ag an am céanna stop sé ag fulaingt
at the same time he stopped suffering
Ar a aghaidh bhí rath agus bláth ar an cheerfulness an eolais
On his face flourished the cheerfulness of a knowledge
eolas nach raibh a thuilleadh ag aon uacht

a knowledge which was no longer opposed by any will
eolas a bhfuil aithne aige ar foirfeacht
a knowledge which knows perfection
eolas atá ag teacht leis an sreabhadh imeachtaí
a knowledge which is in agreement with the flow of events
eolas atá le sruth an tsaoil
a knowledge which is with the current of life
lán de chomhbhrón le pian daoine eile
full of sympathy for the pain of others
lán de chomhbhrón le sásamh daoine eile
full of sympathy for the pleasure of others
a bheidh dírithe ar an sreabhadh, a bhaineann leis an oneness
devoted to the flow, belonging to the oneness
Vasudeva ardaigh as an suíomh ag an mbanc
Vasudeva rose from the seat by the bank
d'fhéach sé isteach i súile Siddhartha ar
he looked into Siddhartha's eyes
agus chonaic sé aoibhneas an eolais ag taitneamh ina shúile
and he saw the cheerfulness of the knowledge shining in his eyes
i dteagmháil léi sé go bog a ghualainn lena lámh
he softly touched his shoulder with his hand
"Tá mé ag fanacht ar an uair seo, a stór"
"I've been waiting for this hour, my dear"
"Anois go bhfuil sé tagtha, fág mé"
"Now that it has come, let me leave"
"Le fada an lá, tá mé ag fanacht ar an uair seo"
"For a long time, I've been waiting for this hour"
"Le fada an lá, is Vasudeva an fear farantóireachta mé"
"for a long time, I've been Vasudeva the ferryman"
"Anois is leor. Slán"
"Now it's enough. Farewell"
"slán abhainn, slán a fhágáil Siddhartha!"
"farewell river, farewell Siddhartha!"

Rinne Siddhartha bogha domhain os a chomhair a thairgeann slán
Siddhartha made a deep bow before him who bid his farewell
"Tá a fhios agam é," a dúirt sé go ciúin
"I've known it," he said quietly
"Beidh tú ag dul isteach sna foraoisí?"
"You'll go into the forests?"
"Tá mé ag dul isteach sna foraoisí"
"I'm going into the forests"
"Tá mé ag dul isteach san aontacht" a dúirt Vasudeva le gáire geal
"I'm going into the oneness" spoke Vasudeva with a bright smile
Le gáire geal, d'imigh sé
With a bright smile, he left
Siddhartha faire air ag fágáil
Siddhartha watched him leaving
Le áthas an domhain, le solemnity domhain d'fhéach sé air imeacht
With deep joy, with deep solemnity he watched him leave
chonaic sé go raibh a chéimeanna iomlán na síochána
he saw his steps were full of peace
chonaic sé go raibh a cheann lán de luster
he saw his head was full of lustre
chonaic sé go raibh a chorp lán de sholas
he saw his body was full of light

Govinda

Bhí Govinda leis na manaigh le fada an lá
Govinda had been with the monks for a long time
nuair nach raibh sé ar oilithreacht, chaith sé a chuid ama sa ghairdín pléisiúir
when not on pilgrimages, he spent his time in the pleasure-garden
an gairdín a thug an cúirtéis Kamala do lucht leanúna Gotama
the garden which the courtesan Kamala had given the followers of Gotama
chuala sé caint ar sheanfhear farantóireachta, a mhair lá ar shiúl
he heard talk of an old ferryman, who lived a day's journey away
chuala sé go raibh meas ag go leor air mar fhear ciallmhar
he heard many regarded him as a wise man
Nuair a chuaigh Govinda ar ais, roghnaigh sé an cosán chuig an mbád farantóireachta
When Govinda went back, he chose the path to the ferry
bhí fonn air an fear farantóireachta a fheiceáil
he was eager to see the ferryman
chaith sé a shaol ar fad de réir na rialacha
he had lived his entire life by the rules
d'fhéach na manaigh níos óige air le meas
he was looked upon with veneration by the younger monks
bhí meas acu ar a aois agus ar a mhodhúlacht
they respected his age and modesty
ach ní raibh a shuaimhneas tar éis bás a fháil óna chroí
but his restlessness had not perished from his heart
bhí sé ag cuardach an rud nach raibh aimsithe aige
he was searching for what he had not found
Tháinig sé go dtí an abhainn agus d'iarr sé ar an sean-fhear é a thabhairt thairis
He came to the river and asked the old man to ferry him over

nuair a d'éirigh siad as an mbád ar an taobh eile, labhair sé leis an seanfhear
when they got off the boat on the other side, he spoke with the old man

"Tá tú an-mhaith dúinn manaigh agus oilithrigh"
"You're very good to us monks and pilgrims"
"Tá go leor againn tar éis an abhainn a iompar"
"you have ferried many of us across the river"
"Nach tusa freisin, a fheara farantóireachta, cuardach don chosán ceart?"
"Aren't you too, ferryman, a searcher for the right path?"
miongháire as a shúile d'aois, labhair Siddhartha
smiling from his old eyes, Siddhartha spoke
"Ó a dhuine uasail, an dtugann tú fios duit mar shearcadóir?"
"oh venerable one, do you call yourself a searcher?"
"An bhfuil tú fós i do chuardach, cé go maith cheana féin le blianta?"
"are you still a searcher, although already well in years?"
"An ndéanann tú cuardach agus tú ag caitheamh gúna manach Gotama?"
"do you search while wearing the robe of Gotama's monks?"
"Tá sé fíor, tá mé sean," a dúirt Govinda
"It's true, I'm old," spoke Govinda
"ach níor stop mé ag cuardach"
"but I haven't stopped searching"
"Ní stadfaidh mé den chuardach"
"I will never stop searching"
"Is cosúil gurb é seo mo chinniúint"
"this seems to be my destiny"
"Tá tusa freisin, mar sin feictear domsa, tá tú ag cuardach"
"You too, so it seems to me, have been searching"
"Ar mhaith leat rud éigin a insint dom, a uasal?"
"Would you like to tell me something, oh honourable one?"
"Cad a d'fhéadfadh a bheith agam go bhféadfainn a insint duit, a venerable?"

"What might I have that I could tell you, oh venerable one?"
"B'fhéidir go bhféadfainn a rá leat go bhfuil tú ag cuardach i bhfad ró-?"
"Perhaps I could tell you that you're searching far too much?"
"An bhféadfainn a rá leat nach bhfuil am agat le haimsiú?"
"Could I tell you that you don't make time for finding?"
"Conas teacht?" a d'fhiafraigh Govinda
"How come?" asked Govinda
"Nuair a bhíonn duine ag cuardach seans nach bhfeiceann sé ach an rud a chuardaíonn sé"
"When someone is searching they might only see what they search for"
"b'fhéidir nach mbeadh sé in ann aon rud eile a ligean isteach ina intinn"
"he might not be able to let anything else enter his mind"
"Ní fheiceann sé cad nach bhfuil sé ag cuardach"
"he doesn't see what he is not searching for"
"mar ní smaoiníonn sé i gcónaí ar rud ar bith ach ábhar a chuardaigh"
"because he always thinks of nothing but the object of his search"
"tá sprioc aige, rud a bhfuil obsessed leis"
"he has a goal, which he is obsessed with"
"Ciallaíonn cuardach sprioc a bheith agat"
"Searching means having a goal"
"Ach ciallaíonn aimsiú a bheith saor, oscailte, agus gan aon sprioc"
"But finding means being free, open, and having no goal"
"Tá tú, a dhuine uasail, b'fhéidir go deimhin a chuardach"
"You, oh venerable one, are perhaps indeed a searcher"
"mar, agus tú ag iarraidh do sprioc a bhaint amach, tá go leor rudaí ann nach bhfeiceann tú"
"because, when striving for your goal, there are many things you don't see"
"b'fhéidir nach bhfeicfeá rudaí atá díreach os comhair do shúl"

"you might not see things which are directly in front of your eyes"
"Ní thuigim go hiomlán fós," a dúirt Govinda, "cad atá i gceist agat leis seo?"
"I don't quite understand yet," said Govinda, "what do you mean by this?"
"Ó a stór, bhí tú ag an abhainn seo i bhfad ó shin"
"oh venerable one, you've been at this river before, a long time ago"
"Agus fuair tú fear codlata cois na habhann"
"and you have found a sleeping man by the river"
"Shuigh tú síos leis chun a chodladh a chosaint"
"you have sat down with him to guard his sleep"
"ach, a Govinda, níor aithin tú an fear codlata"
"but, oh Govinda, you did not recognise the sleeping man"
Bhí ionadh ar Govinda, amhail is dá mba ábhar geasa draíochta é
Govinda was astonished, as if he had been the object of a magic spell
d'fhéach an manach isteach i súile an fhir farantóireachta
the monk looked into the ferryman's eyes
"An bhfuil tú Siddhartha?" d'iarr sé le guth timid
"Are you Siddhartha?" he asked with a timid voice
"Ní thabharfainn aitheantas duit an uair seo ach an oiread!"
"I wouldn't have recognised you this time either!"
"Ó mo chroí, tá mé ag beannú duit, Siddhartha"
"from my heart, I'm greeting you, Siddhartha"
"Ó mo chroí, tá áthas orm tú a fheiceáil arís!"
"from my heart, I'm happy to see you once again!"
"Tá go leor athraithe agat, a chara"
"You've changed a lot, my friend"
"agus tá tú anois i d'fhear farantóireachta?"
"and you've now become a ferryman?"
Ar bhealach cairdiúil, gáire Siddhartha
In a friendly manner, Siddhartha laughed
"Sea, is fear farantóireachta mé"

"yes, I am a ferryman"
"Caithfidh go leor daoine, Govinda, go leor a athrú"
"Many people, Govinda, have to change a lot"
"caithfidh siad go leor róbaí"
"they have to wear many robes"
"Tá mé ar cheann acu siúd a bhí a athrú go leor"
"I am one of those who had to change a lot"
"Bíodh fáilte romhat, a Ghovinda, agus caith an oíche i mo bhothán"
"Be welcome, Govinda, and spend the night in my hut"
Govinda fhan an oíche sa both
Govinda stayed the night in the hut
chodail sé ar an leaba a bhíodh ina leaba Vasudeva
he slept on the bed which used to be Vasudeva's bed
chuir sé go leor ceisteanna ar chara a óige
he posed many questions to the friend of his youth
Bhí ar Siddhartha go leor rudaí a insint dó óna shaol
Siddhartha had to tell him many things from his life

ansin tháinig an mhaidin dár gcionn
then the next morning came
bhí an t-am tagtha chun tús a chur le turas an lae
the time had come to start the day's journey
gan leisce, chuir Govinda ceist amháin eile
without hesitation, Govinda asked one more question
"Sula leanfaidh mé ar mo chosán, Siddhartha, cead dom ceist amháin eile a chur"
"Before I continue on my path, Siddhartha, permit me to ask one more question"
"An bhfuil teagasc agat a threoraíonn tú?"
"Do you have a teaching that guides you?"
"An bhfuil creideamh nó eolas agat a leanann tú"
"Do you have a faith or a knowledge you follow"
"an bhfuil eolas ann a chuidíonn leat maireachtáil agus déanamh ceart?"
"is there a knowledge which helps you to live and do right?"

"Tá a fhios agat go maith, a stór, bhí amhras orm i gcónaí as múinteoirí"
"You know well, my dear, I have always been distrustful of teachers"
"Mar fhear óg thosaigh mé cheana féin a bheith in amhras faoi mhúinteoirí"
"as a young man I already started to doubt teachers"
"Nuair a bhí cónaí orainn leis na penitents san fhoraois, ní raibh muinín agam as a gcuid teagasc"
"when we lived with the penitents in the forest, I distrusted their teachings"
"agus chas mé mo dhroim leo"
"and I turned my back to them"
"Tá amhras orm i gcónaí as múinteoirí"
"I have remained distrustful of teachers"
"Mar sin féin, tá go leor múinteoirí agam ó shin i leith"
"Nevertheless, I have had many teachers since then"
"Tá cúirtéis álainn ina mhúinteoir agam le fada an lá"
"A beautiful courtesan has been my teacher for a long time"
"Bhí ceannaí saibhir i mo mhúinteoir"
"a rich merchant was my teacher"
"agus mhúin roinnt gamblers le dísle dom"
"and some gamblers with dice taught me"
"Nuair a bhí, fiú leantóir Búda mo mhúinteoir"
"Once, even a follower of Buddha has been my teacher"
"Bhí sé ag siubhal ar chois, ag oilithreacht"
"he was travelling on foot, pilgering"
"agus shuigh sé liom nuair a thit mé i mo chodladh san fhoraois"
"and he sat with me when I had fallen asleep in the forest"
"D'fhoghlaim mé uaidh freisin, agus táim an-bhuíoch as"
"I've also learned from him, for which I'm very grateful"
"Ach is mó ar fad, tá foghlamtha agam ón abhainn seo"
"But most of all, I have learned from this river"
"agus is mó a d'fhoghlaim mé ó mo réamhtheachtaí, an fear farantóireachta Vasudeva"

"and I have learned most from my predecessor, the ferryman Vasudeva"

"Ba dhuine an-simplí é, Vasudeva, ní raibh sé aon smaointeoir"

"He was a very simple person, Vasudeva, he was no thinker"

"ach bhí a fhios aige cad atá riachtanach díreach chomh maith le Gotama"

"but he knew what is necessary just as well as Gotama"

"fear foirfe a bhí ann, naomh"

"he was a perfect man, a saint"

"Is breá le Siddhartha fós magadh a dhéanamh ar dhaoine, feictear domsa"

"Siddhartha still loves to mock people, it seems to me"

"Creidim ionat agus tá a fhios agam nár lean tú múinteoir"

"I believe in you and I know that you haven't followed a teacher"

"Ach nach bhfuair tú rud éigin leat féin?"

"But haven't you found something by yourself?"

"cé nach bhfuair tú aon teagasc, fuair tú smaointe áirithe fós"

"though you've found no teachings, you still found certain thoughts"

"léargais áirithe, ar leatsa iad"

"certain insights, which are your own"

"léargais a chuidíonn leat maireachtáil"

"insights which help you to live"

"Nach bhfuair tú rud mar seo?"

"Haven't you found something like this?"

"Dá mba mhaith leat a rá liom, bhainfeá mo chroí le mo chroí"

"If you would like to tell me, you would delight my heart"

"tá an ceart agat, bhí smaointe agam agus is iomaí léargas a fuair mé"

"you are right, I have had thoughts and gained many insights"

"Uaireanta bhraitheas eolas ionam ar feadh uair a chloig"

"Sometimes I have felt knowledge in me for an hour"

"amanna eile bhraith mé eolas ionam ar feadh lá ar fad"

"at other times I have felt knowledge in me for an entire day"
"an t-eolas céanna a mhothaíonn duine nuair a mhothaíonn duine saol i gcroí duine"
"the same knowledge one feels when one feels life in one's heart"
"Is iomaí smaoineamh"
"There have been many thoughts"
"ach bheadh sé deacair dom na smaointe seo a chur in iúl duit"
"but it would be hard for me to convey these thoughts to you"
"Mo Govinda daor, seo ceann de mo smaointe a fuair mé"
"my dear Govinda, this is one of my thoughts which I have found"
"Ní féidir eagna a chur ar aghaidh"
"wisdom cannot be passed on"
"Is ionann an t-eagna a dhéanann duine ciallmhar a chur ar aghaidh i gcónaí mar baoise"
"Wisdom which a wise man tries to pass on always sounds like foolishness"
"An bhfuil tú ag kidding?" a d'fhiafraigh Govinda
"Are you kidding?" asked Govinda
"Níl mé ag magadh, tá mé ag insint duit cad a fuair mé"
"I'm not kidding, I'm telling you what I have found"
"Is féidir eolas a chur in iúl, ach ní féidir eagna"
"Knowledge can be conveyed, but wisdom can't"
"Is féidir eagna a fháil, is féidir é a chónaí"
"wisdom can be found, it can be lived"
"is féidir é a iompar le eagna"
"it is possible to be carried by wisdom"
"Is féidir míorúiltí a dhéanamh le eagna"
"miracles can be performed with wisdom"
"ach ní féidir eagna a chur in iúl i bhfocail nó a mhúineadh"
"but wisdom cannot be expressed in words or taught"
"Ba é seo an rud a bhí amhras orm uaireanta, fiú mar fhear óg"
"This was what I sometimes suspected, even as a young man"

"Is é seo a thiomáin mé ar shiúl ó na múinteoirí"
"this is what has driven me away from the teachers"
"Fuair mé smaoineamh a bhéarfaidh tú a bheith amaideach"
"I have found a thought which you'll regard as foolishness"
"ach is é an smaoineamh seo mo dhícheall"
"but this thought has been my best"
"Tá a mhalairt de gach fírinne díreach chomh fíor!"
"The opposite of every truth is just as true!"
"ní féidir aon fhírinne a chur in iúl ach amháin nuair atá sé aontaobhach"
"any truth can only be expressed when it is one-sided"
"ní féidir ach rudaí aontaobhacha a chur i bhfocail"
"only one sided things can be put into words"
"Tá gach rud is féidir a cheapadh aon-thaobh"
"Everything which can be thought is one-sided"
"tá sé go léir aontaobhach, mar sin níl ann ach leath"
"it's all one-sided, so it's just one half"
"Níl iomláine, cruinniúlacht agus aontacht ann"
"it all lacks completeness, roundness, and oneness"
"Labhair an Gotama ardaithe ina theagasc ar an domhan"
"the exalted Gotama spoke in his teachings of the world"
"ach b'éigean dó an domhan a roinnt i Sansara agus i Nirvana"
"but he had to divide the world into Sansara and Nirvana"
"Roinneadh sé an domhan ina mheabhlaireacht agus ina fhírinne"
"he had divided the world into deception and truth"
"Roinneadh sé an domhan i fulaingt agus slánú"
"he had divided the world into suffering and salvation"
"Ní féidir an domhan a mhíniú ar aon bhealach eile"
"the world cannot be explained any other way"
"níl aon bhealach eile chun é a mhíniú, dóibh siúd atá ag iarraidh a mhúineadh"
"there is no other way to explain it, for those who want to teach"
"Ach ní bhíonn an domhan féin aontaobhach riamh"

"But the world itself is never one-sided"
"tá an domhan thart orainn agus taobh istigh dínn"
"the world exists around us and inside of us"
"Ní Sansara ná Nirvana go hiomlán duine ná gníomh riamh"
"A person or an act is never entirely Sansara or entirely Nirvana"
"ní bhíonn duine go hiomlán naofa ná go hiomlán peacach"
"a person is never entirely holy or entirely sinful"
"Is cosúil gur féidir an domhan a roinnt ina codarsnacha"
"It seems like the world can be divided into these opposites"
"ach sin toisc go bhfuilimid faoi réir mheabhlaireachta"
"but that's because we are subject to deception"
"Tá sé amhail is dá mba rud éigin fíor an mheabhlaireacht"
"it's as if the deception was something real"
"Níl an t-am fíor, Govinda"
"Time is not real, Govinda"
"Tá taithí agam air seo go minic agus go minic arís"
"I have experienced this often and often again"
"nuair nach bhfuil an t-am fíor, tá an bhearna idir an domhan agus an tsíoraíocht ina mheabhlaireacht freisin"
"when time is not real, the gap between the world and the eternity is also a deception"
"níl an bhearna idir an fhulaingt agus an sonas fíor"
"the gap between suffering and blissfulness is not real"
"níl bearna idir olc agus mhaith"
"there is no gap between evil and good"
"Is deceptions iad na bearnaí seo go léir"
"all of these gaps are deceptions"
"ach feictear dúinne na bearnaí seo mar sin féin"
"but these gaps appear to us nonetheless"
"Conas teacht?" d'iarr Govinda timidly
"How come?" asked Govinda timidly
"Éist go maith, mo daor," d'fhreagair Siddhartha
"Listen well, my dear," answered Siddhartha
"An peacach atá mise agus atá tú, is peacach é"
"The sinner, which I am and which you are, is a sinner"

"ach in amanna atá le teacht beidh an peacach Brahma arís"
"but in times to come the sinner will be Brahma again"
"Sroichfidh sé an Nirvana agus beidh sé ina Bhúda"
"he will reach the Nirvana and be Buddha"
"Is mealladh iad na hamanna atá le teacht"
"the times to come are a deception"
"Níl sna hamanna atá le teacht ach parabal!"
"the times to come are only a parable!"
"Níl an peacach ar a bhealach chun bheith ina Búda"
"The sinner is not on his way to become a Buddha"
"níl sé i mbun forbartha"
"he is not in the process of developing"
"níl a fhios ag ár n-acmhainn smaointeoireachta conas eile pictiúr a dhéanamh ar na rudaí seo"
"our capacity for thinking does not know how else to picture these things"
"Níl, laistigh den peacach tá an Búda amach anseo cheana féin"
"No, within the sinner there already is the future Buddha"
"tá a thodhchaí ann cheana féin"
"his future is already all there"
"caithfidh tú an Búda a adhradh sa pheacach"
"you have to worship the Buddha in the sinner"
"caithfidh tú an Búda a adhradh i bhfolach i ngach duine"
"you have to worship the Buddha hidden in everyone"
"an Búda ceilte atá ag teacht isteach is féidir"
"the hidden Buddha which is coming into being the possible"
"Níl an domhan, a chara Govinda, neamhfhoirfe"
"The world, my friend Govinda, is not imperfect"
"Níl an domhan ar aon chosán mall i dtreo na foirfeachta"
"the world is on no slow path towards perfection"
"Ní hea, tá an domhan foirfe i ngach nóiméad"
"no, the world is perfect in every moment"
"iompraíonn gach peaca an maithiúnas diaga ann féin cheana féin"
"all sin already carries the divine forgiveness in itself"

"tá an seanduine iontu féin ag gach páiste beag cheana féin"
"all small children already have the old person in themselves"
"tá bás ag gach naíonán cheana féin"
"all infants already have death in them"
"Tá an bheatha shíoraí ag gach duine atá ag fáil bháis"
"all dying people have the eternal life"
"ní fheiceann muid cé chomh fada agus atá ceann eile tar éis dul chun cinn ar a chosán"
"we can't see how far another one has already progressed on his path"
"sa robálaí agus dísle-gealltóir, tá an Búda ag fanacht"
"in the robber and dice-gambler, the Buddha is waiting"
"sa Brahman, tá an robÚlaí ag fanacht"
"in the Brahman, the robber is waiting"
"I machnamh domhain, tá an fhéidearthacht am a chur as an saol"
"in deep meditation, there is the possibility to put time out of existence"
"tá an deis ann an saol ar fad a fheiceáil ag an am céanna"
"there is the possibility to see all life simultaneously"
"Is féidir an saol go léir a fheiceáil, a bhí, atá, agus a bheidh"
"it is possible to see all life which was, is, and will be"
"Agus tá gach rud go maith, foirfe, agus Brahman"
"and there everything is good, perfect, and Brahman"
"Dá bhrí sin, feicim cibé rud atá go maith"
"Therefore, I see whatever exists as good"
"Is maith liomsa an bás"
"death is to me like life"
"Dom is cosmhail an peaca liomsa"
"to me sin is like holiness"
"Is féidir le heagna a bheith cosúil le hamaideas"
"wisdom can be like foolishness"
"Caithfidh gach rud a bheith mar atá sé"
"everything has to be as it is"
"ní theastaíonn ach mo thoiliú agus mo thoil"
"everything only requires my consent and willingness"

"Is é an rud a theastaíonn ó mo thuairim ná mo chomhaontú grámhar a bheith go maith dom"
"all that my view requires is my loving agreement to be good for me"
"níl le déanamh ag mo thuairim ach oibriú chun mo leasa"
"my view has to do nothing but work for my benefit"
"agus ansin níl mo dhearcadh in ann dochar a dhéanamh dom riamh"
"and then my perception is unable to ever harm me"
"Tá taithí agam go raibh an peaca ag teastáil uaim go mór"
"I have experienced that I needed sin very much"
"Tá taithí agam air seo i mo chorp agus i m'anam"
"I have experienced this in my body and in my soul"
"Theastaigh lust, an dúil i sealúchais, agus vanity"
"I needed lust, the desire for possessions, and vanity"
"agus bhí an t-éadóchas ba náireach ag teastáil uaim"
"and I needed the most shameful despair"
"chun foghlaim conas gach friotaíocht a thabhairt suas"
"in order to learn how to give up all resistance"
"chun foghlaim conas grá don domhan"
"in order to learn how to love the world"
"chun stop a chur le comparáid a dhéanamh idir rudaí le saol éigin a bhí mé ag iarraidh"
"in order to stop comparing things to some world I wished for"
"Shamhlaigh mé foirfeacht de shaghas éigin a bhí déanta agam"
"I imagined some kind of perfection I had made up"
"ach tá foghlamtha agam an domhan a fhágáil mar atá sé"
"but I have learned to leave the world as it is"
"D'fhoghlaim mé grá don domhan mar atá sé"
"I have learned to love the world as it is"
"agus d'fhoghlaim mé taitneamh a bhaint as a bheith mar chuid de"
"and I learned to enjoy being a part of it"

"Seo, a Govinda, cuid de na smaointe a tháinig isteach i m'intinn"
"These, oh Govinda, are some of the thoughts which have come into my mind"

Siddhartha Bent síos agus phioc suas cloch as an talamh
Siddhartha bent down and picked up a stone from the ground
mheáigh sé an chloch ina láimh
he weighed the stone in his hand
"Seo anseo," ar seisean ag seinm leis an gcarraig, "is cloch é"
"This here," he said playing with the rock, "is a stone"
"Beidh an chloch seo, tar éis am áirithe, b'fhéidir iompú isteach i ithir"
"this stone will, after a certain time, perhaps turn into soil"
"iompóidh sé ón ithir go planda nó ainmhí nó duine"
"it will turn from soil into a plant or animal or human being"
"San am atá thart, déarfainn nach bhfuil sa chloch seo ach cloch"
"In the past, I would have said this stone is just a stone"
"Seans go ndúirt mé go bhfuil sé gan luach"
"I might have said it is worthless"
"Dúirtfinn leat go mbaineann an chloch seo le saol na Maya"
"I would have told you this stone belongs to the world of the Maya"
"ach ní fheicfinn go bhfuil tábhacht leis"
"but I wouldn't have seen that it has importance"
"d'fhéadfadh sé a bheith in ann a bheith ina spiorad i dtimthriall na gclaochluithe"
"it might be able to become a spirit in the cycle of transformations"
"dá bhrí sin tugaim tábhacht dó freisin"
"therefore I also grant it importance"
"Mar sin, b'fhéidir gur shíl mé san am atá caite"
"Thus, I would perhaps have thought in the past"
"Ach inniu is dóigh liom go difriúil faoin gcloch"
"But today I think differently about the stone"

"Is cloch í an chloch seo, agus is ainmhithe, dia agus Búda í freisin"
"this stone is a stone, and it is also animal, god, and Buddha"
"Ní áirím agus is breá liom é mar d'fhéadfadh sé iompú isteach i seo nó go"
"I do not venerate and love it because it could turn into this or that"
"Is breá liom é mar is iad na rudaí sin é"
"I love it because it is those things"
"Is é an chloch seo gach rud cheana féin"
"this stone is already everything"
"Feictear dom anois agus inniu mar chloch"
"it appears to me now and today as a stone"
"sin é an fáth is breá liom é seo"
"that is why I love this"
"is é sin an fáth go bhfeicim fiúntas agus cuspóir i ngach féitheacha agus cuas"
"that is why I see worth and purpose in each of its veins and cavities"
"Feicim luach ina buí, liath, agus cruas"
"I see value in its yellow, gray, and hardness"
"Bhí meas agam ar an bhfuaim a dhéanann sé nuair a bhuailim é"
"I appreciated the sound it makes when I knock at it"
"Is breá liom triomacht nó fliuchtacht a dhromchla"
"I love the dryness or wetness of its surface"
"Tá clocha ann a mhothaíonn mar ola nó gallúnach"
"There are stones which feel like oil or soap"
"agus mothaíonn clocha eile mar dhuilleoga nó gaineamh"
"and other stones feel like leaves or sand"
"agus tá gach cloch speisialta agus guí ar an Óm ina bhealach féin"
"and every stone is special and prays the Om in its own way"
"Tá gach cloch Brahman"
"each stone is Brahman"
"ach ag an am céanna, agus díreach an oiread, is cloch é"

"but simultaneously, and just as much, it is a stone"
"Is cloch is cuma cé acu an bhfuil sé olach nó juicy"
"it is a stone regardless of whether it's oily or juicy"
"agus seo an fáth is maith liom agus is cuma liom an chloch seo"
"and this why I like and regard this stone"
"Is iontach agus is fiú adhartha"
"it is wonderful and worthy of worship"
"Ach ná labhair dhom níos mó"
"But let me speak no more of this"
"níl na focail go maith chun an bhrí rúnda a tharchur"
"words are not good for transmitting the secret meaning"
"Éiríonn gach rud beagán difriúil i gcónaí, a luaithe a chuirtear i bhfocail é"
"everything always becomes a bit different, as soon as it is put into words"
"Faightear gach rud beagán as a riocht"
"everything gets distorted a little by words"
"agus ansin éiríonn an míniú beagán amaideach"
"and then the explanation becomes a bit silly"
"Tá, agus tá sé seo an-mhaith freisin, agus is maith liom go leor é"
"yes, and this is also very good, and I like it a lot"
"Aontaím go mór leis seo freisin"
"I also very much agree with this"
"Is ionann stór agus eagna fear amháin i gcónaí cosúil le hamaideas do dhuine eile"
"one man's treasure and wisdom always sounds like foolishness to another person"
D'éist Govinda go ciúin lena raibh á rá ag Siddhartha
Govinda listened silently to what Siddhartha was saying
bhí sos ann agus chuir Govinda ceist gan staonadh
there was a pause and Govinda hesitantly asked a question
"Cén fáth ar inis tú seo dom faoin gcloch?"
"Why have you told me this about the stone?"
"Rinne mé é gan aon rún ar leith"

"I did it without any specific intention"
"b'fhéidir gurb é an rud a bhí i gceist agam ná gur breá liom an chloch seo agus an abhainn"
"perhaps what I meant was, that I love this stone and the river"
"Agus is breá liom na rudaí seo go léir a bhfuil muid ag féachaint orthu"
"and I love all these things we are looking at"
"agus is féidir linn foghlaim ó na rudaí seo go léir"
"and we can learn from all these things"
"Is féidir liom grá cloch, Govinda"
"I can love a stone, Govinda"
"agus is breá liom crann nó píosa coirt freisin"
"and I can also love a tree or a piece of bark"
"Is rudaí iad seo, agus is féidir grá a thabhairt do rudaí"
"These are things, and things can be loved"
"Ach ní féidir liom focail a ghrá"
"but I cannot love words"
"mar sin, ní maith liom an teagasc"
"therefore, teachings are no good for me"
"Níl cruas, bogacht, dathanna, imill, boladh nó blas ar an teagasc"
"teachings have no hardness, softness, colours, edges, smell, or taste"
"Níl aon rud ag teagasc ach focail"
"teachings have nothing but words"
"b'fhéidir gur focail iad a choinníonn tú ó shíocháin a fháil"
"perhaps it is words which keep you from finding peace"
"toisc nach bhfuil slánú agus buadh ach focail"
"because salvation and virtue are mere words"
"Ní ach focail atá i Sansara agus Nirvana freisin, Govinda"
"Sansara and Nirvana are also just mere words, Govinda"
"níl aon rud a bheadh Nirvana"
"there is no thing which would be Nirvana"
" mar sin níl ann ach Nirvana"
"therefore Nirvana is just the word"

Chuir Govinda i gcoinne, "Ní focal amháin é Nirvana, a chara"
Govinda objected, "Nirvana is not just a word, my friend"
"Is focal é Nirvana, ach is smaoineamh é freisin"
"Nirvana is a word, but also it is a thought"
Lean Siddhartha, "d'fhéadfadh sé a bheith ina smaoineamh"
Siddhartha continued, "it might be a thought"
"Caithfidh mé a admháil, ní dhéanaim mórán idirdhealú idir smaointe agus focail"
"I must confess, I don't differentiate much between thoughts and words"
"le bheith macánta, níl aon tuairim ard agam ar smaointe freisin"
"to be honest, I also have no high opinion of thoughts"
"Tá tuairim níos fearr agam ar rudaí ná smaointe"
"I have a better opinion of things than thoughts"
"Anseo ar an mbád farantóireachta seo, cuir i gcás, fear a bhí i mo réamhtheachtaí"
"Here on this ferry-boat, for instance, a man has been my predecessor"
"Bhí sé ar dhuine de mo mhúinteoirí freisin"
"he was also one of my teachers"
"fear naofa, a chreid go simplí san abhainn le blianta fada"
"a holy man, who has for many years simply believed in the river"
"agus chreid sé in aon rud eile"
"and he believed in nothing else"
"Thug sé faoi deara gur labhair an abhainn leis"
"He had noticed that the river spoke to him"
"d'fhoghlaim sé ón abhainn"
"he learned from the river"
"chuir an abhainn oideachas air agus mhúin sé é"
"the river educated and taught him"
"Ba chuma leis an abhainn a bheith ina dhia"
"the river seemed to be a god to him"

"ar feadh na mblianta fada ní raibh a fhios aige go raibh gach rud chomh diaga leis an abhainn"
"for many years he did not know that everything was as divine as the river"
"an ghaoth, gach scamall, gach éan, gach ciaróg"
"the wind, every cloud, every bird, every beetle"
"Is féidir leo a mhúineadh ach oiread leis an abhainn"
"they can teach just as much as the river"
"Ach nuair a chuaigh an fear naofa seo isteach sna foraoisí, bhí a fhios aige gach rud"
"But when this holy man went into the forests, he knew everything"
"Bhí a fhios aige níos mó ná tú féin agus mé, gan mhúinteoirí ná leabhair"
"he knew more than you and me, without teachers or books"
"Bhí a fhios aige níos mó ná sinn amháin toisc go raibh chreid sé san abhainn"
"he knew more than us only because he had believed in the river"

Bhí amhras agus ceisteanna fós ag Govinda
Govinda still had doubts and questions
"Ach an é sin an rud a ghlaonn tú ar rudaí i ndáiríre?"
"But is that what you call things actually something real?"
"an bhfuil na rudaí seo ann?"
"do these things have existence?"
"Nach bhfuil ann ach mealladh na Maya"
"Isn't it just a deception of the Maya"
"Nach íomhá agus seachmall iad na rudaí seo go léir?"
"aren't all these things an image and illusion?"
"Do chloch, do chrann, do abhainn"
"Your stone, your tree, your river"
"An bhfuil siad i ndáiríre a thabhairt i gcrích?"
"are they actually a reality?"
"Seo freisin," a dúirt Siddhartha, "is cuma liom go mór faoi"
"This too," spoke Siddhartha, "I do not care very much about"
"Lig na rudaí a bheith seachmaill nó nach bhfuil"

"Let the things be illusions or not"
"Tar éis an tsaoil, ba mhaith liom a bheith ina illusion ansin freisin"
"after all, I would then also be an illusion"
"agus más seachmaill iad na rudaí seo tá siad cosúil liomsa"
"and if these things are illusions then they are like me"
"Is é seo an rud a fhágann go bhfuil siad chomh daor agus chomh fiúntach domsa"
"This is what makes them so dear and worthy of veneration for me"
"Tá na rudaí seo cosúil liomsa agus sin é an chaoi is féidir liom grá a thabhairt dóibh"
"these things are like me and that is how I can love them"
"Is teagasc é seo a mbeidh tú ag gáire faoi"
"this is a teaching you will laugh about"
"Is cosúil liomsa gurb é grá, a Govinda, an rud is tábhachtaí ar fad"
"love, oh Govinda, seems to me to be the most important thing of all"
"chun an domhan a thuiscint go críochnúil b'fhéidir gurb é an rud a dhéanann smaointeoirí iontacha"
"to thoroughly understand the world may be what great thinkers do"
"míníonn siad an domhan agus is trua é"
"they explain the world and despise it"
"Ach níl suim agam ach a bheith in ann grá a thabhairt don domhan"
"But I'm only interested in being able to love the world"
"Níl suim agam in olcas an domhain"
"I am not interested in despising the world"
"Níl mé ag iarraidh gráin an domhain"
"I don't want to hate the world"
"agus níl mé ag iarraidh go mbeadh an domhan fuath dom"
"and I don't want the world to hate me"
"Ba mhaith liom a bheith in ann breathnú ar an domhan agus mé féin le grá"

"I want to be able to look upon the world and myself with love"
"Ba mhaith liom breathnú ar gach neach le meas"
"I want to look upon all beings with admiration"
"Ba mhaith liom meas mór a bheith agam ar gach rud"
"I want to have a great respect for everything"
"Tuigim é seo," a dúirt Govinda
"This I understand," spoke Govinda
"Ach fuair an t-árd-ghrádh an rud so amach gur mheabhail é"
"But this very thing was discovered by the exalted one to be a deception"
"Treoraíonn sé beannacht, trócaire, comhbhá, caoinfhulaingt"
"He commands benevolence, clemency, sympathy, tolerance"
"ach ní ordaíonn sé grá"
"but he does not command love"
"Choisc sé orainn ár gcroí a cheangal i ngrá le rudaí domhanda"
"he forbade us to tie our heart in love to earthly things"
"Tá a fhios agam é, Govinda," a dúirt Siddhartha, agus a aoibh gháire Scairt órga
"I know it, Govinda," said Siddhartha, and his smile shone golden
"Agus féach, leis seo táimid ceart i mbreis na dtuairimí"
"And behold, with this we are right in the thicket of opinions"
"anois táimid san aighneas faoi focail"
"now we are in the dispute about words"
"Óir ní féidir liom a shéanadh, is contrártha iad focail mo ghrá"
"For I cannot deny, my words of love are a contradiction"
"Is cosúil go bhfuil siad contrártha le focail Gotama"
"they seem to be in contradiction with Gotama's words"
"Ar an gcúis seo, níl muinín agam as focail"
"For this very reason, I distrust words so much"

"toisc go bhfuil a fhios agam gur dallamullóg é an contrártha seo"
"because I know this contradiction is a deception"
"Tá a fhios agam go bhfuil mé ar aontú le Gotama"
"I know that I am in agreement with Gotama"
"Conas nach mbeadh a fhios aige grá nuair a fuair sé amach gach gné de shaol an duine"
"How could he not know love when he has discovered all elements of human existence"
"Chuir sé amach a n-aistritheacht agus a n-easpa brí"
"he has discovered their transitoriness and their meaninglessness"
"agus fós bhí grá aige do dhaoine"
"and yet he loved people very much"
"d'úsáid sé saol fada, saothairiúil ach amháin chun cabhrú leo agus iad a mhúineadh!"
"he used a long, laborious life only to help and teach them!"
"Fiú le do mhúinteoir iontach, is fearr liom rudaí thar na focail"
"Even with your great teacher, I prefer things over the words"
"Cuirim níos mó tábhachta ar a chuid gníomhartha agus ar a shaol ná ar a chuid óráidí"
"I place more importance on his acts and life than on his speeches"
"Is mó is luach liom gothaí a láimhe ná a thuairimí"
"I value the gestures of his hand more than his opinions"
"Dom ní raibh aon rud ina chuid cainte agus smaointe"
"for me there was nothing in his speech and thoughts"
"Ní fheicim a mhóráltacht ach ina ghníomhartha agus ina shaol"
"I see his greatness only in his actions and in his life"

Ar feadh i bhfad ní dúirt an bheirt sheanfhear rud ar bith
For a long time, the two old men said nothing
Ansin labhair Govinda, agus é ag bogha le slán a fhágáil
Then Govinda spoke, while bowing for a farewell

"Gabhaim buíochas leat, Siddhartha, as inis dom roinnt de do chuid smaointe"
"I thank you, Siddhartha, for telling me some of your thoughts"
"Tá na smaointe seo aisteach go páirteach dom"
"These thoughts are partially strange to me"
"níl na smaointe seo go léir intuigthe dom láithreach"
"not all of these thoughts have been instantly understandable to me"
"Mar atá sé, gabhaim buíochas leat"
"This being as it may, I thank you"
"agus ba mhaith liom laethanta ciúine a bheith agat"
"and I wish you to have calm days"
Ach faoi rún cheap sé rud éigin eile leis féin
But secretly he thought something else to himself
"Is duine aisteach é an Siddhartha seo"
"This Siddhartha is a bizarre person"
"cuireann sé smaointe aisteacha"
"he expresses bizarre thoughts"
"Is fuaim amaideach é a theagasc"
"his teachings sound foolish"
"Fuaim an-difriúil teagasc íon an duine exalted"
"the exalted one's pure teachings sound very different"
"Tá na teagascacha sin níos soiléire, níos glaine, níos sothuigthe"
"those teachings are clearer, purer, more comprehensible"
"níl aon rud aisteach, amaideach, nó amaideach sna teagasc sin"
"there is nothing strange, foolish, or silly in those teachings"
"Ach bhí an chuma ar lámha Siddhartha difriúil óna chuid smaointe"
"But Siddhartha's hands seemed different from his thoughts"
"a chosa, a shúile, a mhullach, a anáil"
"his feet, his eyes, his forehead, his breath"
"a aoibh gháire, a bheannacht, a siúlóid"
"his smile, his greeting, his walk"

"Níor bhuail mé le fear eile cosúil leis ó tháinig Gotama ar cheann leis an Nirvana"
"I haven't met another man like him since Gotama became one with the Nirvana"
"Ó shin i leith níor mhothaigh mé láithreacht fir naofa"
"since then I haven't felt the presence of a holy man"
"Ní bhfuair mé ach Siddhartha, atá mar seo"
"I have only found Siddhartha, who is like this"
"Féadfaidh a theagasc a bheith aisteach agus b'fhéidir go bhfuil a chuid focal amaideach"
"his teachings may be strange and his words may sound foolish"
"Ach tá íonacht ag taitneamh as a radharc agus as a lámh"
"but purity shines out of his gaze and hand"
"radiates a chraiceann agus a chuid gruaige íonacht"
"his skin and his hair radiates purity"
"Tá an íonacht ag taitneamh as gach cuid de"
"purity shines out of every part of him"
"tá suaimhneas, suairceas, sólás agus beannaitheacht ag taitneamh uaidh"
"a calmness, cheerfulness, mildness and holiness shines from him"
"rud nach bhfaca mé in aon duine eile"
"something which I have seen in no other person"
"Ní fhaca mé é ó bhás deiridh ár múinteora arda"
"I have not seen it since the final death of our exalted teacher"
Cé gur cheap Govinda mar seo, bhí coimhlint ina chroí
While Govinda thought like this, there was a conflict in his heart
chrom sé arís go Siddhartha
he once again bowed to Siddhartha
bhraith sé go raibh sé tarraingthe ar aghaidh ag grá
he felt he was drawn forward by love
chrom sé go domhain chuige a bhí ina shuí go socair
he bowed deeply to him who was calmly sitting
"Siddhartha," adeir sé, "tá muid éirithe sean-fhir"

"Siddhartha," he spoke, "we have become old men"
"Ní dócha go bhfeicfeadh duine againn an ceann eile arís san ionchoisne seo"
"It is unlikely for one of us to see the other again in this incarnation"
"Feicim, a stór, go bhfuair tú síocháin"
"I see, beloved, that you have found peace"
"Admhaím nach bhfuair mé é"
"I confess that I haven't found it"
"Inis dom, a dhuine onórach, focal amháin eile"
"Tell me, oh honourable one, one more word"
"tabhair dom rud éigin ar mo bhealach is féidir liom a thuiscint"
"give me something on my way which I can grasp"
"Tabhair dom rud éigin a thuigim!"
"give me something which I can understand!"
"Tabhair dom rud éigin is féidir liom a thabhairt liom ar mo chosán"
"give me something I can take with me on my path"
"Is minic a bhíonn mo chosán crua agus dorcha, Siddhartha"
"my path is often hard and dark, Siddhartha"
Siddhartha dúirt rud ar bith agus d'fhéach sé ar dó
Siddhartha said nothing and looked at him
d'fhéach sé air lena aoibh gháire ciúin gan athrú
he looked at him with his ever unchanged, quiet smile
Stán Govinda ar a aghaidh leis an eagla
Govinda stared at his face with fear
bhí dúil agus fulaingt ina shúile
there was yearning and suffering in his eyes
bhí an cuardach síoraí le feiceáil ina fhéachaint
the eternal search was visible in his look
d'fhéadfaí tú a fheiceáil a neamhábaltacht síoraí a fháil
you could see his eternal inability to find
Chonaic Siddhartha é agus aoibh air
Siddhartha saw it and smiled
"Lúb síos dom!" chogair sé go ciúin i gcluas Govinda

"Bend down to me!" he whispered quietly in Govinda's ear
"Mar seo, agus teacht fiú níos gaire!"
"Like this, and come even closer!"
"Póg mo forehead, Govinda!"
"Kiss my forehead, Govinda!"
Bhí ionadh ar Govinda, ach tharraing an grá agus an t-ionchas mór air
Govinda was astonished, but drawn on by great love and expectation
ghéill sé dá bhriathra agus chrom sé síos go dlúth dó
he obeyed his words and bent down closely to him
agus bhain sé a forehead lena liopaí
and he touched his forehead with his lips
nuair a rinne sé seo, tharla rud éigin míorúilteach dó
when he did this, something miraculous happened to him
bhí a chuid smaointe fós ina gcónaí ar fhocail iontacha Siddhartha
his thoughts were still dwelling on Siddhartha's wondrous words
bhí sé fós ag streachailt go drogallach smaoineamh ar shiúl
he was still reluctantly struggling to think away time
bhí sé fós ag iarraidh Nirvana agus Sansara a shamhlú mar aon ní amháin
he was still trying to imagine Nirvana and Sansara as one
bhí díspeagadh áirithe fós ar bhriathra a cháirde
there was still a certain contempt for the words of his friend
bhí na focail sin fós ag troid i dó
those words were still fighting in him
bhí na focail sin fós ag troid i gcoinne grá agus uaisle ollmhór
those words were still fighting against an immense love and veneration
agus le linn na smaointe seo go léir, tharla rud éigin eile dó
and during all these thoughts, something else happened to him
Ní fhaca sé aghaidh a chara Siddhartha a thuilleadh

He no longer saw the face of his friend Siddhartha
in ionad aghaidh Siddhartha, chonaic sé aghaidheanna eile
instead of Siddhartha's face, he saw other faces
chonaic sé seicheamh fada aghaidheanna
he saw a long sequence of faces
chonaic sé abhainn ag sileadh de aghaidheanna
he saw a flowing river of faces
na céadta agus na mílte aghaidh, a tháinig go léir agus imithe
hundreds and thousands of faces, which all came and disappeared
agus fós bhí an chuma orthu go léir a bheith ann ag an am céanna
and yet they all seemed to be there simultaneously
d'athraigh siad agus d'athnuachan iad féin i gcónaí
they constantly changed and renewed themselves
bhí siad iad féin agus bhí siad fós go léir aghaidh Siddhartha ar
they were themselves and they were still all Siddhartha's face
chonaic sé aghaidh iasc le béal oscailte gan teorainn painfully
he saw the face of a fish with an infinitely painfully opened mouth
aghaidh iasc ag fáil bháis, le súile fading
the face of a dying fish, with fading eyes
chonaic sé aghaidh linbh nuabheirthe, dearg agus lán le roic
he saw the face of a new-born child, red and full of wrinkles
bhí sé as a riocht ó caoineadh
it was distorted from crying
chonaic sé aghaidh dúnmharfóra
he saw the face of a murderer
chonaic sé é ag tumadh scian isteach i gcorp duine eile
he saw him plunging a knife into the body of another person
chonaic sé, san nóiméad céanna, an coirpeach seo i ngéibheann
he saw, in the same moment, this criminal in bondage

chonaic sé é ar a ghlúine os comhair slua
he saw him kneeling before a crowd
agus chonaic sé a cheann á ghearradh amach ag an seiceadóir
and he saw his head being chopped off by the executioner
chonaic sé coirp na bhfear agus na mban
he saw the bodies of men and women
bhí siad nocht i bpoist agus cramps an ghrá frenzied
they were naked in positions and cramps of frenzied love
chonaic sé corpáin sínte amach, gan gluaiseacht, fuar, neamhní
he saw corpses stretched out, motionless, cold, void
chonaic sé cinn na n-ainmhithe
he saw the heads of animals
cinn bharc, crogaill, agus eilifint
heads of boars, of crocodiles, and of elephants
chonaic sé cinn tairbh agus éan
he saw the heads of bulls and of birds
chonaic sé déithe; Krishna agus Agni
he saw gods; Krishna and Agni
chonaic sé na figiúirí agus na aghaidheanna seo go léir i míle caidreamh lena chéile
he saw all of these figures and faces in a thousand relationships with one another
bhí gach figiúr ag cabhrú leis an duine eile
each figure was helping the other
bhí grá ag gach figiúr dá gcaidreamh
each figure was loving their relationship
bhí fuath ag gach figiúr dá gcaidreamh, agus é á scriosadh
each figure was hating their relationship, destroying it
agus bhí gach figiúr ag tabhairt ath-bhreith ar a gcaidreamh
and each figure was giving re-birth to their relationship
bhí gach figiúr ina uacht chun bás
each figure was a will to die
bhí siad pianmhar faoi admháil transitoriness
they were passionately painful confessions of transitoriness

agus fós ní bhfuair duine díobh bás, níor chlaochlóchadh gach éinne amháin
and yet none of them died, each one only transformed
bhí siad i gcónaí reborn agus fuair níos mó agus níos mó aghaidheanna nua
they were always reborn and received more and more new faces
níor imigh aon am idir aghaidh amháin agus aghaidh eile
no time passed between the one face and the other
na figiúirí agus aghaidheanna seo go léir quieuit
all of these figures and faces rested
shreabh siad agus ghin siad iad féin
they flowed and generated themselves
snámh siad chomh maith agus chumasc lena chéile
they floated along and merged with each other
agus bhí siad go léir i gcónaí clúdaithe ag rud éigin tanaí
and they were all constantly covered by something thin
ní raibh aon indibhidiúlacht dá gcuid féin acu
they had no individuality of their own
ach fós bhí siad ann
but yet they were existing
bhí siad cosúil le gloine tanaí nó oighear
they were like a thin glass or ice
bhí siad cosúil le craiceann trédhearcach
they were like a transparent skin
bhí siad cosúil le blaosc nó múnla nó masc uisce
they were like a shell or mould or mask of water
agus bhí an masc seo ag gáire
and this mask was smiling
agus ba é an masc seo aghaidh miongháire Siddhartha
and this mask was Siddhartha's smiling face
an masc a raibh Govinda ag baint lena bheola
the mask which Govinda was touching with his lips
Agus, chonaic Govinda é mar seo
And, Govinda saw it like this
aoibh gháire an masc

the smile of the mask
aoibh gháire an aontacht os cionn na bhfoirmeacha ag sileadh
the smile of oneness above the flowing forms
aoibh gháire na comhuaineachta os cionn na míle breithe agus bás
the smile of simultaneousness above the thousand births and deaths
bhí aoibh gháire Siddhartha go beacht mar an gcéanna
the smile of Siddhartha's was precisely the same
Bhí aoibh gháire Siddhartha mar an gcéanna le gáire ciúin Gotama, an Búda
Siddhartha's smile was the same as the quiet smile of Gotama, the Buddha
bhí sé aoibh gháire íogair agus impenetrable
it was delicate and impenetrable smile
b'fhéidir go raibh sé cineálta agus magadh, agus ciallmhar
perhaps it was benevolent and mocking, and wise
aoibh gháire míle uair Gotama, an Búda
the thousand-fold smile of Gotama, the Buddha
mar a chonaic sé é féin le meas mór céad uair
as he had seen it himself with great respect a hundred times
Mar seo, bhí a fhios ag Govinda, tá na cinn foirfe ag miongháire
Like this, Govinda knew, the perfected ones are smiling
ní raibh a fhios aige a thuilleadh an raibh am ann
he did not know anymore whether time existed
ní raibh a fhios aige cé acu soicind nó céad bliain a mhair an fhís
he did not know whether the vision had lasted a second or a hundred years
ní raibh a fhios aige an raibh Siddhartha nó Gotama ann
he did not know whether a Siddhartha or a Gotama existed
ní raibh a fhios aige an raibh mise nó tusa ann
he did not know if a me or a you existed

bhraith sé ina chuid amhail is dá mbeadh sé wounded ag saighead diaga
he felt in his as if he had been wounded by a divine arrow
polladh an tsaighead a chuid féin istigh
the arrow pierced his innermost self
gortú na saigheada diaga tasted milis
the injury of the divine arrow tasted sweet
Bhí draíocht ag Govinda agus díscaoileadh ina bhroinn féin
Govinda was enchanted and dissolved in his innermost self
sheas sé ar feadh tamaill bhig
he stood still for a little while
chrom sé thar aghaidh chiúin Siddhartha, a bhí phóg sé díreach
he bent over Siddhartha's quiet face, which he had just kissed
an aghaidh ina raibh sé díreach le feiceáil ar an ardán de gach léiriú
the face in which he had just seen the scene of all manifestations
aghaidh gach claochlaithe agus gach a bhfuil ann
the face of all transformations and all existence
ní raibh aon athrú ar an aghaidh a raibh sé ag féachaint air
the face he was looking at was unchanged
faoina dhromchla, bhí doimhneacht an mhíle huaire dúnta suas arís
under its surface, the depth of the thousand folds had closed up again
aoibh sé go ciúin, go ciúin, agus go bog
he smiled silently, quietly, and softly
b'fhéidir gur aoibh sé go han-mhaith agus go magadh
perhaps he smiled very benevolently and mockingly
go beacht bhí sé seo mar a aoibh an exalted
precisely this was how the exalted one smiled
Go domhain, chrom Govinda go Siddhartha
Deeply, Govinda bowed to Siddhartha
deora bhí a fhios aige rud ar bith ar siúl síos a aghaidh d'aois
tears he knew nothing of ran down his old face

lasadh a dheora mar thine an ghrá is dhlútha
his tears burned like a fire of the most intimate love
bhraith sé an t-uafás humbled ina chroí
he felt the humblest veneration in his heart
Go domhain, chrom sé, ag teagmháil leis an talamh
Deeply, he bowed, touching the ground
chrom sé os a chomhair a bhí ina shuí gan stad
he bowed before him who was sitting motionlessly
chuir a aoibh gháire i gcuimhne dó gach rud a raibh grá aige riamh ina shaol
his smile reminded him of everything he had ever loved in his life
chuir a aoibh gháire i gcuimhne dó gach rud ina shaol a fuair sé luachmhar agus naofa
his smile reminded him of everything in his life that he found valuable and holy

www.tranzlaty.com

www.ingramcontent.com/pod-product-compliance
Lightning Source LLC
Chambersburg PA
CBHW012002090526
44590CB00026B/3833